当代国民素质现状与发展报告（2020）

统观视野中个案研究定量分析的多维度探讨

黄凯锋 / 主编

孙抱弘 / 执行主编

上海社会科学院出版社

前　言

呈现于读者面前的这本《当代国民素质现状与发展报告(2020)》(以下简称《报告》)是上海社会科学院中国马克思主义研究所和上海社会科学院国民精神与素质研究中心(以下简称"研究中心")的一项合作研究成果。《报告》立意的初心并非是对当代中国国民素质现状与发展愿景的全面报告,而是基于系统观的视野,以结构性、过程性的研究立场,择取与当代世界互动中正处于建构状态的国民素质的几个要素,初步展开了有重点的个案研究与定量分析,并聚焦新时代国民素质的重心进行初步的理论与实践探讨。

对于中华民族之国际性或民族性的探讨至少已有百余年的历史。从梁启超到鲁迅、从林语堂到储安平、从沙莲香到王志纲,论文、著述不下数百种。我们这本《报告》,如果还能有些许学术价值的话,可能也只有以下两点:首先,我们不求面面俱到的描述阐释,而是选择与当代中国现代化进程密切相关的国民现代素养进行分析研究;其次,我们力图将问题置于一种系统观的视野里展开解读思考,在诸多要素关联互动的建构过程中来探究国民素养现状的多种成因,探寻国民素养未来发展的现实的、可能的面相。

上海社会科学院国民精神与素质研究中心成立十余年来,一直期望能用新的理论框架编撰一份连续性的、定性研究与定量研究相结合的研究报告,但因条件所限终未能启动。2019年年初以来,在院领导的关心下,上海社会科学院中国马克思主义研究所和研究中心建立紧密合作关系,在研究报告的结构框架、队伍建设和经费资助等方面给予了相关协助,在两年时间内协同攻关,最后得以完成此研究报告的撰述。

《报告》的结构为"前言;上编:个案研究;下编:实证调查;结束语"四个部分,上下编内容相对独立但又紧密关联,具体撰写分工如下:

个案研究:孙抱弘、何芳、梁昕、李庆云、祖霞、潘乐、张毅攀

实证调查:徐浙宁、祖霞、梁昕、万虹伶

结束语:孙抱弘、瞿钧

在本书的编撰过程中,上海社会科学院青少年研究所原所长金志堃教授、社会学所所长李骏研究员、上海交通大学陆德阳教授、上海社会科学院出版社佘凌社长、张钦瑜编辑给予了指导、帮助和支持,上海社会科学院中国马克思主义研究所李凯杰同志配合主编做了相关资料收集和整理工作。在此,我们一并致谢!

最后,我们还要特别感谢上海社会科学院原党委书记于信汇教授对本项研究给予的全力支持!

编　者

2020 年 12 月 8 日

目 录

前 言 　　　　　　　　　　　　　　　　　　　　　　　　　　　　　　　　　　　　　1

上编　个案研究

第一章　导论：后发型现代化进程与国民性发展
　　——新时代国民素质与青少年教育建构性演进之路的探讨　　3
　　一、国民素质研究：问题的分析与发展的愿景　　3
　　二、素质的结构性诸要素及其动态性演进　　6
　　三、素质生成诸要素的结构性功能及其嬗变　　12
　　四、民族性发展与国民：青少年教育的变革趋向　　20

第二章　新时代国民人文素养的影响因素和培育路径
　　——基于三个网络热点案例的分析　　24
　　一、人文素养的含义　　24
　　二、案例的归纳与解读　　25
　　三、案例引发的国民人文素养争议　　26
　　四、对影响国民人文素养诸结构性要素的探讨　　30
　　五、对国民人文素养发展路径的思考　　32

第三章　文化复兴中古典审美极端现象的解读

　　——国民审美素养新变化分析　　　　　　　　　35
　　一、再议审美素养　　　　　　　　　　　　　　36
　　二、从汉服复兴行动透露的审美现象　　　　　　37
　　三、汉服复兴现象的评论与分析　　　　　　　　41
　　四、汉服复兴现象成因的结构型要素　　　　　　44
　　五、对古典审美中极端行为的引导及策略　　　　47

第四章　在日常生活中提升思维水平

　　——反思素养个案研究　　　　　　　　　　　　52
　　一、反思素养概念的界定　　　　　　　　　　　53
　　二、国民反思素养案例　　　　　　　　　　　　55
　　三、国民反思素养案例的评论与分析　　　　　　58
　　四、影响反思素养的各种要素　　　　　　　　　63
　　五、加强反思素养的对策和建议　　　　　　　　66

第五章　在现代化的进程中构建扬善去恶的伦理关系

　　——国民伦理素养个案评析　　　　　　　　　　72
　　一、伦理素养的含义　　　　　　　　　　　　　72
　　二、伦理素养的个案归纳　　　　　　　　　　　74
　　三、对个案的评论与分析　　　　　　　　　　　76
　　四、影响国民伦理素养发展的深层次因素探究　　79
　　五、对提升国民伦理素养路径的思考　　　　　　83

第六章　网络空间的"公共性"与文明的内在尺度

　　——网络素养个案研究　　　　　　　　　　　　87

一、网络素养的含义 88
二、网络素养个案的列举 90
三、对个案的评论与分析 92
四、影响国民网络素养的结构性因素之探究 97
五、对国民网络素养生成路径的思考 101

第七章 国民心理素养案例评析
——以"巨婴"心理现象为例 104
一、国民心理素养与"巨婴"现象的内涵 104
二、"巨婴"案例举隅与归类 106
三、"巨婴"心理现象的主要类型与特征 107
四、"巨婴"心理形成原因之探索 111
五、培养和提升国民心理素养的思考 114

下编 定量分析

第八章 导论：新时代青年素养调查报告
——"我们"的素养和"我们"所看重的 119
一、问题的提出 119
二、概念、数据与方法 122
三、新时代青年素养的主要特征 126
四、进一步提升青年素养的对策与建议 133

第九章 新时代青年的人文素养：人文精神与人文修养 136
一、青年人文素养的总体状况 137
二、不同群体青年的人文素养比较分析 148

　　　　三、进一步提升青年人文素养的对策与建议　　　　　　　　　　*156*

第十章　新时代青年的伦理素养：行为底线与价值伦理　　　　　*160*
　　　　一、伦理素养的诠释　　　　　　　　　　　　　　　　　　*160*
　　　　二、青年伦理素养研究文献分析　　　　　　　　　　　　　*162*
　　　　三、伦理素养维度设计　　　　　　　　　　　　　　　　　*164*
　　　　四、综合数据分析　　　　　　　　　　　　　　　　　　　*165*
　　　　五、不同维度下伦理素养的体现　　　　　　　　　　　　　*170*
　　　　六、提升青年伦理素养的对策和建议　　　　　　　　　　　*180*

第十一章　新时代青年的审美素养：美的标准与取向　　　　　　*183*
　　　　一、审美素养分析的理论基础　　　　　　　　　　　　　　*183*
　　　　二、审美素养调查数据的来源及相关研究　　　　　　　　　*184*
　　　　三、新时代青年审美素养的总体取向　　　　　　　　　　　*186*
　　　　四、不同维度下青年群体审美素养的比较分析　　　　　　　*190*
　　　　五、提高新时代青年审美素养的对策及建议　　　　　　　　*202*

第十二章　新时代青年的心理素养：知识、态度与行为　　　　　*204*
　　　　一、心理素养与心理素质概念之辨析　　　　　　　　　　　*204*
　　　　二、抽样调查的基本数据及分析　　　　　　　　　　　　　*207*
　　　　三、青年心理素养培养的对策和建议　　　　　　　　　　　*219*

**第十三章　新时代青年的网络素养与青年现代公共文明意识培育：
　　　　　　基于2019年中国七个城市青年素养调查**　　　　　　 *223*
　　　　一、国内外学界对网络素养的理解　　　　　　　　　　　　*224*
　　　　二、本研究的思路及方法　　　　　　　　　　　　　　　　*226*

三、新时代青年的网络素养现状 227
四、提升我国青年网络素养的对策与建议 239

第十四章　新时代青年的反思素养：深思性、批判性和独创性 243
一、青年反思素养的总体状况 245
二、不同群体青年的反思素养比较分析 249
三、进一步提升青年反思素养的对策与建议 255

结束语　新时代国民素质发展之重的理论与实践思考
——社会分工、合作的时代特征与公民职业精神、公共理性的培育生成 259
一、从马克思全面发展的"自由人"到涂尔干、马尔库塞等的"现实的人" 259
二、社会发展与社会分工的关联互动 260
三、社会分工与人的发展的关联互动 263
四、职业精神培育、公共理性提升的历史与现实资源 268

上 编
个案研究

第一章
导论：后发型现代化进程与国民性发展
—— 新时代国民素质与青少年教育建构性演进之路的探讨

◎（孙抱弘　上海社会科学院）

处于后发型现代化进程中的当代中国，当下国民的素质从何发展而来，又可能向何发展而去？国民（青少年）的教育又如何应对这一发展？本书试图在以往探讨①的基础上，从系统思维的视角对国民素质的诸要素（小系统）以及影响制约素质生成的诸要素（大系统）来进行结构功能性的解读与分析。作为首次以系统思维对此宏大问题的假设性研究，我们深感诚惶诚恐，更祈望得到专家学者的斧正。

一、国民素质研究：问题的分析与发展的愿景

（一）国民"劣根性"与"改造论"话题的超越

近代以来，凡提起国民素质，国民劣根性与国民性改造是我们经常谈到的话题，以至于成为中国人素质低下的一个标签。近几年，人们认为这一话题有损民族自尊与文化自信，带有负面影响，以至于有时竭力回避这一话

---

① 参阅孙抱弘、张建：《民族性发展：从主义回归问题——百年"新民新人"的简要回顾与前瞻》，原载于《上海思想界》2015年第12期，后收录于《旧邦维新——新民新人研究30年文集》，中国发展出版社2018年版。

题。我们认为,这一话题对国人而言,具有警示、惊醒之意,但也确有因过于简单笼统而产生了自贬、自损的反作用。

我们认为,站在今天的历史制高点上,仍应从"存在的大致上总是有其存在的合理性"的起点出发,以系统性的思维去分析、探寻国民素质问题,分析主体素质(养)与客观环境互动推演发展的复杂过程,探寻在全球化时代与百年未遇之大变局的背景下,国民素质发展的现实取向与未来发展愿景,使我们这个命运多舛的伟大民族在自身的复兴与人类的和谐相处共同发展中作出应有的努力。

(二)"问题与发展":国民素质研究的基本内容

国民素质的研究归根结底是为了把握国民素质的现状,让国人的素质与民族国家、社会经济文化的演进相互协调、相互推动,使民族性的发展与人类前行的律动相互合拍、相互激荡。以此为目标的民族—国民性发展研究,当以探寻差距—问题为出发点,以发现、解决问题,探究民族—国民性发展的可能性、可行性路径为基本立场。这里,何谓问题?何以发展?这是我们首先要讨论的内容。

第一,何谓问题,何以认识?这里说的问题就是指差距,所谓差距则有两个维度需要把握。

其一,就人的个体而言,是指人的素质的层次性差距。具备了生存素质(如身体、技能、知识素质)者与既具备了生存素质又具备生活素质(如伦理、反思素养)者,就存在着差距,而仅具备了生存、生活素质者显然又与兼具生存、生活与存在素养(如科学、人文、审美素养)者之间存在着差距。就个体而言,在不同的层次之中,尽管各种素养存在着一定的关联性(这种关联性在高层次的素养中显得尤为明显),但因个体的旨趣与需求不同而存在着一定的差异,这种差异是人的丰富性的体现,并不能认作问题或差距[①]。

---

① 参阅孙抱弘:《社会环境·接受图式·养成途径》,《人大复印资料·青少年导刊》2002年第2期。

其二，就个体与社会（含经济、文化等）的结构性互动而言，具备了臣民素养与前现代—传统—神圣社会互动者，其素养与具备了国民素养与现代—工商—世俗社会互动者之间存在差距（如果现代社会存在着初级阶段与高级阶段的话，那么，具备了国民素养与现代—法制—威权社会互动者，其素养与具备了公民素养—法治—民主社会互动者之间也存在着差距）；而具备了国家—民族公民素养与现代社会互动者，其素养与具备了人类—世界公民素养与人文科学—后现代社会互动者自然也存在着差距。

第二，何谓发展，如何发展？这里所谓的发展是发现问题、缩短差距，就个体自身而言主要是层次性发展，就个体乃至群体与社会的互动而言就是结构性的发展。

在全球化的背景下，人类社会特别是由一次次的科技革命引发的经济发展已经不以人的意志为转移。由此，与之互动发展的人的素质的演进提升也是不可逆转的。历史已经证明，如果一个国家或地区的民众的素质不能与其所处地的社会经济发展阶段相适应的话，那么其国家的社会运行就会出现问题乃至引起动乱。环顾当今世界，即便是在那些原发型的现代化国家里，也不乏因为部分国民（包括移民）素质发展滞后，与社会经济的发展不能形成良性互动，而影响了社会的健康运转的事例；特别是至今仍不愿退出历史舞台的原教旨主义、极端民族主义、民粹主义者，更是在少数政客特别是野心家、阴谋家的蛊惑下，给人类社会带来危害。在后发型现代化国家中，由于国民素质与迅猛发展的社会经济不能形成良性互动引发的社会问题就更加严重了，尤其是再加上外部势力的种种干扰与影响。因此，任何一个民族与国家都要高度重视国民素质的发展问题。具体地说，这样的发展仍可从两个维度来展开分析。

其一，个体的层次性发展。人的素质的层次性，之前已有所述及，这里略作展开。

作为个体的人，首先应具备的是生存素质，这是立身所必备的，也就是说要有健康的身体、必要的技能与知识,而作为现代人,健康的心理也至关重要。

作为一个社会的人,能思考的个体,能尊重他人并与他人合作、能不断总结自己在实践生活中的经验教训并适时上升为理论。具备了这些素养的人,才能融入社会,并与他者实现良性互动。

作为真正的人,必定还关注生存与生活的意义,追求人存在的价值,并以求真、求善、求美作为人生之意义与价值之所在。

在一个健康发展的良性社会中,绝大多数人应具备生存与生活的素养,大多数人应认同与崇尚存在的意义与价值,否则这个社会就是不健康的、不可持续发展的。

其二,个体—群体—共同体与社会环境互动素养的阶段性发展。由于社会个体不可能孤立地存在,其素养总是与生活与文化之"场"相伴相生、相辅相成,所以,民族—国家的素质总是群体性呈现。这种群体性呈现的共同体素养,大致就是我们所说的民族性或国民性。这一整体性呈现的国民素质与不同地域或国家的不同社会发展的不同阶段相互影响、相互融合,产生着或良性或恶性的互动。也就是说,国家—民族共同体的素养,特别是作为共同体精英的整体素质能与其置身的社会发展阶段相合相谐时,国家—民族才能良性运行、持续发展,否则社会就会崩塌、国家就会失败。

由此,探讨不同社会发展阶段对国民素质的诉求,特别是社会精英应具备的素质,以及生成、培育此素质的结构与结构性要素,把握存在的问题,就成为我们当前国民素质研究的重点。这也正是本书以下将进一步展开讨论的问题。

二、素质的结构性诸要素及其动态性演进

鉴于人的素质发展的复杂特点,以人类当代认知水平的高度而言,似从系统论的视角分析问题或可更接近科学。由此,也可使我们能更真实地把握情况、认清问题,并较为自觉、主动地促进当代国民素质的建构性演进与

功能性优化。

我们在以上对人的素质的层次性特点与阶段性发展的粗略探讨的基础上,对处于两个维度交叉点上的素质的诸要素展开举例性的阐释,由于这是首次的假设性的解读,其粗疏与失误肯定难免。为了便于展开探讨,我们将按表中的内容来进行。

表　素质发展的层次性与社会演进阶段性的态势举略

社会演进阶段 自身素质发展		前现代	现代	后现代
存在素质	审美素养（美）	朦胧的审美感 自在的审美意识	"有用"的审美感 自觉的审美意识	"无用"的审美感 多元的审美意识
	人文素养（善）	漠视生命 不尚文明	重视生命人权 追求物质文明	以人为本 物质文明、生态文明与精神文明并重
	科学素养（真）	偶像与真理崇拜 追求规律与本质	崇尚"知识就是力量" 科学技术是第一生产力	坚持科学立场就是坚持批判精神 追求科学理性就是试错、证伪、建构
生活素质	伦理素养（合作）	家庭、宗族共同体伦理 小群体外的无序竞争 族群间的适者生存	民族、国家共同体伦理 民族、国家内的有序竞争 国族间的丛林法则、弱肉强食	人类共同体伦理 崇尚合作精神 保护弱势族群
	反思素养（创造）	天不变道亦不变 简单思维 "脑筋急转弯"式创新	与时俱进思维 二元对立思维 局部性创新	复杂性整合思维 多元性关联思维 系统性创新思维
生存素质	心理素养（心）	无心理概念 人对人的依附人格	探究心理问题 人对物的依附人格	心理健康纳入健康范畴 无依附的独立人格
	文化素养（知）	笼统的知识概念 偏重信仰性知识	分门别类的知识概念 偏重知识的实用性	重视知识的整合性 人文社会知识与科技知识并重

续 表

社会演进阶段 自身素质发展		前 现 代	现 代	后 现 代
生存 素质	技能素养 (能)	简单加工作业 手工艺能力	复杂加工 大机器操控	复杂多样的管理才能 高科技、高智能工艺 掌握
	生理素养 (体)	头脑相对简单 四肢比较发达	头脑趋于复杂 四肢发育欠均衡	头脑复杂且全面 四肢发育均衡

说明:1. 本表将国民应具备的基本素质(养)置于国民自身发展层次与社会演进阶段两个维度上展开描述,初步从人类个体生存、群体生活、整体存在的层面和人类社会前现代、现代、后现代三个演进阶段,展示了现代国民安身立命必须具备的 9 个基本素养。2. 本表将素质理解为多个素养的累加,即素质=素养 n+素养 n+素养 n……,主要是为了显示素质内涵的层次性和动态性,同时也是为了与相应国际用语的对接。3. 本表显示的是广大民众在自身发展和社会演进的过程中,大致的粗线条的素质状态,其素质的状况一般与社会演进的阶段同步,但是少数的社会精英与贤达则往往会有超前的发展。本表展示的是民众个体的发展层次及所显示的素养状况。

(一) 前现代社会发展阶段的臣民素质

大致说来,前现代社会发展阶段是一个以农耕或游牧生活为主的、以族权、皇(王)权和神权统治为核心的神圣社会。就个体生存而言,体质健壮,具备从事各种劳作与手工艺的能力,掌握了解外界的笼统知识、特别是信仰方面的知识就获得了生存的基本资格;就群体生活而言,尊奉家庭、家族的伦理纲常,进行血缘、亲缘、业缘之间的合作,就能维持较为和谐的生活。他们崇拜偶像与绝对真理,坚信"天不变道亦不变",依附于皇(王)权、神权、族权乃至这些权力的代表人物,以获得安全感。至于关注人的存在意义、具有审美意识,则基本上属于社会上层的有闲阶层所专有。

当然,在人类历史长河中,除了芸芸众生外,也会不断出现超越时代束缚限制的思想家、发明家,与各行各业的能工巧匠,他们的素质体现了历史的高度,并大大推动了人类文明的发展。不过,在那年代中,他们毕竟是凤毛麟角的。

(二) 现代社会发展阶段的国民素质

一般认为,面对工业化、城市化的浪潮,国民不仅需要身体与大脑的均衡发展，也需要有健康的心理与相对独立的人格，并有重点地掌握已经分门别类的知识，提升对日趋复杂的高科技、数字化工业的控制能力；而在高速扩张的公共空间中，社会共同体的和谐生活，需要国民大力提升有序竞争的意识、契约理性与共生共荣共赢的共同体精神；在科学技术迅猛发展的当下，更要求国民摆脱前现代观念与思维定式，努力创新与创造；而摆脱物质主义、技术主义、人类中心主义等极端思维模式的桎梏，也是现代社会发展前行中必须进行的切割。随着物质的丰富、生活的改善，国民对于价值意义的存在开始有所认识，对于生命、人权、环保乃至审美的认知渐趋深化。不过，受历史条件的限制，大多数国民对能力、素养的意义认识还止步于工具理性的层面——即偏重于"有用性""功利性"。在这一般意义的普遍性的理解基础之上，我们还有必要对以下一些特殊性作出阐释。

研究者根据不同的学科视角，把现代社会又称作"工业社会""工商社会""世俗社会"等，这是一个漫长而至今又远未完成的人类社会发展阶段，而且在不同文化、历史背景与不同国家和地区发展的不同路径的差异中，国民素质的发展建构也呈现出一定的差异。为此，在阐述现代社会发展阶段国民素质各要素之前，对上述的差异问题应有一个说明。

1. 现代社会的发展阶段是一个漫长的人类历史阶段。鉴于一些国家与地区现代社会建构失败或暂时失败的教训，现代社会的发展似可分为初级阶段与高级阶段来实现。初级阶段实际上是过渡阶段，是一个准备阶段，以渐进地完成现代社会所需要具备的经济、政治与文化要素的转型与变革，从而也为国民现代素质的生成提供良性的互动环境。如果在这一阶段，只是止步于"准备"而不思进取，那么就会倒退。

2. 原发型与后发型现代化国家的现代化进程在发展的基础与时间上存在着明显的差异。大多研究者都指出，原发型现代化国家在前期的发展中，是以政治上集权、经济上殖民掠夺来完成的。而后发型现代化国家早已不可能搞殖民，只有依赖相对的国家集权以整合资源来完成工业化，通过进行相应的专业化教育以培养工业化所需要的人才,当然这也造成了不少弊端,但这实在是一种两难的选择。

3. 大多数的后发型现代化国家都有着悠长的前现代社会的发展历史,这也意味着身负沉重的历史包袱。比如,长期专制统治下形成的依附人格、臣民素养、弱势心态、无序竞争与丛林生存意识,这些历史积淀的习俗性定式,都会严重影响后发型现代化进程,一遇困顿与挫折,就会习惯性地回头看而滋生复旧记忆与意念。从这个意义上说,后发型现代化国家的基础性建构"过程"包括国民素质的发展应更长——也就是初级阶段的准备期应更充裕。但是世界的发展格局不是延长而是剥夺了这种"准备",再加上一些国家管理者或软弱无力或贪污腐败或为外部势力所操控,致使这些国家的现代化进程有时不是停滞就是倒退。

4. 国民与公民的区分与演进。我们可能将进入现代社会发展初级阶段,但尚未完成现代民主进程的国家的民众称为"国民"。但笔者认为,在一个国家命运共同体内的公民仍然是国家公民,只有在人类命运共同体内的世界公民,才是真正的人类的公民,成为这样的"公民"我们还有很多路要走,而这也是后现代社会发展阶段要培育生成的人,成为具有真正独立人格的自由人。

综上所述,我们只有充分认识原发型现代化国家与后发型现代化国家在其现代化进程特别是人的现代化进程的差异,从自身的历史文化的实际情况出发,一步步渐进且坚定地前行,不作简单的横向比较,不急于求成求全,持续稳健地去完成从"臣民"到"国民"再到"公民"的素质发展进程。

(三)后现代社会发展阶段的公民素质

正如哈贝马斯所言,后现代社会就是未完成的现代社会。就人的素质而言,由于种种现实条件的限制,现代社会发展阶段某些先行者已具备的素质,并未成为社会大多数成员的素质,这种素质的发展只有在与现代社会的进一步发展中,才可能互动生成,也只有在这样的良性互动中,我们才有可能进入后现代社会的进程。这似乎是一个悖论,然而这是人类必须面对并跨越的悖论。

在后现代社会中,大多数公民的体质与思维都得到均衡的发展,心理健康、人格独立、人文社会知识与科学技术知识并重,且能注重知识的整合性运用,能适合复杂多样的社会管理与高技术调控能力;高度重视人类共同体的命运,自觉维护已经充分发育的公共空间,共建和谐合作的地球村。在这个后现代的人类共同体中,公民和平共处,追求多元意义与价值的实现,享受多元文明建设带来的安宁生活。

在现实生活中,由于社会运行与人性演进的复杂性,人的素质(养)的层次性、阶段性发展,往往显现出交叉、复合等状态。认识这一状况,有助于我们把握素质发展的反复与多变、长期与艰难。

1. 跨层次的交叉与复合。反映在实际生活中的素质,往往呈现出交叉、互联与复合状态。比如,在生存层面的心理素养,在生活层面则与伦理素养交叉而成为道德心理素养,在存在层面又与审美素养关联、复合而成为审美素养的重要内涵——审美心理。又如,技能素养在现实社会中是与行业的分工相关联的,当其与伦理素养交叉时就成为职业伦理,当其上升至存在—价值素质层面时,就成为职业精神,这就与求真的科学素养、求善的人文素养以及与求美的审美素养都关联起来,成为一种意义境界。我们现今热议的工匠精神,恐怕也应在这种意义境界中来理解与把握其深邃的内蕴。再如,现代社会中,数字素养已成为技能素养的重要部分,成为人类生存的关键能力,但是在现代社会中,其更应成为伦理与人文素养的重要部分,才能成为人类为自己造福的能力,成为推动社会良性运转的素养。这内中的原委已经为当今的现实所一再证明。

2. 跨阶段的交叉与跃进。由于文化的绵延性、人性的特质乃至集团的利益驱使,人的素质发展的趋向呈现多种面相,或超前或滞后或止步不前。一些思想的先驱、民族与人类的先行者,其认知结构、思维方式往往会超越其所生存的社会发展阶段;而出于各种原因不愿或不能与时俱进的政治家、宗教领袖、权力精英,往往是身处新时代却仍抱残守缺,鼓吹各种过时的理念与思维方式,坚持逆时代潮流、反社会发展的极端立场与行为方式,显现出个体乃至其代表的群体的素质退化倾向。当然,这种现象也会出现在某些国民群体中,如当今颇为流行的民粹主义之类。

三、素质生成诸要素的结构性功能及其嬗变

这里说的"素质生成诸要素的结构性功能",是指在素质的结构这个小系统之外,还有一个影响制约着素质要素生成、发展、演变的具有建构功能的更大的系统。我们既要研究素质的生成发展即要把握素质自身小系统的结构及其要素,也要研究影响、制约乃至决定着素质小系统发展的那个更大的系统,这也仍然可以用一句俗话来简单明了地概括,即"知其然亦知其所以然"——当然,这"然"于"所以然"也不是传统意义上的线性因果关系。尽管我们对这个大系统还知之有限,大多还只限于假设状态,但逐步向"所以然"推进,肯定有助于我们主动地发现与分析素质的"短板"产生的原因,逐步优化、完善素质的生成系统及功能。以下我们对这个大系统略作阐释,为了更形象地解读,我们以比喻的方法(见图)来加以表述。

(一)大系统结构功能的整体性描述

大系统与小系统的相互制约、影响是层次性的,也就是由浅入深地推展的,是从显在到潜在地持续地发生、变动的。当然,由于认识、认知的有限性,我们这里所揭示的大系统的结构要素并非能完全穷尽,而其功能性的生成机制也只是假设性的,暂时也无法用数理的模式来推演展示。

1. 大系统浅层次的直接制约要素。如下页图所示,本文揭示的是意识形态、制度安排、社会变化与文化传承。可以说,这四个要素在平时对每个生活在任何环境里的个体,无时不在发生着明显的影响,人们也就是生活在

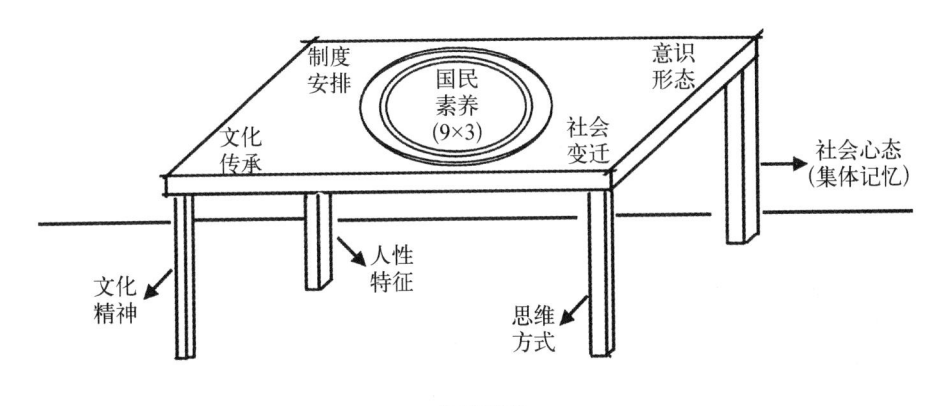

```
┌──日常生活
│         制度          意识
│         安排          形态
│      ┌─────────────────────┐
│      │   ╱  ┌─────┐        │
│   文化│  ╱   │国民 │  社会  │
│   传承│      │素养 │  变迁  │──→ 社会心态
│      │      │(9×3)│        │    (集体记忆)
│      └─────────────────────┘
│       │        │         │
│       │        ↓         │
│    文化│      人性        │
│    精神│      特征     思维
│                        方式
```

物质基础
(科技与经济发展)

图　国民素质(养)生成相关的结构性要素图

由这些要素所构建起来的"屋子"里、"桌面"上,无处逃遁。这些要素显现的先进性、科学性将引领个体素质的发展提升;反之,要素的"滞后"则阻碍个体—群体的进步,甚至走向反面。

2. 大系统深层次的潜在制约要素。如果说,显在的大系统要素无处不在且有迹可循,那么,那些潜在的大系统要素也是无处不在但几乎无迹可寻:思维、人性、心态、精神都是一种假设性的存在,而且我们对这些要素的定义至今还是众说纷纭、莫衷一是,但是,其对人的影响和制约是确确实实存在的。比如,失去理性的极端思维的危害、尚斗与尚和的文化精神、深植而挥之难去的集体记忆、趋利避害的人性特质总是与人类形影不离。而且这些潜在的深层次要素往往纠缠在一起影响、决定着人类的素质发展方向:消极的心态、低水平的思维能力,总是和落后的文化与人性的阴暗相关联,阻碍着人的素质的提升与演进。

3. 大系统背景性、根本性的功能要素。

(1) 在大系统中,如果说无论是浅层次的功能要素还是深层次的功能要素只是空间①性的、因果关联功能要素,那么日常生活就是时间性的过程互动功能要素,所有的空间性功能要素都将在时间性过程中发生作用、影响着人的素质的生成发展。从这个意义上说,日常生活才是素质生成发展的最根本的要素。然而,也正是因为这个要素存在于日常生活之中、太平常而常常为我们所忽略、所无视。这就使得大系统的功能发挥大打折扣。也正是这一原因,也使我们过多、过重地依赖于表面、夸张、热闹的运动式、形式化的"功能要素",而缺乏足够的耐心去开展依托于日常生活"功能"而展开的素质生成功能的构建。顺便要说明的是日常生活的转变是一个渐进的过程,是一个"慢工出细活"的过程,疾风骤雨式的转变是不可能的,更可能走向反面。那种形式化、运动式的"素质塑造"工程正是如此。

(2) 在大系统中,与科技进步同步发展的经济,作为大系统的根本性的功能要素的物质基础,我们一直予以高度的重视,以至过度倚重:以为只要将这一基础性的功能要素打造好,其他功能要素就会自然而然地同步发展,以至并未切实地关注和深入研究其他"大系统"的功能要素。正是由于对"大系统"根本性要素功能在认识与行动上的失衡,也就影响到小系统诸要素的发展。长期以来,西学为用、技术主义等片面的理念总是挥之不去,其深层原因恐怕也就在此。

因此,进一步深入地研究、把握"大""小"系统诸要素的关联互动,是自觉、科学、有效地推进国民素质发展的关键所在。尽管这一研究似乎还在起步阶段,但笔者愿在下文中作些许尝试。

(二) 素质生成系统诸要素与素质诸要素的关联互动

由于素质生成系统诸要素对于素质诸要素的关联影响有主次、有深浅、有强弱,所以还有必要逐项分析探讨其具体的、丰富的关联状态与互动影响

---

① "空间"的概念,其实还应包括一些更外在的要素,如家庭、社区、学校、企事业单位等,但笔者认为,对所谓的"空间"我们已经进行了太多的关注,而且在日常生活中,这些只是本书所说的显在、潜在要素的载体,因此本书不再加以讨论。

程度等问题。在本章的图中我们假设列举的素质生成系统的要素共有两个层次八项要素,鉴于文化传承的核心内容是文化精神的传承,所以我们将其合并成了一项;此外,社会变迁与素质生成的关联互动,前文已作较详细的分析,这里也就不再复述。因此,本节只就六个方面问题展开探讨。鉴于这六个要素涉及多个学科,所以我们只引用和关注汉语词汇中的最常用意义。

1. 意识形态的建构、引领与国民素质发展。用最简洁的话来概括意识形态的建构并引领国民素质发展就是要写好、讲好"故事"。这个"故事"实际上包括三个故事:本国、本民族的故事,外国、外族的故事,人类世界的故事。这些故事写好、讲好了,民族的精神、人类的精神就会成为国民—公民认同与维护的"真、善、美"的素养,成为凝聚民族与人类的存在性素质。这里,讲本民族、本国的故事,就应以民众的福祉为中心,要讲成绩、讲成就,但也要有忧患意识,这是为了争取更大的成就;也要讲问题、讲教训——这是更宝贵的民族遗产、人类遗产——继承了这些遗产的民族与人类必定有很高的反思素养,能更自觉地、理性地思考,也更有助于社会的进步与发展。讲民族、国家的故事,也要讲世界的故事,把握特殊性与普遍性的关联——民族国家命运共同体本来就是与人类命运共同体息息相关、共生共荣的,此外,还要讲好外国、外族的故事,任何文明都有其特色与长处,都可供借鉴与学习。当然,借鉴与学习都不是照搬照抄,也不可能照搬照抄,更何况只有在认真、深入的借鉴学习中,通过纵横对比、分析,才能学到别人的长处,逐步地融入本国的故事中,助推民族与国家的持续发展。任何简单地切割乃至粗暴屏蔽他者的故事,并不利于写好、讲好自己的故事,而且更可能适得其反。

我们常说生活在温室中的孩子是长不大、长不好的,同理,只听着本地故事的国民也很难生成全球化、地球村的素质,又如何去承担构建人类命运共同体的重任。这里我们说明的似乎只是一些基本常识,不过,这些基本常识往往容易为人所忽视。

2. 制度安排与素质发展。如果说意识形态的建构与引领是素质发展的方向盘,那么制度安排就是素质发展的抓手与引擎。就国民素质特别是一代代青少年的素质发展而言,教育制度的设计与安排是关键。尽管我们的主流意识形态极为重视教育及其制度安排的目标——立德树人,我们的教育制度确实显示了一定的平等原则,但是限于种种束缚,在不少方面却明显地表现出制度的功利性的引导倾向,并不利于合作的伦理素养与反思的创新素养的培育发展。比如,过度重视考试的竞争。这种各自为政、不思交流的氛围再加上为得高分而导致的无序竞争,根本无法培养合作意识;并且为了考试的平等而大量采用标准答案,则大大挫伤了学生活跃思维的积极性,这也从根本上抑制了学生的创新能力。又如,将鲜活的思想和道德教育变成了知识的灌输与功利的考试,又怎能让学生从根本上认同与维护主流意识形态的教材内涵。甚至有一些教材不能与那些反映了学术研究的科学进展同步,这显然有悖于教育的目标。政治制度的安排也与人的素质的发展趋向密切相关联。这些年来,随着一系列惩治腐败、规范公权力的制度设计与安排,有力地增强了国人的公共意识,增强了政府的公信力,也推动着国人公共精神与公共伦理素养的正向发展。此外,还需提及的是,长期以来,我们习惯于用政策设计来补充制度安排的不足或缺失,这固然显示了灵活性与原则性的结合,有助于应对社会高速发展过程中的突发问题。但是,多变的政策有可能降低政府的公信力,也会对国人的素质发展带来负面影响。比如,增长了一些人投机取巧、钻政策漏洞的不健康心理,降低了道德意识与伦理素养。

3. 文化精神的传承与国民素质发展。文化的传承,主要是指其作为内核的精神的传承。但任何事物均有两面性,文化精神也具有两面性,也就是有着主流与非主流的区分(这往往又与人性之物性与理性相关联),而且随着社会秩序的变化,主流与非主流也会发生变化、相互转换。在农耕文明的"治世—盛世"中,关注和谐有序伦理生活的儒家文化无疑是主流文化,其内核就是"尚和"精神。从根本上说,"尚和"向往和谐安定的伦理道德及其与之相适应的生活在中国几千年的文明史中始终是民众生活之中的主流文化。不过,由于落后的生产方式、专制的政治制度以及严重的自然灾害,农耕文明中间歇性地爆发"乱世",随着失去土地的"流民"队伍的扩大,人性中本能生存的、无序竞争的非主流的"流民文化""江湖文化""黑社会文化"也相伴而生。尽管这种文化的上端是"侠客文化",但这并非"江湖文化"的主体,甚至可能只是乱世中民众对除暴安良之憧憬而臆生的想象。"江湖文化"的内核是讲权术、尚争斗、搞帮派之类的丛林精神。

在乱世中,这种在"治世"中处于边缘的非主流文化公然登堂入室成为主流,并在长期生活于专制皇权下的民众中,一直暗流涌动,成为社会丛林生活与弱势群体的生存准则,从而深深地影响、阻滞着国人现代文明生活素质的发展生成。

今天,在全球化的时代潮流中,在百年未遇的大变局里,我们也应对以欧美为代表的西方文化精神有一个全面的认识——因为,自五四运动以来,西方的文化精神也对国人的素质生成有着明显的影响力。以古希腊、古罗马文化为发端的欧美文化,是一种海洋文明,其文化精神有两个面相。综合众多学者的研究[①]来思考,笔者认为这就是以商贸文化为载体的契约精神和以海盗文化为载体的尚斗精神——社会达尔文主义更给这种精神涂上了理论的色彩。正是这种文化精神催生了原发型现代国家积累财富与资源的殖民文化,以及以这种文化精神为依据的霸权主义、自我优先行径,等等。毫无疑问,在全球化—后现代化的进程中,契约精神应吸纳融入我们的生活伦理乃至存在价值的素质发展中,而源于海盗精神的掠夺他人、自我优先的文化糟粕与源生于流民文化的丛林生存法则——是不同文明中滋生的、人性

[①] 参阅温铁军:《告别百年激进(上):中国的现代化问题——温铁军演讲录》,东方出版社2016年版;温铁军:《八次危机:中国的真实经验(1949—2009)》,东方出版社2013年版;[德]哈尔特穆特·罗萨:《加速——现代社会中时间结构的改变》,北京大学出版社2015年版;[德]哈尔特穆特·罗萨:《新异化的诞生——社会加速批判理论大纲》,上海人民出版社2018年版。

本能的反文明毒瘤（或者说，无论是江湖文化还是海盗文化从其生存本能的面相上讲，都是丛林文化）——在人类现代化的进程中都应加以切割。由此，人类才能携手迎接命运共同体的建构时代。

4. 积极健康的社会心态与国民素质发展。作为群体生存的人，其社会心态主要表现为群体心态、民族心态。一般的研究，首先把社会心态分为积极心态与消极心态两类。积极的心态是以健康心理为基础的奋发向上、创新发展的心态，这种心态是群体、民族乃至人类从上文中提及的两个维度上提升、发展素质的原动力。社会心态是积极还是消极，一方面，与人的本能、社会境遇与文化传统密切相关——这一话题过于宏大；另一方面，从更具体的中观、微观层面上讲，意识形态的科学引导、制度设计的透明公正以及集体记忆的建构重组、思维方式的转变发展都是抑制消极心态、激发积极心态的重要影响因素。任何因素的缺失、偏颇都会导致消极心态的滋生，挫伤积极心态与阻遏正向发展素质的提升意愿。在社会发展的转型期，上述诸要素发展必然会出现短期的失衡，进而引发社会利益的分化，催生消极的社会心态，国人素质发展的动力消失，社会停滞不前，诸多本该退出历史舞台的旧意识、老观念、落后文化死灰复燃，从而引发社会危机。这时，如果再有一个自私、短视、投机的社会精英集团，或饮鸩止渴，或杀鸡取卵，或茫然失措，或内讧自乱，那社会的崩溃、民族的灾难随时可能爆发。这在世界的近现代史上不乏先例。面对百年之大变局，作为一个发展中的大国，唯有一个坚强而稳定的领导核心，唯有一个以民众福祉为初心的政党，才会面对危难，激发民众积极的心态，全面提升社会发展所应具备的素质，为世界、为人类跨越危局做出应有的努力。

5. 思维方式转变与国民素质发展。近代科学证明，人与其他高级动物的主要区别是具有反思意识与能力。这里的"思"也包括思维方式，也正是不同的思维方式体现了人类在不同社会、经济、科技发展阶段的反思水平，这种水平受制于发展的阶段，同时也反作用于社会、经济与科技的发展创新,在现代化的进程中这种关联互动日益显见。人的反思意识与能力的重要性也明确告诉我们,国民反思或思维素质的自觉提升不仅是个人—群体进步的关键,更是民族—人类和谐合作共同发展的根基。

与社会、经济、科技的发展同步,人类的思维水平的发展与思维方式的演进也有其自身的嬗变进程。从宏观的方面概括而言,人类思维方式演进大体是从"一维"—线性思维到"二维"—平面思维,再到"三维"—立体思维,然后再到"四维"—立体和动态思维,再到"N维"—系统(结构、功能)思维。随着高科技大数据时代的到来,人类的思维还将继续发展。从具体的思维方式来说,在从前现代到现代的进程中,人类具体的思维方式至少显示出以下三方面的发展态势。

(1)从极端对立思维到中和间性思维。对立思维是一种非此即彼的思维,诸如,人类中心主义、自然中心主义、西方中心主义、东方中心主义就是这种思维方式的体现,当今纷乱世界中的民族、国家乃至宗教冲突的发生也处处可见这种思维方式的危害。因此,只有提倡、承认二元之外的第三元的存在,看到对立之外的中间地带,也就是从极端的二元对立思维走向中和的间性思维,才有可能超越极端的单边主义,避免你死我活的对立冲突。

(2)从简单划一思维到多样共存思维。从二元对立就必然走向简单划一,突出了唯一性,抹杀了多样性、丰富性,遮蔽了创新性、创造性,走向了绝对主义、极端主义。这种思维方式一方面会将人类拉回前现代,另一方面在高科技时代,更可能将人类推向自我毁灭的深渊。所以,唯有超越简单划一、提倡多样共存的思维方式,我们才能充满创新的活力,共建和谐的人类命运共同体。

(3)从无机碎片化思维到有机整合化思维。世界本来就是一个有机整合的结构功能性的大系统,在现代社会的初期由于科学技术研究的需要,人类进行分门别类的研究取得了极大的成果,而今天则是将这些成果加以有机整合的时候了,有机整合思维由此而建构。面对复杂的世界,生态危机、文化冲突、利益调整等全球性的问题，也只有以跨界、跨学科、跨文化的大智慧才可能正确面对，才有望有效地解决。作为人类命运共同体建构的首倡国、作为全球化的世界公民，我们应该如钱学森先生当年大声疾呼的那样——努力提升整个民族的思维水平，以尽到一个负责任大国应尽的责任。

6.人性特质的认识与国民素质发展。这是一个最内隐也最难以把握的决定人的素质发展的功能性要素。人天生具有趋利避害、近感性远理性的特质，毋庸讳言这是人的动物性本能的体现。因此，有节制地趋利、有必要地避害，有克制地近感性、有区分地远理性——有限度地追求工具理性、无限度地崇尚人文理性，这是人超越动物性、实现自我解放、弘扬人性的关键所在。与此相对应，人的素质的层次性提升、阶段性发展在总体上都是朝向这一方向——健康的心理、科学的思维乃至真善美的追求均是如此，和谐而有活力的社会秩序、美好而丰富多彩的人类生活正是发端于斯。

为此，任何一个正常的群体，任何一个成熟的民族，都应将意识形态的建构、文化传统与文化精神的继承、社会制度的设计与安排、社会心态与集体记忆的调整以及思维水平的提升与发展都指向这一人类的理想目标。反其道而行之，则必将给民族与人类带来灾难，这已经一再为历史所证明。

综上所述，对素质自身要素与素质生成背景诸要素结构功能性的关联互动，我们只是作了些许简单的探讨，可能是挂一漏万，诸多更深层、更复杂的关系互动还需要我们更努力地探寻。

四、民族性发展与国民：青少年教育的变革趋向

民族性的发展、国民素质的提升无疑与国民教育紧密关联，而由于青少年的可塑性特征，我们必然将民族性发展的期望更多地寄托于一代又一代的青少年。上述对人的素质生成的系统性结构功能的多方位的解读分析，对于新时代国民—青少年教育的格局设置、思路调整和重心必然有一定的启发，以下是相关的几点思考。

（一）"小教育"走向"大教育"：从原子化、碎片化的小格局到整体性、整合化的大格局

所谓小教育是指我们常说的家庭、学校、社区"三位一体"教育，这是一种现代社会初级阶段的教育设计，是一种有限时段性的、以课程目标设置为主的教育。大教育则是指日常生活的教育：从关注人的素质的全面发展和人的素质生成的结构性关联要素的基本立场出发，大教育在吸纳小教育的全部内涵的同时，也重视那些人的素质生成的结构性要素的现代转型，以及人的素质生成诸结构性要素的功能机制整合构建。所以，大教育较之小教育有两个明显的时空特点。

1. 全方位大格局教育。人的素质生成有其自身的特点，应体现科学性、人文性的指向，而反对工具性、功利性的扭曲。由此，首先，本文所提出的与素质生成密切关联互动的多层面、多类别的要素，如意识形态的构建、社会制度的安排、文化精神的传承、社会心态的疏导、集体记忆的调整、思维方式的转变及人性弱点的认识与克服，似都有必要从自在到自觉，摆脱对传统——前现代的"路径依赖"，努力指向助推国民——青少年现代素质的生成。其次，整合这些素质原先处于原子化、碎片化的状态下的国人的素质的生成要素，使其结构功能性产生最优化的效应。当然，这种大格局教育的建构在当下只是一种"应然性"的设想，但是其对于国人的素质的生成与提升之效，是那些零打碎敲的教育难望其项背的，也可能为囿于传统教育思路的人们难以理解——尽管这种大格局早已客观地存在。

2. 长时段的过程性教育。尽管"十年树木，百年树人"的道理似乎不难理解，但是在现实的教育中，"点石成金"的心态、"拔苗助长"的做法都时时可见，这种世俗的功利的短视行径、焦虑心态正在冲击着当代国民—青少年的教育，阻滞着国人素质的健康生成。这种短视的焦虑、功利的行为必须扭转。其实，无论是个体的素质生成、民族性的发展，都是在诸素质生成结构性要素的良性互动中逐渐发育长成的。人与人、人与社会、人与自然的有序交流、交往的过程,是通过日常生活中的对话讨论和相互尊重的平等学习实现的。课程性、短时段的知识的传授只是教育的最低境界,自我教育、终身学习才是教育的最高境界。特别是在信息时代,教育的长时段、过程性现代特征已经日益明显,不确立这一理念,自觉地持续不断地提升自身的素质,就会为时代与社会所淘汰。

(二)新时代国民—青少年教育:从失衡到均衡

国民—青少年素质的全面发展一直是我们追求的教育理念,不过,面对后发型的快速发展的现代化进程,面对当下百年未遇的世界大变动格局,面对科技高速发展、公共空间无限扩张,国人相应素质明显缺失的现实,而国民—青少年教育的相应制度、政策又处于调整完善的变动中。国人的素质发展如何面对现实,而国民—青少年的教育如何从一时的失衡走向较长远的均衡,以下是笔者的粗略思考。

1. 网络素养与工匠精神。首先是网络(数字)素养的发展提升。网络技术对日常生活的全面渗透,已经使得每个人都必须掌握一定的网络知识与能力才能融入网络社会的日常生活,同时网络使公共空间无限扩大,网络社会的有序运转,需要每个人都要具备公共意识与公共伦理精神,否则造福于人类的技术会反过来祸害于人。其次,要培育新的工匠精神。这种精神发端于人对技术的兴趣乃至痴迷,延续于人对职业伦理的坚守,完成于人对职业境界的审美追求。这实际上是跨越生存、生活与价值层面的从技能而伦理而精神的追求。这种精神将推动人类从工具理性的功利性沉迷走向人文理想的存在性探寻,标志着从现代世俗社会向人文性后现代社会的跨越,显示出人类自我超越、自我解放的一种可能。

2. 合作素养与创新精神。在现代社会,无论是个体还是群体,合作素养与创新的意识与能力已经是其健康有序发展不可或缺的两翼。趋利避害的本能、弱肉强食的社会达尔文主义,以及在此基础上滋生的海盗文化、殖民文化和江湖文化、痞子文化,使得群体与群体、民族与民族、国家与国家之间的互不信任日益加剧。合作意识与契约精神的重建已是世界格局再塑与民族国家稳定的定海神针。

在高科技信息时代,创新已成为人类的共识:创新首先是理念创新、思维创新。这里,思维方式的转变与调整,求真之科学素养与求善之人文素养的引领,都应在日常生活这个大教育的时空中,通过多种形式和多条路径来推展、传承,反映了人类高水平反思素养的思维方式,已成为当今指引我们走出混乱世界的大智慧。当年钱学森先生曾大声疾呼应把思维科学作为与自然科学、社会科学并驾齐驱的科学来研究、发展与建构,今天看来这不愧是钱老留给人类的重大遗产。

3. 存在精神与价值追求。随着物质生活的日益充裕,对欲望的沉迷会使人迷失方向,皈依宗教是人们自我救赎的一种方式,对存在意义与价值的追问,以及对真善美的向往其实也体现出一种最高境界的信仰性的文化精神,也能帮助人摆脱对物欲的沉溺。这里,社会精英阶层的示范与引导十分重要。当下,对党的干部及全体党员"不忘初心"的教育正谱写着国民素质从生存、生活向价值意义跃升的前奏曲。

民族性的发展大有希望!民族梦的实现已如船桅出现在东方的地平线上……

第二章
新时代国民人文素养的影响因素和培育路径
——基于三个网络热点案例的分析

◎(何芳　上海社会科学院)

人类文明的发展史是一部人文素养的发展史。在经历了漠视生命、不谙文明的前现代社会阶段和重视生命、追求物质文明的现代社会后,人类正朝向以人为本和物质文明、生态文明、精神文明并重的后现代社会迈进。面对层出不穷的新的社会问题及其带来的挑战,人们逐渐发现,只有认识和理解了这些社会问题背后的人文背景,才能从根本上解决问题,有效地应对挑战。本章基于近年来在互联网上引起热议的三个人文素养案例,分析和反思当前我国国民人文素养发展中的主要问题,进而提出在新时代培育国民人文素养的对策和建议。

一、人文素养的含义

人文素养是一个内涵很广的概念,学者们从不同角度对其有不同的界定。有学者认为,人文素养是一个人内在的文化涵养及人格修养水准的外在呈现。它是一种根基于文化自觉意识的品质,具有超越性,关乎文化情怀、文化品味、文明素质。[①] 有学者对照科学素养,提出人文素养是"在强调

---

① 梅敬忠:《回望国学经典:领导干部提升人文素养的"捷径"》,《人民论坛》2016年第30期。

以人为中心的文化理念当中,注重突出有关人的理想、信仰、信念、道德、价值观、审美观、文化品格和创造能力、创新精神等一系列内容的重要性,提倡建立在求真基础上的以求善、求美为宗旨的人文精神内涵"。① 还有学者认为,人文素养具有鲜明的民族特色,其核心是人的世界观和人生观,内容包括人生的意义、追求、理想、信念、道德、价值等。②

正如人们很难对"文明""文化"做出一个统一的界定,关于人文素养的含义也是众口纷纭。不过,上述对人文素养的界定虽不尽相同,我们仍能从中归纳出人文素养所具有的几个关键特征。首先,人文素养具有民族性,是一个民族特有的文化孕育出的精神产物。第二,人文素养不等同于人文知识,它更强调思想和观念的建立。第三,人文素养的主要内容包括:其一,能进行正确的价值判断的知识和能力基础;其二,能与自然、与他人和谐共处的生命关怀和道德感;其三,具有创造美、欣赏美、珍惜美的品味和能力。第四,对于人文素养的解释在不同的社会发展阶段、不同的地域与民族存在着一定的差异。在本章中,我们也从这一理解出发来评析近年来互联网上引发人文素养议题讨论的三个案例,这些案例也正体现出人文素养的上述特征与差异性。

二、案例的归纳与解读

近年来,一些有关人文素养的事件在互联网上引起争议,掀起了人们对国民人文素养中某些问题的批判。本章选取古代佛像整修、黑底白字店铺招牌和全国"丑陋"建筑三个案例进行分析。

(一) 古代佛像整修事件

2018年8月4日,敦煌研究院榆林窟一名讲解员在其微信公众号发布了一篇文章,指出四川某地古代佛像的保护现状令人担忧。该地区的石窟

---

① 王东莉:《人文素养:知识经济时代科技人才的重要素养》,《科学管理研究》2002年第5期。
② 范志华:《人文素养在当代大学生中的缺失与重建》,《学校党建与思想教育》2005年第12期。

佛像大多建于唐宋两朝,现在却被当地文物部门"修旧如新",变成了动画片里的卡通人物形象;修复所用的颜色艳俗,令人唏嘘。有网民感叹:"真怀疑是请的做红白喜事的扎纸工匠来做的修复!"后经当地文物局证实,佛像修复前后对比照片属实,但并非现在所为,而是20世纪90年代当地群众自发修缮所致,当时该佛像所在寺庙并未纳入省级文物保护单位。在四川某地佛像整修引发社会广泛关注后,有网友发布了多张其他地区的佛像遭重绘的照片。

(二)黑底白字店铺招牌事件

2019年3月24日,有网友发帖称,上海市某区有条道路的店铺招牌整体被换成了黑底白字,看上去很不美观,还有网友吐槽是"墓地风格"。25日凌晨,该区官方微博发布通报称,经现场核实了解,该单位在外立面整治过程中,对店招、店牌设计的颜色搭配考虑不够周全,已责成该单位及时整改。

(三)全国各地"丑陋"建筑

近年来,全国各地不断出现造型怪异的"丑陋"建筑,如造型酷似古代钱币的沈阳方圆大厦、建造成酒瓶形状并被贴上标签的稻花香集团办公大楼、外形为"福禄寿"三星彩塑的北京天子酒店,此外,还有广为人知的央视"大裤衩"、苏州的"秋裤",等等。在互联网上,诸如《中国十大最丑建筑》《坐落中国的"雷人"建筑》等文章广为传播,引起网民的热议。

三、案例引发的国民人文素养争议

由上述三个案例引发的议论中最令人关注的就是人们对国民人文素养的争议。事实上,这些争议体现的不仅仅是国民的审美品味,还与我国作为后发型现代化国家这一社会背景中不同的利益追求、各异的价值取向、形形色色的目的意图等因素有关。

(一)艺术还是信仰

以古代佛像整修事件为例。对佛像修复的争议主要分为两派。一派认为,经过这种维修之后的佛像色彩夸张,失去了文物原本的古朴风格,暴露出国民审美能力的倒退,甚至有网友将其戏谑为"农家乐"审美。另一派则认为,这种民间自发的重新彩绘行为具有一定合理性。对于世代居住于此的居民来说,佛像不是用来供大众观摩欣赏的公共艺术品,而是承载着神圣力量和精神信仰的文化载体。《中国美术报》刊载的一篇文章对此评论道:"我们(有话语权的知识分子)与石窟附近的乡民有何区别呢?是观念的不同:我们将石窟看作是历史的载体、艺术的作品,而不是信仰的寄托和心灵的存放处。这既源自清代后期以来的文人眼光,也源自西方传来的艺术观。20世纪中国进入了一个新的文化语境,石窟、寺观造像(以及壁画、建筑)被纳入新的话语体系:石窟和佛像被冠之以'艺术'与'文物'之名,成为全社会的历史文化遗产,成为国家的文化资产。石窟的属性被重新界定,石窟附近的乡民成了无关紧要的旁观者,少数乡民成了政府委托并付以薄资的看护人。"[①]

佛像修复事件的争论表面上是围绕国民人文素养的高低优劣展开,实质上却反映出传统与现代两套话语体系的冲突与差异。清末鸦片战争以来,中国遭遇"三千年未有之大变局",西方现代思想观念在各个层面对中国传统思想文化观念产生强烈冲击,国民性的低劣成为众多知识分子眼中国家积弱的根源,中国人的国民素质遭到严厉批判。这种对国民素质的批判与反思甚至延续至今。近几十年来,中国在向现代国家转型的过程之中,对国民素质的自我审视与批评仍然是一个经久不衰的话题。从重绘佛像的民众角度而言,佛像是神圣力量的具象,是寄托希望和信仰的符号,寺庙是举行宗教仪式的场所。换言之,当地民众并不是从审美的角度来看待佛像,而是从信仰和民俗的角度出发以满足自己日常生活的精神需求,重绘佛像的目的在于修旧如新而非修旧如旧,因为他们看重的是佛像的宗教内涵,而非

---

① 李淞:《对宋代佛像遭彩绘的反思:谁的文化"主场"?》,《中国美术报》2018年第120期。

佛像所具有的美学价值。而在现代艺术的话语体系中,佛像不仅是宗教符号,还是公共艺术品,是国家的历史文化遗产,其美学价值显然更为重要。更值得引起重视的是,在网络时代,网民、知识分子、旁观者的声音俨然成为主流民意和社会共识,他们以一种文化宣讲者的身份对当地民众的行为进行批判,而真正以行动传承地方民俗文化和信仰的民众则几乎无意或无力发出声音,他们的观点无法得到表达和传播。可见,对人文素养高低的评判往往体现出人的不同社会层次和不同文化的差异。在这一过程中,那些处于优势地位的社会、文化和掌握着话语权的人群更容易成为人文素养评判标准的设置者,对其他处于弱势的社会人群及其文化信仰加以评价和批判。

（二）设计还是效率

尽管目前我国的经济建设已经取得巨大成就,但在社会管理实践中,当经济、效率和文化、艺术、审美观发生冲突时,经济和效率往往会成为主要的考量标准,而文化、艺术、审美等方面的标准则退让到次要地位,因为后者要求彰显个性,需要细致的、独特的设计和打磨,通常意味着需要大量的经济投入和较长时间的投入。以黑白店铺招牌争议事件为例,当地在整治另一街道店面时曾经尝试过选择几家店面进行整体设计,但因为一条马路上通常都有数百个门面,如果每个门面都交给专门设计团队设计,成本将会非常高,负责单位最终就因设计成本过高而被迫放弃这一方案,转而选择了大小、颜色、风格、字体都相同的统一招牌。事实上,采用这种背景加大字的店铺招牌,因其设计简单明了、节省成本、便于统一,因而可以快速实施,已经成为不少城市的通常做法,并不罕见。只不过,"统一"的尺度并不容易把握。城市在整治店铺招牌的具体实施过程中,很容易进行"简单化"操作,即简单地选定一个底板颜色和样式,不管商业形态和街区文化的特点和差异,在一个区域内使用千篇一律的店铺招牌,从而才引发了上述争议。

可见,与其说黑白店铺招牌事件体现出管理者人文素养和审美品味的低下,不如说这是现代化进程中城市发展与社会管理中处置某个问题时难以避免的问题。后发型国家的现代化发展大都采用的是"经济第一""效率优先"的发展战略,常有急功近利的主观色彩,凡事讲求效率,于是养成了将"实用、快速、方便"放在第一位的习惯,人文和艺术常处于尴尬的边缘境地。① 这种现象是中国作为发展中国家在现代化浪潮中的一种普遍情况,不只出现在人文艺术领域,也出现在其他领域,例如由于过度追求经济效率而破坏了生态环境,过度追求数量而忽视了质量等。可见,人文素养并没有明确的高低之分,一些被认为人文素养低劣的做法往往是由特定社会发展阶段的某些特殊情况所决定的。如果能够正确认识这些问题,就能明白当前我国尝试走一条不同于西方国家的新型现代化道路,让中国的优秀传统文化和民族精神融入现代化的进程,成为新型现代化的有力支撑。

(三) 传统还是现代

随着现代化和全球化的不断推进,全世界大部分的城市形象逐渐趋同,钢筋水泥铸造的建筑物越来越相似,这已是全球化现代社会的主要特征。在传统中国社会,受制于技术的落后与资源的有限性,人们通常是根据自然环境、家庭伦理次序、宗族归属、民俗信仰等因素来修建房屋,使得建筑空间具有一定的人文特色;而现代社会则大大减少了对建筑的人文精神的追求,更为注重建筑的功能性。建筑材料和建筑技术的全球化造就了千篇一律的现代建筑。随着科技的进步,各色各样的现代建筑采用的都是工业化的标准件,形成了一整套制作、销售、施工、售后服务体系,传统的工匠式制作美学被同质化、标准化的房屋产品彻底打败。并且,城市人口的飞速增长亟需大规模的居住房屋。为了更快、更高效地修建房屋,只能把建筑物造得尽量规范化、标准化、同质化,以此来满足城市化进程中人们对于建筑物的大量需求。正是在这样的背景下,建筑原本具有的人文意涵和美学特色受到现代社会生产方式和生活方式的冲击,造成了建筑与人文精神的割裂,才出现

---

① 刘伟、张冬梅:《对后发展现代化国家实施赶超战略的思考》,《学理论》2000 年第 5 期。

了一大批深受诟病的建筑,它们要么直白浅薄地表达传统文化符号,要么极度贪大求高,要么沦为国外著名地标建筑的山寨版,从而引发了人们对"丑陋"建筑的辛辣讽刺和批评。[①]

四、对影响国民人文素养诸结构性要素的探讨

从上述案例来看,国民人文素养不仅仅是个体的思想、感情、爱好、意愿、信仰,它还是社会文化、社会结构和社会价值观的体现。其中,传统文化、文化与审美的多样性、城市化进程是影响国民人文素养的主要因素。

(一)传统文化

传统文化、民间信仰和习俗对人文素养具有重要的影响。例如,招牌是我国传统商业文化的重要载体,许多有着悠久历史的百年老字号都有其独具特色的店铺招牌,让人一望便知。这些招牌不仅具有独特的美感,也承载着店铺及其商品的文化内涵,影响着店铺的传承和发展。又如,全国各地的"丑陋"建筑中也有不少传统文化元素:钱币楼、福禄寿三星楼均与传统文化有着直接关系,是传统文化元素与现代建筑的结合物。只不过这种结合并没有对传统文化进行深层的挖掘和继承,只是将两者简单相加,从而产生了一种戏谑的效果。

传统文化深刻地影响着国民人文素养。但当今社会成员,尤其是青年人却整体缺乏学习传统文化的环境,欠缺必要的传统文化知识。无论是学校、家庭还是社会,都没能为年轻一代提供学习优秀传统文化的环境氛围。在中小学,面向学生的传统文化教育主要依托于语文、历史等学科中的古代诗词、国学经典、历史故事等内容,缺乏专门的传统文化课程和教育师资。在家庭中,学生承受着升学压力,家长们大都只重视应试科目的学习和辅

[①] 郑以然:《奇观地标建筑的"污名化"与恶搞式消费》,《中国图书评论》2015年第8期。

导,很少关心传统文化教育;在社会层面,全球化浪潮的冲击使得传统文化几近消失,代之而起的是西方的节日、服饰、饮食、文学作品等年轻一代驾轻就熟的生活方式。① 2016 年一项对全国 35 所高校的 3 500 名大学生的调查发现,大部分学生对传统国学经典的学习明显不足,完整读过《大学》《中庸》《论语》《孟子》的比例分别只有 12.8%、9.6%、38.3% 和 12.5%。② 可见,年轻一代对传统文化的认识和了解还较为缺乏。

(二) 文化与审美的多样性

文化与审美没有明确统一的标准,没有高低优劣之分。受到时代变迁的影响,社会的风俗、信仰、审美趣味都可能发生改变,不同群体对文化和审美的需求和爱好也可能不同。正是由于文化和审美的多样性,使得国民人文素养也很难有统一的评判标准。例如,美有多种:有简洁之美,也有繁华之美;有错落有致的美,也有整齐划一的美,等等。五花八门的店铺招牌可以反映出繁荣气象,而只要设计得当,风格统一的店铺招牌也可以达成另一种美的感受。又如,用现代的眼光来看古代佛像重修事件,一些人会觉得鲜艳色彩过于艳俗,与古朴佛像格格不入,但这其实也是一种历史悠久的色彩审美风格。有研究者指出,采用高饱和度的明艳色彩和繁密而华丽的装饰,这样的色彩审美风格在佛教艺术中其实相当常见,敦煌壁画、珐琅彩瓷、古代繁复服饰等,都会使用浓墨重彩,呈现艳丽色彩和图案。在民间,大红大绿更是各种喜庆节日不可缺少的装饰。相反,现代人崇尚的极简主义美学,实际上并不现代,而是宋明士大夫追求的美学风格。当时的织物、瓷器大都采用淡雅、柔和、清逸的色彩,可这一以素雅为尚的审美风格,在清代乾隆时期却受官方摒弃。③ 可见,人们的文化偏好和审美标准总是随着时代变迁而处于变动之中。

---

① 何芳:《青少年传统文化教育的现实、困境与对策》,《当代青年研究》2018 年第 4 期。
② 沈壮海、王培刚、王迎迎等:《中国大学生思想政治教育发展报告 2016》,北京师范大学出版社 2017 年版,第 286—287 页。
③ 吴钩:《大红大绿的颜色审美是从哪里来的?》,儒家网(https://www.rujiazg.com/article/16137)。

(三) 城市化进程

改革开放以来,伴随着社会主义市场经济的发展,我国逐步从原来的农业社会、乡村社会向工业社会和现代社会转变。在快速城市化的进程中,人们的劳动方式和生活方式都发生了深刻变革,大量的农村人口进入城市,原有的传统乡土思想观念、生活方式、居住习惯等都可能与现代城市生活产生冲突和矛盾。另一方面,随着城市的急剧发展,社会管理方式和服务水平却相对滞后,远远跟不上城市发展的需求,由此也可能产生一系列的问题和矛盾。当前对于国民人文素养的诸多指责,在很大程度上都是这种矛盾冲突的产物。城市的发展不仅仅是城市设施、建筑、道路这些外壳的发展,也应该包括居住在城市中的人的发展。城市生活需要具备一定的现代人文素养,而这种人文素养可能与传统农业社会所需要的人文素养不同,与传统社会依靠血缘、风俗、乡约等不同。现代城市社会运作依靠的是诸如法律、政策、管理等现代社会控制机制。[①] 尤其是在全球化和网络化的时代,社会运行的方式发生了翻天覆地的变化,人们交往的途径和方式渐趋多样,人文素养不再是一成不变的固有准则,必然要随着新的时代需求和生活方式发生改变。

五、对国民人文素养发展路径的思考

作为后发型现代化国家,我国正面临着在几十年内完成西方几百年所经历的经典现代化的挑战。科技、信息的高度全球化正加速改变着人们的生活和思维方式,年轻一代与传统观念、传统文化正在拉开距离。在西方强势文化的冲击下,只有发展和提升年轻一代的人文素养,才可能建构出中国特色的文化体系和文化自信。

(一) 进一步在大中小学推进中华优秀传统文化教育

2014年,我国教育部颁布了《完善中华优秀传统文化教育指导纲要》,

---

① 张晓芳:《从人本视角探究城市化进程中市民人文素养的培育》,《中国集体经济》2015年第30期。

提出要加强对青少年学生的中华优秀传统文化教育,培养中华优秀传统文化的继承者和弘扬者。2017年,中共中央办公厅、国务院办公厅印发《关于实施中华优秀传统文化传承发展工程的意见》,提出要按照一体化、分学段、有序推进的原则,将中华优秀传统文化教育贯穿国民教育始终,贯穿于启蒙教育、基础教育、职业教育、高等教育、继续教育各领域。在大中小学深入推进中华优秀传统文化教育,可从以下三项工作着手。一是将中华优秀传统文化课程列为大中小学必修课,并通过社团活动、兴趣小组、专题讲座、经典诵读、艺术文化节等多种形式,营造浓厚的传统文化学习氛围。二是加强中小学传统文化师资队伍建设,一方面从原有教师队伍中选拔一批热爱传统文化、具有传统文化学素养的教师担任传统文化课程的教学工作。另一方面在师范院校的师范专业中开设国学、书法、国画、民乐、民俗学等传统文化课程,要求每位师范生选择其中一门作为必修课。三是将传统文化与仪式教育相结合,通过开展入学仪式、成长礼、成人礼等活动,激发学生形成对中华优秀传统文化的认同感。

(二) 完善公共文化服务体系,构建学习型社会

在向终身学习社会迈进的今天,人文素养的培育不能仅仅止步于学校教育层面,社区、家庭、公共文化机构等都应该成为培养国民人文素养的重要场所。在一些发达国家,社会教育已经成为国民,尤其是向青少年进行历史文化传承教育的重要渠道。例如,美国大多数的博物馆和图书馆都可以为学生提供教育活动、图书外借和导览服务,成为学校课程教学的重要补充。我国目前有数量众多的博物馆、展览馆、美术馆和青少年校外活动场所,应充分挖掘公共文化服务场馆的优势资源,开发大众喜闻乐见的文化服务项目和文化服务形式,扩大文化服务覆盖面;同时鼓励和扶持文化类社会组织以社区为基础开展群众文化活动,充分调动社区中的文化工作者和爱好者的积极性和创造性,推动文化活动进社区、进家庭,在此基础上构建学校、家庭、社会三位一体的学习型社会。

(三) 打造优秀的中国文化作品，提升文化自信

优秀的文化作品是培育国民人文素养的重要载体，要进一步鼓励、支持文艺工作者创作多种形式的优秀作品。近年来我国涌现出一批优秀的、以传播介绍我国文化为内容的文化作品，其中不仅有《中国诗词大会》《朗读者》《见字如面》等电视节目，有《舌尖上的中国》《我在故宫修文物》这样的纪录片，有《哪吒之魔童降世》《西游记之大圣归来》等在传统文学经典的基础上改编的作品，还有以李子柒为代表的自媒体人创作的中国传统文化短视频等。这些文化作品获得的广泛好评表明年轻一代对中国优秀文化有着很高的接受度，文艺工作者应根据不同受众特征丰富文化作品的层次和类型，让优秀的文化作品真正成为人们的精神食粮。

毫无疑问，人文素养具有文化性，它包括人们的价值观念、文化素养、审美趣味追求等，承载着非常深厚的思想文化内容。在我国悠久的历史中，许多优秀的文化作品流传下来，至今仍发挥着教化国民的功能。从这个角度而言，人文素养是超越时代的。但是，人文素养又具有时代性。不仅文化作品的创作者生活在具体的时代之中，国民的价值观念、思想意识、语言形式、审美倾向、生活方式也具有鲜明的时代特征，对人文素养的理解和追求也会发生变化。在我国经济高速发展的今天，人文素养的培育既要注重对优秀传统文化的继承，又要考虑新时代国民的认知和行为特点，考虑不同年龄阶段人群、不同受教育程度人群、不同经济发展水平地区的差异，以积极而非一味批判的心态去面对人文素养。

第三章
文化复兴中古典审美极端现象的解读
——国民审美素养新变化分析

◎（梁昕　合肥师范学院）

随着我国综合国力及生产力水平的提高，国民逐渐解决了温饱问题，向小康迈进，生活也从过去日常粗放型向更细致的方式转变。随着日常生活中对于美的需求增加，审美素养也逐渐从过去原始的、朴素的审美趣味向精致化、个性化的方向转变。与其他素养不同的是，因为审美具有因人而异、因时而异的性质，因此大众在日常生活中的审美逐渐改变过去单一的模式而表现出客观类型多元、主观喜好多样的特点。

道隐无名，审美素养是一个缓慢沉淀再发酵的过程。不同于科技的日新月异，人类审美的变化更多的是伴随着社会文化的更迭而潜移默化，因此我们对于国民审美素养变化的观察便无法通过短短数年的时间便可有所结论，需要将目光望到更远的过去。又因为日常审美所涉对象多元而庞杂，因此对于国民审美的观察还需要集中于某个单一的领域，如此才能将国民审美素养的新变化从漫长的时间长河、纷繁芜杂的审美喜好中逐渐提取出来。

基于上述诸多因素，本章将研究的对象落点于大众审美趣味最新崛起、也最为表象的"汉服"审美趣味之上，并尝试通过对这一复兴行动的起源、发展及其内部出现的极端现象的分析，凸显出国民审美素养中的新特征以及其间存在的各种不良发展趋势并提出相应的改进建议。

一、再议审美素养

审美素养,在网络文献中尚未有被学界公认的定义。综合诸多文献的见解,我们可从审美素养一词中提取出审美、美感和素养三个词。《现代汉语词典》对于审美一词的解释是,"领会事物或艺术品的美",美之中包含了"对于美的感受或体会"(美感);素养一词为"平日的修养"①。综合《现代汉语词典》对三个词的解释,我们可以将审美素养定义为人们在对美的感受和体会时所表现出的修养和素养。

美学大家朱光潜在《谈美》中曾对美感作了界定。他认为美是人们"物我交感的共鸣",美之所以为美,则全在美的形象本身,不在于它对人群的效用②。这段话表示了美是一种客观存在,同时又极具主观特色,强调了美具有非实用性的特点。而所谓的审美——欣赏——就是"觉得有趣味",也就是"无所为而为的玩索"③。只有没有目的地去欣赏、玩索、去看,才能够真正体会到审美。这说明审美行为本身并非是出于实用或者工具的目的,它更多的是一种去工具化之后的感受。

除此之外,朱自清在为朱光潜的《谈美》一书作序时也提及,"他④告诉你美并不是天上掉下来的;他一半在物,一半在你,在你的手里……"朱自清认为,客体本身的存在为自然,但是美或不美的判断标准却是掌握在审美人的手中。⑤ 所以,美实际是一种心理上的体验,而并非只是单纯的客观物体在意识上的投射。正因为如此,对美的看法也就千人千面,存在极强的个体性和主观性的特点。

虽然美具有主观性的特点,但是判断美的标准并非凭空而生。面对美,

---

① 吕叔湘、丁声树:《现代汉语词典》(第 7 版),商务印书馆 2016 年版,第 888、1164、1248 页。
② 朱光潜:《谈美》,生活·读书·新知三联书店 2018 年重印版,第 235 页。
③ 朱光潜:《谈美》,生活·读书·新知三联书店 2018 年重印版,第 237 页。
④ 指朱光潜。
⑤ 朱光潜:《谈美》,生活·读书·新知三联书店 2018 年重印版,第 112 页。

不同的人会有不同的审视标准,然而对于美的审视却不是凭空出现的。人们对于美的定义、标准和态度始终都受到主体所处的时代、地区以及文化等诸多条件的限制,不仅仅只是因人而异,更是因时而异、因地而异。

李泽厚在《美的历程》一书中引用《乐记》中"乐统同,礼辩义"等句佐证,认为中国的审美着重于"情感感受",其审美不同于礼制制度等外在规范的内在情感特性,但这种情感感染和陶冶又是与现实社会生活和政治状态紧密关联的,"其善民心,其移风易俗易"。[①] 他还认为美是一种"有意味的形式",其本身在想象中被赋予了人类所独有的符号象征的观念含义……其中参与了储存了特定的观念意义了……在对象一方,因此自然形式里已经积淀了社会内容;在主体一方,官能感受中已经沉淀了观念性的想象、理解[②]。

综上所述,在对审美一词的诸多评说中,我们可以认为审美是一种主观体验,是人们基于自身所处的环境、文化及社会物质条件的基础上产生出的非工具性、非实用性的对于事物及艺术品美好的感受,它有三个特点。

第一,主观性的特点。它不是人们处于某种实用的目的而塑造出来的,更多的是一种心理上的体验,反映出了人们主观上对于美好事物的需求。

第二,多元化的特点。审美具有强烈的主观特点。因此,不同的人对于美有不同的定义,在审美之时,就会存在不同的行为及感受。

第三,受文化及社会环境影响的特点。美虽然存在于物体,但是对于美的感受、判断标准及审美的逻辑及表现都会受到其所处社会文化的制约和影响,"汉瘦唐肥"即为一例。

二、从汉服复兴行动透露的审美现象

自 2003 年汉服复兴行动兴起至今,经历了从最初的"众者围观"至"习以为常"的不同发展阶段。国民对古典审美和汉服的欣赏逐步推动了汉服

---

① 李泽厚:《美的历程》,生活·读书·新知三联书店 2018 年重印版,第 112 页。
② 李泽厚:《美的历程》,生活·读书·新知三联书店 2018 年重印版,第 49 页。

产业的发展，与此同时，也形成了其各自的审美取向和审美趣味。然而，随着时间的推移，国民在审美素养中的缺点逐渐暴露出来，并最终形成了汉服圈内外较为集中的激烈的矛盾现象。

(一) 汉和之争

所谓的汉和之争实际是在汉服复兴行动肇始之初至汉服普及之间相当长的一段时间内，部分国民对于汉服存在着是汉服还是和服的误解。2003年王乐天身着汉服走入郑州闹市区街头，相对现今，当时王乐天的穿着其实并不标准：既没有穿刺绣精美的布鞋，而且还穿了一条西服裤子。当时，大多数人对于汉服并不了解，因此很多人将王乐天及其身上所着服装认为是日本人和日本和服。①

而后2010年10月16日参加成都"反日游行"的大学生们在春熙路街头②错认为孙婷（化名）所穿的汉服是和服，于是冲入当时孙婷及其友人所在的德克士餐厅，要求其脱下身上的和服。在经过孙婷解释和普及、一再表示自己身着的是本国传统服饰的情况下，那些人依然强行要求其脱下所着汉服，先是曲裾，而后又再次强制要求其脱下下裙。随后，肇事者于公共场合将汉服当作和服烧毁。而被强行要求脱去汉服的孙婷只能上身穿着T恤，躲在餐厅洗手间内，直到友人借了他人的衣服送来穿上后才逃离现场。

除此事件之外，汉服被误认为和服的事件屡屡发生，只是性质未及"成都汉服事件"那么恶劣。"汉和之争"实际是人们对于传统文化知识相对缺乏所导致的后果。汉服人士对传统文化及传统审美的复兴过程中，一直都在进行汉服、和服、高丽服之间差异的知识普及，对三者之间的关联追根溯源，表现出了贬低和服和高丽服、抬高汉服地位的倾向，甚至为了确立汉服

---

① 汉服宗：《现代第一位穿汉服的人——王乐天：汉服运动的起点!》，百度（https://baijiahao.baidu.com/s?id=1653601117667313459４&wfr=spider&for=pc, 2019 - 12 - 22）。
② 后经查，参与者被认定为"街头混混"，肇事者具体身份于网络上已不可考。

的"母服"地位,将部分内容上升到了民族主义、民粹主义,煽动仇日或者仇韩情绪,引发了一些类似"成都汉服事件"的事件。

(二) 山正之争

"山正之争"长期以来始终是汉服界的主要话题之一。随着汉服的逐渐盛行,汉服界内部逐渐发展出了"古墓派"和"仙服派"两种主要流派,并在现代汉服形制上产生剧烈争论。前者认为,既然着汉服,就应该在形制上较真,遵循古制,若要购买汉服应从具备原创特点的汉服店铺中购买,而非穿着"汉元素"服或者穿着剽窃原创店铺创意的"山寨"汉服。因此,坚持形制、考据的一方自称为"正版"或者"正统",而将改良版的汉服,或者带有"汉元素"特征或设计的衣服统一称为"山寨"货。

而反驳"正"的"山"一派或者中立派认为,穿衣自由是人身自由的一部分,选择"山"或者选择"正"应由个人需要决定。对于动辄几千元甚至上万元的原创汉服价格而言,几百元的山寨货既可以让人在享受到价格实惠的同时,又能够体验到汉服带来的美感。他们只想单纯地享受汉服所带来的美好体验,而不愿去对所谓的形制进行严格的考究。

"山正之争"中实际上存在着两种情况。一种为复原派与改良派之间的争论,也就是在穿着汉服、欣赏汉服,甚至倡导和复兴古典审美的时候,究竟是以"汉"为主,还是以"服"为主;是以恢复形制、复兴旧式审美为主,还是以讲究唯美、借鉴古典审美元素为主。另一种"山""正"之争是出于对知识产权的维护与保护,也就是上文所言,汉服原创店铺在研究及复原出原有汉族形制中服制及纹路等之后,部分店铺就会盗用原创店铺的研究、设计成果加以仿照,并以低廉的价格、劣质的布料和粗糙的绣工等大量复制和生产,最终剥夺及瓜分了原创店铺本应有的利润。

在"山正之争"中,部分汉服复原派的人士,对购买或穿着改良派、山寨店铺制作的衣服,或主张汉元素的个人和群体采取十分过激的行为。其中包括给对方贴上带有侮辱性的标签,类似穿山甲(穿山寨汉服的人)、野生袍

(穿改良汉服但不属于改良派汉服人士,后来变成此类人士的自称),打击、孤立或辱骂穿着改良汉服的个人及群体,指责身着改良汉服的个人及群体叛国,甚至采用强制对方脱去改良汉服的行为。

这样的行为对汉服及古典审美复兴造成了极其恶劣的影响,大量原在汉服圈的"老人"退圈,新人不敢入圈,只愿当个"野生袍"。

(三)"国服"之争

国服问题在汉服行动中同样由来已久。早在 2007 年 3 月 11 日,全国政协委员叶宏明在两会期间便提议,确立汉服为"国服"。叶宏明表示:今天,没有一种服装被确认为代表国家民族形象的常式礼服。"中山装、旗袍被西方人看作是中国的'国服',但这些还不够体现民族精神。"[1]全国人大代表刘明华建议,中国博士、硕士、学士学位授予时,应穿着汉服学位服。

汉服行动的起源也肇始于网友的民族危机感等意识。由于过去大量国内、国际多民族社会及文化会议之中,相对于其他少数民族参会时身着少数民族服装,汉族的民族服装始终处于"缺失"的状态。部分网友希望通过宣传汉服及汉文化的方式,唤醒长期以来被忽略的汉民族认同感和汉民族意识[2]。因此,21 世纪初,大量具有相似传统审美取向的网友聚集在一起商量在"汉网"等具有一定民族主义意识的网站设立了汉服论坛,并通过讨论、分享自己参与汉服活动的照片、心得、考据的各类典故、知识及信息等,成为宣传传统汉文化、汉服审美以及新同袍学习汉服和汉服行动相关理论及实践知识的主要阵地。

除此之外,由于 G20 峰会,国家领导人将马褂、旗袍定为我国"国服",导致大量汉服界精英的反对。他们不愿意接受旗袍、马褂作为我国对外衣饰文化的代表,同时将唐装(有同袍称为"伪唐装")、旗袍和马褂、中山装等强

---

[1] 新浪新闻中心:《政协委员提议确立汉服为国服》,新浪网(http://news.sina.com.cn/c/2007-03-11/105012486706.shtml, 2007-03-11)。
[2] 周星:《百年衣装》,商务印书馆 2019 年版,第 265 页。

烈排斥在国服之外，对其大加鞭挞和贬损，并认为旗袍、马褂等不可作为我国对外的文化宣传标志之一，以此言论来确立汉服在主流审美及政治上的符号及代表地位。

三、汉服复兴现象的评论与分析

从上述各类"之争"的简单介绍中可以看出，随着汉服同袍对于汉服服制的正统地位的诉求，一部分汉服同袍对于古典文化及审美的推崇已从过去的单纯喜欢、弘扬文化逐步上升到了"民族大义""民族存亡"的高度，更有小部分同袍[1]的言论中出现了"大汉民族"等极端民族主义、文化本位主义和类似原教旨主义的倾向。这类对于祖制、正统、等级的追求正在毁去古典审美带给现代人的美好体验，也导致大量青年一代的汉服爱好者无法安然表达自身对于古典审美的喜好。

（一）是复兴还是复辟

在汉服行动的发展过程中，国人在古典和传统审美方面的水平逐渐提升。但是部分人群出现对于传统形制的刻板要求，并且将其称为"正统"。就现阶段而言，所有倡导的汉服以及与之相关的汉文化，实际上已超越了中国历史各代王朝、地域以及内部不同的文化、方言等历史事实，而成为几乎所有汉人都共享且稳定存在的民族文化体系。其实中国历史上并不存在所谓的固定的或者某一类的汉服款式或者形制。而且，汉服形制以及汉文化在历史上也融合了其他民族衣饰特点，并不像某些强调汉民族主义的文化倡导者所描述的与其他民族之间有清晰的泾渭分明的界限，其自始至终都是在对周围民族服装的借鉴、模仿中发展演化起来的。因此，所谓"复古"就难以根据具体的年代来定位所谓的"纯粹"的汉民族文化的内核及内涵。因此，所谓的"复古""复"的也不过是历史上的创新形制。

---

[1] 主要为年轻的汉服同袍。

更何况，部分宣扬汉文化的国人审美文化倡导者，其行为已经从复兴走向了"复古"甚至"守旧"的状态。其崇尚的并非是汉文化的优秀内核，而是优杂不分、蓄意倡导古代的封建制度下的落后思想，更有甚者将"女诫""女则"等搬进国学班中教导女童，披着"复兴"的皮，做着"复辟"的事。

汉服复兴的行为背后更多体现出了国人在古典审美兴起时品古的素养和态度。因此，虽然人们对于汉服的审美看似是建立在中国古典文化的体系之上，但其审美的角度、方式及取向等却是以汉族为主体建构的当下文化所折射出的内涵，实际是与现代文化息息相关的。

（二）是优秀还是优越

在对汉服审美的继续研究中发现，虽然汉服复兴肇始于对汉民族文化的追寻，但不可否认的是，不论是其兴起的目的，还是后期宣传造势的手段，其内核都带有很深的民族觉知诉求。最初的汉族文化宣传始终带有强烈的民族悲情主义，其悲情来源于明末清初的"剃发易服"所导致的汉服体系的消失。我们在调查中发现，网络上对于汉服形制的考察中，或多或少带有一定的"明珠暗投"的悲情色彩：通过大量优美的文字渲染，令大量的汉族青少年在阅读时激起强烈的民族认同感。但网上的文章良莠不齐、鱼龙混杂，一部分网帖存在着十分严重的民族本位主义与文化优越感。这导致了部分年轻群体在了解传统、古典优秀文化的同时，也产生了比较严重的民族及文化优越感。在这样的优越感之下，他们形成了典型的"唯我独美"的价值观念，这种高高在上的态度，令其根本不接受其他审美观点和取向的存在：但凡出现异议，便就套以"汉奸""穿山甲"等之名进行打击、排斥，直到将持有异议者驱逐出群体之外，且美其名曰保持中华文化的"纯粹"，传承汉族文明"精华"，并大量宣传汉服"优等"的特点。张晓在其论文中讲述了其于2012年参加四川成都某汉服行动参与者的讲座经历。根据其论文描述，会议内容中除了大量渲染汉服美感元素之外，更多地充满了对于汉服、汉族及汉文化无原则的赞美语言,一旦出现不同声音就会导致现场混乱以及大部分参会者对异议者的攻击、疏远和批评、排斥。①

这种极端的民族主义及文化本位主义不论是对古典审美的复兴,还是国家的民族团结、民族融合的大政方针都极具破坏性。

(三) 是解离还是解放

在汉服复兴的行动中,大量的汉服后生代认为汉服应保持自身纯正的特征。因此,他们崇尚从现有的服制文化中逐渐剥离过去的融合因素,而转向考古最原始的汉服服制,并将其奉为正统。由于过度刻板追求汉服的形制,他们已将汉服从其本身所具有的"融合"特点逐渐"解离",反而成为一种游离状态。这样的解离形态不仅不符合汉服本身的发展,同时也导致了国内古典审美走向极端。

然而汉服从确定原始服制开始,就一直处于改良和融合之中。战国时期,赵武灵王推行的胡服骑射,便是在服制上的重要改革。唐朝时期的部分服制也改变了过去的交领服制形制,呈现出高领、袒胸等特点,颜色也更为明亮艳丽。纵观泱泱几千年的文化,汉服实际上并没有一个所谓固定的"形制",有的只是不断融合,形成符合当时社会文化发展需求的服制特点和审美习惯。

西方奢侈品牌从以前便有将我国古典服装元素融合设计的习惯,而中国也逐渐有走向世界、融合西方文化之后的古典设计的品牌出现。文化与审美并没有国界和区域之分,单向度地解离文化及其形态,追求所谓的纯粹,实际上更多的是一种没有文化自信而"强撸"的表现。中国的古典审美体系及文化体系早已臻于成熟,想要寻求更高的突破,就需要在现有的文化及审美体系基础上解放思想、放开眼光、突破局限,如同过去无数次朝代更迭所带来的"融合"一般,才能实现新的审美高度和文化高度。

---

① 张晓:《从费孝通的"三美一共"看"汉服运动"》,《科教导刊(中旬刊)》2015 年第 7 期。

四、汉服复兴现象成因的结构型要素

审美素养的发展,既是传统与时间历久弥新的沉淀,也是文化与科技的交融,古典审美依托科技手段得到大量的传播与推广,而国力的提高和民族的强大也成为人们再度复兴传统文化及古典审美的底气。随着我国大国形象的逐渐确立,国民对于外来文化的态度早已从过去的崇尚、排斥逐渐转变成为融合,对于他国文化的欣赏及本土文化的自信,都将形成不同文化之间的共处与共融。但是,在这样的一体化过程中,始终需要警惕由于缺乏正确引导而导致的各类极端化现象的产生和激化。

(一)传播手段的发展

根据艾媒咨询的《2019—2021中国汉服产业数据调查、用户画像及前景分析报告》(后称艾媒汉服产业数据)[1]中的数据显示,汉服产业之所以能够迅速发展的主要推动因素是社交媒体。互联网给传统文化的传播提供了一个宣传平台。

2002年,自首个汉民族论坛建立,互联网成为传统文化宣传的主要平台和窗口。在汉服界,被称为"汉服第一帖"的"华夏血脉"所撰写的《失落的文明——汉族民族服饰》详细、大量整理了汉民族服饰样式以及与日本和服、韩国高丽服饰的区别。文中洋洋洒洒、图文并茂地详细列举自春秋开始至明朝的各个朝代的主要服饰服制,并使用了充满悲情又不失优美的语言详细地说明了汉服以及其所代表的汉制被破坏的原因。[2]

除此之外,以还原中国古典工艺为代表的"2017第一网红"李子柒,也同样将互联网作为平台大量宣传传统文化。李子柒个人在全球拥有数千万

---

[1] 艾媒报告:《2019—2021中国汉服产业数据调查、用户画像及前景分析报告》,https://www.sohu.com/a/359218332_533924,2019-12-09。
[2] 根据作者表述,《失落的文明——汉族民族服饰》是其本人于2002年2月14日首发在新浪军事(舰船知识网络版军事历史论坛)上的帖子,后整理于新浪微博。——华夏血脉.失落的文明——汉族民族服饰,http://blog.sina.com.cn/s/blog_5a5af5d20100ag3f.html,2008-08-17。

"粉丝",光Youtube上的"粉丝"数量已达到735万,其总数早已超过FOX和BBC,直逼CNN。纵观李子柒的视频,其始终围绕中国传统的"古"字:古朴的乡村生活、传统的美食、古老的工序,再配以素淡的古装和悠扬的古调,李子柒在视频中呈现的是一种现实版世外桃源。就连央视新闻都评论她"没有一个字夸中国好,但她讲好了中国文化,讲好了中国故事"。倡导年轻人,从"今天起,像李子柒一样热爱生活,活出中国人的精彩和自信"。①

李子柒对于古典文化的宣传影响了大量的青年人,其作为网络大V的身份对于传统文化审美视角的加持作用远远超过了当年徐娇和方文山穿汉服走红毯的影响力。加之最近几年古风大行其道、各类制作精良的古装剧的引导,古典审美在国人之中迅速走红,也引发了具有轰动效应的汉服热。

(二)国家及民族认同的增加

2013年习近平总书记在第十二届全国人大第一次闭幕会上提出民族复兴的口号。经过多年对于国家形象的宣传,国民的国家认同及文化认同的程度明显得到加深。国家认同是国家建构的目标,也是公民在长期的社会化过程中不断接触并接受大量的国家信息资源,深受本国文化的影响,逐渐培养出来的对国家的归属感。② 它是国家整合必不可少的力量之一。文化认同是指国民对于中华文化的倾向性共识与认可,与国家认同一样,是具有很强稳定性的社会资源。

查继宏认为大国本身的心态需具备"从容自信、坦然面对、兼收并蓄、沉着理性和坚定果敢"。近年来,随着我国的经济和社会的发展,国家的综合国力持续提高,国民整体对于国家和文化的认同度也随之提高。这样的提高主要表现在个体对于本国身份的认同、文化自信程度提高,同时对于复兴本国文化具有更高的欲望。"民族复兴心理群体"由此逐渐产生。民族认同

---

① 腾讯新闻:《李子柒为何火遍全球?》,央视:《没有一个字夸中国好,但她讲好了中国文化》,https://new.qq.com/omn/20191210/20191210A0IOE400.html,2019-12-10。
② 李佳瑜、冯帅帅、罗教讲:《中华民族伟大复兴社会心态解析:结构、形成与功能》,《首都师范大学学报(社会科学版)》2020年第2期。

程度的加深，直接表现为国人在面对国家倡导同一价值观时表现出的超高接纳度，以及在面对他民族价值观时的排斥。

在对于国民古典审美行为及审美素养分析时可以发现，一部分汉服界精英人士在引导汉服潮流及汉文化时，表现出了非常强烈的对他民族及他文化的排斥。譬如：对于和服和高丽服的排斥，对于汉服形制的强调以及对于国服融入他民族服制的反对。这种行为本身或多或少地都带有一定的原教旨主义，但其追求和建构的并非是符合真正历史发展及演变的汉文化，而是一种纯粹的、古老的又同时可以表现其文明优越性的想象中的汉文化。

（三）"美美与共"的过程

费孝通最初在其一系列对于"美好社会"的思考的论文中提出①："群体可以在完全封闭状态下生存和发展，因此每个群体都可以各是其是、各美其美，各不相干。但是随着群体之间的接触、交流与融合，即便群体中的人和人之间都会有彼此相处的问题，更何况群体和群体之间。因此，当彼此之间的任何一方触及另一方的生活以及生存的利益而发生冲突时，双方都会利用其价值观及理念对内作为群体向心力的凝聚力量，对外则作为指责对方的信念为异端以形成同仇敌忾的对抗力。"而这正是彼此之间价值观冲突的主要体现。

费孝通同时认为，各个"各美其美"的群体在相互接触中，发生了"唯我独美"的本位中心主义，或称自我优越感。在这种自我优越感的状态中，主体会选择排斥和自己不同的价值标准，以及持有这种价值观的群体。打击异己、唯我独美，最终本位中心主义必然会发展到强制别人美我之美，同时就会使价值标准的差别形成群体之间的对抗性矛盾，最终引发群体为了推行自身价值理念而采取强制行为。汉服复兴行动中复古派与改良派之间的冲突便就类似于这样的本位中心主义中的价值冲突。在汉服复兴行动的长

---

① 其4篇文章为《对"美好社会"的思考》《新世纪、新问题、新挑战》《创建一个和而不同的全球社会》《"美美与共"和"人类文明"》。

期发展中,复古派对于形制的强制要求,给改良派贴上带有侮辱性的标签,甚至在街头强行剥去改良派的汉服,都属于中心本位主义中对于"非我族类"的对抗性行为。而这样的行为会限制和阻碍群体间的融合,也将阻碍汉服、汉文化及传统审美的复兴脚步。

五、对古典审美中极端行为的引导及策略

费孝通认为,人类的各类群体是可以在保持其价值体系的同时,与其他群体和平共处,并建立互利的经济和政治关系,只要能够包容,甚至容忍不同价值理念的存在,不唯我独美。在群体间还未通过长期的交流达到自然而然的融合前,是可以在求同存异的原则下取得共同发展的可能,并为融合一致的大同世界准备条件。要学会"美人之美"、领会和欣赏他群体的爱好及价值观,而不是要求他人或自己"从人之美",摆脱俾弱、依附他人的想法。只有摆脱文化本位主义,就可能很好地形成"美美与共",最终实现多群体不同价值观的自觉融合、多元存在的可能。

因此在尊重多元审美的角度下,对于通过汉服复兴行动而分析出的国民审美的问题,可以从以下几个方面予以调整和改善。

(一) 调整学校美育课程

纵观十几年的汉服复兴行动可以发现,审美趋势的改变中,青少年一代始终是其主流。这体现了青少年一代在面对全球化及西方文化进入我国之后的文化自觉及民族觉知意识。随着群体年龄的成长,这一批人终将成为社会的中坚力量,并且将真正意义上的新的审美观点推广和普及全社会。

美育的缺席,令我国的国民在面对各类文化及物质世界的冲击时,始终缺乏自信。对于西方美学的过度推崇,对于他文化美学的排斥,甚而动辄上升至民族高度,实际都是缺乏系统的美育的体现。

因此,对青少年一代的审美素养的培养便显得尤为重要。然而现今国内的各类课程体系中,美术课始终为课程体系中的边缘课程,更毋论美育课

程。而青少年对于审美的认知更多来自参观美术馆、艺术馆，欣赏歌剧、舞剧，等等。对于如何审美，他们既缺乏专业知识的引导，也缺乏系统教育的培养，这就容易导致年轻一代在审美时，极易被煽动，无法做到理性地尊重他文化。

所以，如何帮助青少年建立起既是中国的又是世界的，既传承古典文明又兼容西方文化的审美素养，应成为学校和相关教育部门所需面对的重要课题之一。学校和教育部门应在课程规划与设计中适当调整或者增加美育课程，培养学生建立起更具结构性的审美素养。

（二）利用汉服热，合理宣传汉族文化，避免民族中心主义

汉服通过十几年的运作，其服饰特征已深入国民认知，大部分国民对于汉服的热爱依然主要集中于汉服背后的文化以及汉服服饰本身持重或飘逸的特点。在现阶段，人们穿着汉服出现的场合除了每年11月22日的汉服日外，主要以各类传统节庆及祭日为主。每到此时，大量喜爱汉服的人会穿上汉服游园或走上街头，宣传汉服及汉文化。

汉服作为文化载体，体现了国人传统审美，但实际上国人对于穿着汉服的规范、穿戴方式、礼仪要素等并未形成完整的知识体系。部分汉服爱好者为了维护汉服在国内民族服饰中不被"宰制"的地位，就可能会出现攻讦他族文化及服饰的现象。我国属于多民族国家，这样的行为容易引起民族间的矛盾，不利于民族团结的国家政策。

因此，有关部门可以通过汉服热合理宣传传统文化，形成更为系统的爱国及文化宣传教育，以防止民粹主义或民族本位主义的出现。汉服复兴行动中具有一定激进特征的大多数都是青少年。在汉服及古典审美方面，大部分的国民都已经建立了充分的自信，但是过犹不及，在缺少正确引导的情况下，这样的文化自信有时容易因为误导而变成文化本位主义、民族本位主义。因此，正当的宣传途径和准确的宣传内容理应成为传统文明复兴之路上所值得提倡和理应进行之事。

(三) 全媒体时代下的审美素养

全媒体是利用飞速发展的数字网络技术，通过互联网及新媒体平台，向受众提供信息或者娱乐活动的一种传播形式。① 所有媒体几乎整合了语言、文字、声音、图像等各种表现形式，将所需宣传内容全方位、无死角地传播给受众，具有同步的即时效率。

因此，网络成了传统审美宣传的主要阵地。汉服界发布各项重要的通知、新闻和公告，组织汉服活动、宣传汉民族文化几乎全部以网络为第一传播手段和依托平台。在全媒体的大环境下，信息在传播便捷的同时，也导致各种价值观念的无差别输入。这些观念良莠不齐，其中也会夹杂一部分消费主义、极端个人主义等不利于正确价值观形成或巩固的内容。这样的内容，具有降低人们的道德判断能力的负面作用，使受众在获取信息的同时，无意识中受其影响，失去原有的价值判断标准。这在汉服复兴行动中，一部分汉服人士的审美行为中明显表现出的强烈的本位主义观念及行为上有所体现。

因此，相关政府部门应加强全媒体传播平台的管理与建设，在充分发挥全媒体优势的情况下，科学合理地管理全媒体传播平台，建立和健全相关的法律法规，建构有效的监督系统及手段，从法治层面肃清网络中一部分披着"复兴传统文化"的皮、做着"复辟封建陋习"的行为。同时挑选具有正确、主流价值观的网络评论员，及时引导国民的古典审美行为，防止出现过激、过度的行为和不良发展趋势。

在古典审美复兴之时，帮助国民建立正确的、具有大国风范的审美观点、审美行为及审美伦理是国民素质教育中不应忽视的重要工作。

(四) 培养人类共同体的意识

在全球化发展的过程中，人类共同体的状态逐渐显现出来。人类共同

---

① 卜建华、黄毅静、赵广平：《全媒体时代阅读对大学生价值观的影响》，《当代青年研究》2017年第6期。

体的共生属性表明了,好的共同体应是以各种良性关系为基础条件,实现人与自然、个体与他人、群体与社会等和谐共处的关系。人类共同体的本身也意味着一种"开放"特点,其代表的是个体拥有的更加普遍和更广泛的连带感和互相扶持的意识,以及这些意识和认知背后的公共性特征。①

然而从现阶段的文化宣传和教育内容上看,国内在此方面除了从政治角度上宣传的"区域共同体"和"全球共同体"意识之外,缺乏对于类似"文化共同体""生活共同体"等方面的教育宣传和有意识的引导。需要指出的是,共同体的意识实际是人类自我发展和自我完善的程度化的表现,其不仅仅只是体现在政治方面,更多的是体现在其与世界相处的方式之上。汉服复兴行动过程中的各类"之争"都是国人缺乏共同体意识的表现。除此之外,人们对于环境的破坏、生态链的打破等行为都是如此②。

缺乏公共意识是现今国人普遍的问题,其在行为模式和思维路径上是将自身与他者相割离,最终导致为了私人利益或者内群体利益而无限侵占他者生存和发展的条件。一旦侵占成功,攫取了利益,又会加强这部分人的类似认知,促使他们采取类似的行为。汉服复兴行动中大量出现的后生代的缺乏"共生"意识的行为及观点也印证了这样的特点。

只有引导民众意识到除了政治之外的其他"共生"意识的合理性,帮助其形成"开放"格局,看见世界、环境、文化、他者等与自身的关系,才能够真正实现传统文化及古典审美的复兴与发展。

李泽厚在《美的历程》一书的结尾写道:"一个更大的问题是,如此久远、早成陈迹的古典文艺,为什么仍能感染着、激动着今天和后世呢?……那么这里就是一个有待于解决的、更为困难的审美心理学问题。"他认为:"每个时代都应该有自己时代的创新……从另一方面,这里反而产生继承性、统一

---

① [日]小浜正子:《近代上海的公共性与国家》,上海古籍出版社2003年版,第5页。
② 胡群英:《共同体:人的类存在的基本方式及其现代意义》,《甘肃理论学刊》2010年第1期。

性的问题。……心理结构是浓缩了的人类历史文明,艺术作品则是打开了的时代魂灵的心理学。①"

从二次元的舆论兴起至三次元的汉服复兴,代表了国民古典审美的复兴,是这一个时代的国人民族自觉、文化自觉的提升,是国人对于国家认同及民族认同程度加强的表现,也是一代人共同的群体心理的体现。汉服的复兴沉淀了对传统的想象、理解和怀念,也同样沉淀了传统内容的形式。

但是同样需要看到的是,在这些审美行为及素养表现中,依然存在着一些极端的行为与观点。古制的刻意复兴、公共共同体意识的缺乏、对他民族文化的排斥等,都是其中的不和谐的行为和意识。这些意识和行为背后的价值观通过部分媒体只顾引人眼球的效应而不考虑正确引导的责任展现到国人的眼前,令其在接收信息的同时,也在无形中受到了背后价值观的影响。如果不加以遏制和引导,只会令传统文化及古典审美的复兴之路越走越窄。

这就要求国家及社会在引导国民欣赏传统文化和古典审美的同时,也应提高其审美素养及辨别能力,这样才能真正实现汉服复兴行动最初的理想社会——"再造衣冠上国、重振礼仪之邦!"

---

① 李泽厚:《美的历程》,生活·读书·新知三联书店 2018 年重印版,第 191 页。

第四章
在日常生活中提升思维水平
——反思素养个案研究

◎(潘乐　上海社会科学院)

人的反思能力和素养随着社会的发展而不断发生变化,从前现代社会、现代社会到后现代社会的人类历史发展脉络中,人的反思素养也不断由简入繁,从直接性、片面性向整体性、全面性发展。反思素养的进步和发展是衡量政治、经济、社会、文化发展的重要标志。反思素养的发展一方面与一定的人生观、世界观、价值观相联系,"三观"是反思行为的尺度和根据,所以反思素养的发展和精神文明的发展结合在一起。另一方面,反思素养又是一种纠错能力,包含了批判性的因素,通过反思活动纠正错误的行为。

随着中国特色社会主义进入新时代,人们的物质和精神的需求在层次上得到了极大的丰富。随着社会经济的快速发展,人们逐渐将思考的重心放在现实生活的物质和精神文化的需求层面上。中共十九大以来,我国社会主要矛盾已经转化为人民日益增长的美好生活需要和不平衡不充分的发展之间的矛盾,而对于美好生活的衡量方式也越来越多元化和全面化。由此带来的一系列人生观、世界观和价值观的碰撞,不断考验人的认识、批判乃至自我纠错能力。比如如何对待物质利益、如何甄别信息的真伪、如何全面协调人的需求、如何平衡消费对象的形式和内容因素等问题,其根本着眼点集中于人自身对现实生活的反思,其目的在于反思和认识何为真正的美好生活。

一、反思素养概念的界定

反思主要指"人们在实践活动基础上对获得的感性材料进行思想加工,使之上升到理性认识这一过程。对事物的反思就是对事物的思考"。[①] 由此可见,所谓反思素养主要是指理性判断和批判的能力,而对于理性的分类,通常有工具理性和价值理性两种:前者将对周围环境和他人的行为当作实现自身期待和理性计算目的的工具和手段,后者以宗教、文化、审美等价值作为准则。[②]

在相当的程度上,反思素养体现着人的思维水平的层次。成熟的反思素养往往着眼于自身,以及其与其他事物的普遍关联,从全面、辩证、批判的角度来看待事物。而反思素养缺失的主要表现为不是根据事物的本身本质做出判断,而只是通过外部的、表面现象来认识事物,具体表现为以下三种情况。一是以非理性、极端性等缺乏理智的情绪来主导判断,从而丧失了对事物全面、整体的判断力。比如唯利是图和迷信等心理,其原因在于这些反思只是抓住了事物的表面现象而没有抓住实质。二是由于知识和常识的缺失造成的判断失误。当今社会知识和经济占据了越来越重要的位置,信息技术的发展导致信息知识的更新越来越快,因而若有掌握信息知识的优势也必然在社会、经济活动中掌握优势。但是在一些相对弱势的人群中,对于信息的掌握处于滞后状态。知识和常识的缺失或滞后使得这一类人在面对新生事物时无所适从,容易被人"牵着鼻子走",甚至受骗上当。三是从众心理。其特点是自主思考能力的缺失,表现为当个人受到某种外在形势的影响或群体的压力时,盲听盲从、随波逐流。

---

① 冯契主编:《哲学大辞典》,上海辞书出版社 1992 年版,第 245 页。
② 邓伟志主编:《社会学辞典》,上海辞书出版社 2009 年版,第 64 页。

与此不同的是，成熟的反思素养中包含着批判思维和辩证思维的维度。批判思维表现为一种自我调节和自我更正的能力，而辩证思维则是指"从对象的内在矛盾的运动变化中，从其各个方面的相互联系中进行考察，以便从整体上、本质上完整地认识对象"。① 批判思维和辩证思维一方面将人的行为调节在适当的限度内，防止其极端化和情绪化，另一方面也为树立正确的价值观提供必要的元素。反思素养的提升是一个历史发展的过程，它总是在对各种社会现象的甄别和认识中不断提升和发展的，并且需要保持一种动态的平衡状态。

从历史性的视野来看，反思素养发展的主要趋势在于以下三点。

1. 思维方式从二元对立逐渐向对立统一转变，即从非此即彼转向发现对立双方之间的积极性因素，扬弃两者的对立而产生全新的认识。

2. 思维方式从静态逐渐向动态转变。静态思维指的是"要求思维规划化，重复化的趋于定型化、稳定的思维过程。它要求思维从固定的概念出发，循着固定的四位程序达到固定的思维成果"。② 动态思维指的是"要求不断地依据变动的情况进行调整，改变自己的思维程序和方向的一种思维，也是一种运动的、调整性的、不断优化的思维活动"。③ 静态思维向动态思维的转变在于从历史、发展的眼光来看待问题，理清事件的前因后果、发展过程、逻辑和未来趋势。

3. 思维方式从线性、单一化向复杂性、系统性以及多元包容整合转变。单一化的思维指的是"从某一方面来观察世界，并把事物都归结为一个方面的思维过程"。④ 而多样化思维则指的是"通过多种多样的思维活动，从思维的各个层次出发，对事物进行多角度、多方面、多因素、多变量的系统考

---

① 冯契主编：《哲学大辞典》，上海辞书出版社1992年版，第1766页。
② 萧浩辉、陆魁宏、唐凯麟：《科学决策辞典》，人民出版社1995年版，第58页。
③ 萧浩辉、陆魁宏、唐凯麟：《科学决策辞典》，人民出版社1995年版，第58页。
④ 萧浩辉、陆魁宏、唐凯麟：《科学决策辞典》，人民出版社1995年版，第60页。

察"，①从简单的线性因果逻辑转向复杂和多元的系统逻辑。一方面从多元视角考察事物发展各个方面的不同维度，另一方面从整体性的视角对各个多元视角进行整合。

二、国民反思素养案例

随着近年来我国的社会生活的巨大变革，产生了各种社会意识之间的冲突、发展和融合。反思素养的发展呈现出相对不平衡的趋势，比如网络中衍生出的"智商税"一词，泛指因为自己缺乏判断力、智商不够用而付出的代价。这一类现象表明：面对剧烈变化的社会环境，人的思维活动总是相对滞后的。因而反思活动不断经历着一个失衡、反思、再平衡的不断发展过程，而近年来所发生的一系列案例正是这种由于社会变革所产生的反思素养的复杂性和不平衡性的体现。

(一) P2P 平台非法集资事件

2015 年下半年和 2017 年年底多个 P2P 金融平台发生两次规模巨大的爆雷事件，包括 e 租宝、唐小僧、联璧金融、牛板金、银票网、钱宝网、钱爸爸等百亿、千亿级别的平台相继倒闭。其中 e 租宝、唐小僧、钱宝网等平台相继被以非法吸收公众存款和集资诈骗等罪名立案。"70 多岁老奶奶，被 P2P 平台骗光养老钱""遭遇网络理财陷阱打工两年积蓄被骗光"等有关 P2P 平台诈骗的新闻不绝于耳，不少人由于轻信网络 P2P 平台而付出了倾家荡产的代价。

(二) 权健传销门事件

2018 年 12 月 25 日，自媒体丁香医生一篇《百亿保健帝国权健，和它阴影下的中国家庭》在朋友圈刷屏。文章披露了权健集团通过夸大、不切实际的宣传包装以及洗脑、传销等方式积聚巨额财富的不法行径，权健的受害者

---

① 萧浩辉、陆魁宏、唐凯麟：《科学决策辞典》，人民出版社 1995 年版，第 60 页。

倾其所有购买权健所谓包治百病的药物而放弃正规的治疗,最后导致病情恶化甚至死亡的事件。权健传销门事件掀起了全国性的对传销的批判和反思。

2019年12月16日,天津市武清区人民法院公开开庭审理了被告单位权健自然医学科技发展有限公司及被告人束昱辉等组织、领导传销活动一案。束昱辉当庭认罪。

(三) 基础教育反思的诸案例

近年来发生的一系列事件促使社会对基础教育中素质教育和应试教育的问题展开讨论和反思。2018年9月22日晚,第三届金树国际纪录片节闭幕式暨颁奖典礼在法兰克福举行。中国纪录片《毛坦厂的日与夜》获得最佳长纪录片奖。《毛坦厂的日与夜》讲述的是号称"亚洲最大高考工厂"的高中和一个依此而生的"高考镇"的故事。纪录片的得奖引起了社会对应试教育的反思,著名记者白岩松在调查了案例的实际情况后曾发言表示,我做不出任何讽刺毛坦厂中学的事情,把梦想压在高考上是一件对的事情。

2017年4月19日,江苏省连云港市赣榆区教育局局长陆建国的一篇题目为《充分认识应试教育的政治正确性》的讲话在网络上受到极广泛的关注。针对近年来对于"应试教育"的"污名化",这位局长阐述了自己为应试教育正名的观点。其中提出了"应试教育只是基础教育这一特殊阶段的一种教育理念和教育方法。""应试教育的价值内核,与中国几千年主流的价值观是一脉相承的,应试教育提倡的是厚积薄发,是一份耕耘一份收获,是'书山有路勤为径,学海无涯苦作舟',是十年寒窗苦读,是没有人能随随便便成功。""作为应试教育,在基础教育阶段,恰恰是用来夯实我们学生的知识底盘的,是锻造学生的硬实力的,而素质教育,更多是锤炼软实力的"等有价值的观点。

与此相应的是人们开始反思快乐教育的局限性。2019年10月29日一篇题目为《南京家长已疯》的网文传遍社交媒体,文章披露了近年来南京对小学生减负的要求和实践。主要内容除了不许补课,不许考试,不许公布分数,不许按成绩分班外,当地教育部门还突击检查学校,查看学生书包里有没有卷子、课外辅导教材、作业本;规定除了使用教材配套的教辅书外,严禁使用其他的教辅书;减少课时,提前放学,下午 3 点学生已经可以坐在家里等。这种情况一时间引起家长的严重焦虑,"用不了多久孩子就会成为活泼灵动、轻松愉悦、心智健康的学渣""南京减负令让南京家长已疯"等话题传遍社交媒体。

而日本 2016 年播出的反思宽松教育的电视剧《宽松世代又如何》和同年宣布废除宽松教育的新闻也受到了国内的广泛关注。日本从 20 世纪 80 年代起实施宽松式教育,减少学生的课业负担,以培养他们全面健康发展。在宽松教育实施的 30 年间,日本中央和各地教育主管部门推出了一系列政策,包括缩减课程、减少教学学时、公立学校去重点化等。但是据国际有关组织调查,在实施宽松教育期间,日本学生的数学思考和读解能力排名都大幅下降,宽松教育被指责创造了一代"平成废物"。2016 年,日本政府公开发表去宽松化宣言,承认宽松教育失败。

(四)《上海堡垒》票房惨败

在国产电影市场上,经历了多年的探索和尝试,国产商业电影片逐渐摆脱了"唯明星""唯流量""唯宣传"等形式主义模式。2019 年国内观众的审美趋向发生了转折。一些只注重形式而不注重内容的大片遭遇票房滑铁卢,比如《上海堡垒》,相反《我不是药神》《流浪地球》等一批优质内容的作品既叫好又卖座。

2019 年,号称筹备了 5 年、鹿晗主演、由著名科幻小说改编的科幻大片《上海堡垒》于 8 月 9 日上映。这部影片遵循的是近年来国内电影市场屡试不爽的"流量明星+大 IP"模式,但上映仅 8 天就因为质量低、观者少而下架,最终票房收入仅为 1.21 亿元人民币,与 3.6 亿元的投资相差甚远。

这部影片的评价甚低:猫眼电影评分为 5.9 分,豆瓣电影评分则仅为

2.9分。面对现实,原著作者江南和导演滕华涛纷纷在微博上向观众道歉。这种"流量+大IP"的功利化电影制作模式在国内电影市场的"破产",标志着国内电影市场消费趋势开始转向"内容为王"和"质量为王"。

三、国民反思素养案例的评论与分析

上述几则案例表明了人的反思活动在面对不同社会事件时,会根据自己的判断作出不同的判断。在部分文化、教育领域,反思活动已经能够对社会现象做出全面和辩证的判断。相反,在一些边界相对模糊以及新兴的市场领域中,还存在着反思低于常识水平的现象。

(一)唯利是图还是合理投资

在社会生活中,趋利避害是人的一种本能,凡人总是希望以最小的成本获取最大的利润。但是一旦逐利的心态趋于极端化就会丧失全局思考的能力,忽视风险陷阱和社会规则。在"P2P平台非法集资事件"中,投资者之所以会轻易陷入金融诈骗正是由于其为获取更多利益贪婪心态的诱惑。P2P金融诈骗的模式带有明显的庞氏骗局特征,主要就是以高利益回报作为引诱,比如超出常规的年化利率(最高超过60%)、高额返利("0元购"模式)等。开始,诈骗者通过"拆东墙补西墙"的方式给予投资者高额回报,引诱其加大投入,后期则要么资金链断裂,要么携款潜逃。[①] 玩弄这一圈套让人上当受骗利用的正是投资者在初期高回报的诱惑下所激发起来的贪欲。

在这样一种"唯利是图"的贪婪心态的影响下,"P2P平台"被认为是高回报的谋利工具,而这种片面的"谋利工具"思维一旦占据了主导,对事物的整体性反思就会产生缺失。"越贪越容易受骗",这是诈骗者对于受骗者的评价。受骗上当者往往是将注意力集中在眼前利益中,而对平台背后的运

---

① 参见《中国防伪报道》编辑部:《P2P网贷诈骗典型案件》,《中国防伪报道》2019年4月25日,第28—29页。

作模式、盈利方式、企业信用等方面思考较少。①

(二) 盲目迷信还是相信科学

权健传销门事件所反映出的问题则在于受害者缺乏基本的科学常识。权健产品的宣传明显违反基本常识，比如声称骨正基鞋垫具有治疗 O 形腿、睡眠不良乃至心脏病等功能，火疗可以包治百病以及负离子卫生巾可以治疗前列腺疾病，等等②，而且这些产品都价格不菲。但是由于权健产品的受众相对受教育程度不高、缺乏科学素养、不能分辨传销活动中的不合理因素，进而在一些外部因素的诱导和自身迷信观念的作用下落入传销和虚假商品的圈套。

在权健的案例中反映了盲目性和迷信的思维方式及其带来的个人自主性的丧失。

一是受了从众心理的影响。从众心理主要指"在社会情境影响下，或在群体压力下，个人改变自己的态度，放弃自己原先的意见，而产生与大多数人一致的行为"，③权健传销大会中大规模群体集会中所产生的群体压力会淹没个人的声音。④

二是对社会效益和资本规模的迷信，简单将产品的可信赖程度与企业的社会效益和规模联系在一起。权健集团老总束昱辉为第十三届全国政协委员和中国农工民主党中央委员、2018 年"中国公益慈善人物"，曾频繁在电视台出镜。权健集团在 2015 年高调进军足球圈，收购天津松江俱乐部并改名为天津权健，一年内斥资 20 多亿元人民币引进球员。权健正是通过显示资本的雄厚和社会效益、出镜度的频繁营造出公司的可靠形象。

---

① 参见王蒙：《P2P 金融业务员自述：骗子是我们的标签，目标是有闲钱的大爷大妈》，Techweb，2016 年 3 月 1 日，http://www.techweb.com.cn/internet/2016-03-01/2286915.shtml。
② 参见 CCTV 13——中央电视台新闻频道：《新闻直播间》2014 年 12 月 14 日，http://tv.cctv.com/2014/12/14/VIDE1418545078829121.shtml?spm=C53156045404.PKXC0xLPAnP9.0.0。
③ 林崇德、杨治良、黄希庭主编：《心理学大辞典》，上海教育出版社 2004 年版，第 165 页。
④ 参见王煜：《亲历者揭秘权健传销洗脑法》，《新民周刊》2019 年 1 月 9 日。

最后，权健传销门事件受害者的盲目迷信观念也起到了极大的影响，主要表现在他们无法辨别权健传销内容是否符合科学、继承了传统文化的精华。例如权健的"五行聚能锅""火疗""负离子卫生巾"等宣传无不吹嘘产品高深的科学原理，把科学和迷信混淆在一起。相对缺乏科学常识的人群，非常容易上当受骗。

（三）片面发展还是对立统一

在有关基础教育的诸多案例中，体现出了反思在平衡和比较的批判中能产生一种更为全面的认识。它包含了一种从二元对立到辩证统一的转换。原本对立的应试教育与快乐教育双方逐渐开始理解其对立面的合理性以及自身观点的局限性。一方面极端的应试教育通过军事化、半军事化的管理对于学生的全面发展固然会产生一定负面影响，但是其对学生的学习能力的提升效果也是显而易见的，并且在相对贫困的地区高考依然是学生改变命运的唯一出路。另一方面快乐教育尽管对年龄较小的学生心理健康等方面有很多好处，但是一旦超出限度就会影响孩子的学习能力。① 而在这一转换过程中，反思的价值取向在于对更高社会生活质量的需求。

因而反思问题的关键不在于哪个是"好的"哪个是"坏的"，同时还需思考问题各个方面的适用限度以达到平衡状态。所以快乐教育和应试教育不应被简单割裂，相反是"你中有我""我中有你"。两者的对立在不断被消解，越来越趋向于一种统一，这种统一表现为学生综合能力的培养。因而应试教育、快乐教育不是两种不同的教育方式，而是同一个教育过程中的两个不同方面和维度：两者之间不是以一方取代另一方，而是应当取长补短，达到平衡和协调。2019年中共中央、国务院印发的《中国教育现代化2035》提出了推进教育现代化的八大基本理念，其中"更加注重以德为先""更加注重全

---

① 陈舒怡：《有代表说"我就是'快乐教育'失败者"，为何"快乐教育"说起来容易做起来难？》，《上观新闻》2020年1月16日。

面发展""更加注重知行合一"等内容都体现出了要求将能力培养和素质培养全面协调发展的教育理念。

而在这样一种平衡中反思指向一种新的价值观和评判标准,这种意识往往以一种"回归自身"的方式表现出来。人们开始思考什么才是真正适合自己的教育。无论是应试,还是素质的培养,都要求去除形式化的表现,将教育切实地落实到日常生活中,有具体的内容,以此衡量教育的成效,避免教育的盲目性。

(四) 流于形式还是形质兼美

在《上海堡垒》的案例中,反思素养则反映出了审美需求中的形式与内容的动态统一需要。

《上海堡垒》的电影模式集合了"明星经济"与"IP运营模式"的双重效益。前者以偶像为核心:"借助新旧媒体的融合,实现了不同产业之间的互动和整合,从而带来了不容小觑的经济效益。而在此过程中,粉丝作为明星品牌及产品的消费者,无疑是构建文化经济链条的中坚力量。"[①]当下最受欢迎的偶像类型就是"小鲜肉"。后者以内容为核心,"围绕人气高的作品和形象开发网络文学、游戏、动漫、电影、电视节目、电视剧等文化产品"。[②] 2013年以《小时代》系列为代表的"流量明星+大IP"的模式成功后,产生了一大批效仿者。但是由于这一模式过于依靠外在的粉丝效应和IP效应拉动票房,在内容上流于单一化和形式化,长此以往造成审美疲劳并迅速耗尽"粉丝"的好感和耐心。到2019年《上海堡垒》上映,这一不满集中爆发。影片上映后引发了观众的集体批判,大量的影评都是对该电影的否定:制作上过分追求形式,而在内容、剧情、演技等方面粗制滥造,"除了特效,一无所有""毫无逻辑的剧情,生硬尴尬的表演,这是一部很标准的烂片""披着言情皮的科幻片,剧情毫无章法,演员演技好差"

---

① 蔡骐:《社会化网络时代的粉丝经济模式》,《中国青年研究》2015年第11期。
② 蔡骐:《社会化网络时代的粉丝经济模式》,《中国青年研究》2015年第11期。

"我们以为《流浪地球》是中国科幻元年的起点,但这年刚过一半,《上海堡垒》就给科幻元年提前画上终点了"等。① 《上海堡垒》的票房滑铁卢标志着国内电影市场消费的转型,也表明了电影消费者对国内电影作品的反思趋向于形式与内容的动态统一。

近年来国内电影市场在飞速发展,在"做大蛋糕"的过程中产生了功利化、形式化的趋向。这一方面是电影制作和宣传过于追求明星演员带来的流量效益,而对演技等方面的艺术能力缺乏要求,导致"流量明星+大 IP"的"速成"模式大行其道。电影作品的生产考虑得更多的是如何快速获利,由此制作出不少带着流量明星"光环"的"烂片"。另一方面,形式化的趋向表现在对电影技术特效的过分追求,而对电影的内容和情节方面不注重逻辑性和情感性,构思出很多"雷人""生硬"的剧情。这种趋势使得国内电影作品质量大打折扣,整个市场处于人性浮动、急功近利的氛围中。

而在经历了审美疲劳和一系列反思之后,国内电影市场的评判标准逐渐从注重形式向注重内容方面倾斜,并且要求形式和内容的统一。一方面"内容为王"成为国内电影市场的发展趋势,另一方面流量明星和 IP 改编的模式并没有被全盘否定,而是提出了更高的要求,比如提升演技,提高情节的逻辑性和合理性,等等。与此相对应,那些形式和内容统一得较好的国内电影获得了口碑好和票房高的双丰收。2018 年《我不是药神》凭借其现实的题材和对白血病人群的关注内容及高超的演技收获 30.75 亿元的票房,并且获得豆瓣电影 9.0 分的高分;2019 年,同样是由 IP 改编的影片《流浪地球》,依靠其故事性强和情节引人获得 46.18 亿元票房和豆瓣电影给出 7.9 分的评分,被称作开启了"中国科幻电影的元年",等等。

这一现象反映了国内电影观众反思素养的提升,不仅要求作品形式上

---

① 影评资料选取自豆瓣热评。

的美感,也要求情节生动、内容上的完整性和思想性。

四、影响反思素养的各种要素

综合以上案例和分析,反思主要集中在"人的现实需求"的问题上。这一倾向和当今中国的社会结构转型相关联。社会、市场和消费的迅速发展,使得人们对物质和精神生活产生了新的需求,个人主观反思活动的实质,是客观社会因素的反映。社会风气和社会文化(诸如消费文化)、社会价值观的转型以及制度设计是影响反思素养的重要因素。

(一) 文化建设的偏颇

社会文化、社会风气是影响反思素养形成的最直接因素。在P2P平台非法集资和权健传销的案例中,反思素养的缺失就与拜金主义、消费主义以及盲目迷信等不良社会风气和社会文化有密切关系。

近年来,中国经济的腾飞使得国民消费能力迅速提升。2014—2018年间,居民消费水平由人均17 778元上升到25 002元,保持每年6%—8%的增长。伴随着互联网购物的兴起,以及"双十一"及"618"等网络购物节的推广,国民消费能力被大大地调动起来。消费能力的提升在提高国民生活水平的同时,也形成了各种各样的消费文化,其中有正面的,比如口碑文化;也有负面的,比如拜金文化。消费文化影响着人的消费行为以及对消费品的反思,也影响着人的价值观。

当今的国民生活中确实存在盲目追逐金钱的社会文化。例如前些年的"郭美美事件"以及近年来新闻报道披露的微信朋友圈炫富产业链[1]等。这些不良的社会文化和消费文化导致了一种金钱至上的价值观以及对于资本及其造成的社会规模的迷信,在这样一种不良文化和风气的影响下造成道德观念的缺失,产生片面追逐利益的非理性思维方式。

---

[1] 秋旸:《花钱"粉饰"朋友圈在骗谁》,《北京日报》2019年10月11日。

（二）社会价值观的偏离

社会结构的转型是影响反思素养的客观因素。当今中国社会向消费社会的转型[1]，从两方面影响着人们的反思活动。消费社会既产生了物质财富的增长和人们需求的多元化，也产生了一种人与人关系的物化与工具化的单一化倾向，使得利益成为人际交往的主要价值。与此相对应的是，一方面思维方式呈现多元化和多样化，另一方面则是个人利益因素在人的反思活动中占据越来越大的比重。

消费社会指的是"生产相对过剩、需要鼓励消费以维持、拉动、刺激生产发展和经济增长的一种社会形态"[2]。自改革开放引入市场经济以来，中国社会逐渐脱贫，由生产社会向消费社会转型。2000年前后中国社会达到总体小康阶段，在21世纪前二十年进入"全面建设小康社会"阶段。改革开放初1978年中国居民恩格尔系数为60%，到了2003年为40%，2019年全国居民恩格尔系数为28.2%，呈现连续下降，消费支出对GDP的贡献为57.8%。恩格尔系数的逐年下降表明了食品消费在家庭总消费中的下降，也表明了消费逐渐成为经济增长的主要动力。十九大报告中强调了"完善促进消费的体制机制，增强消费对经济发展的基础性作用"，也预示着中国消费社会的逐渐成形。

首先，消费社会刺激了更为多元化和多样化的社会需求。居民的消费潜力快速释放。其表现在对社会物质文化需求的快速提升，消费需求呈现出多层次、多样化的特征，消费层次逐渐由低向高转变，中高端消费将会成为经济增长的新动能。

其次，消费社会的逐渐形成促进了社会分层的进程。消费成为一种符号，它与社会身份相挂钩，以消费的"品味"来衡量"社会地位"。因此消费分层逐渐成为社会分层的重要标志。

---

[1] 张翼：《当前中国社会结构发生的五大变化》，《北京日报》2018年8月22日。
[2] 邓伟志主编：《社会学辞典》，上海辞书出版社2009年版，第427页。

最后,消费社会的转型加速了社会关系中的物化因素,进而影响人的价值观。人际关系逐渐成为一种消费关系,"消费异化"日渐加深,其表现就在于社会关系中的情感性关联逐渐淡化。近年来网络上"套路""工具人"等词汇流行起来。"工具人"泛指人际关系中没有情感关联,而只有工具利用关系。这一类人往往只是被动接受、执行指令。比如男女关系中的"备胎",文艺作品中纯粹制造剧情冲突的人等,其实质是人与人在交往中"爱""信任""友谊"等情感性因素的缺失。而"套路"则泛指精心编制、用来迷惑人的说法,乃至使用诡计、阴谋。① 这一词语的流行也在某种方面表现了社会交往的程式化、形式化的趋势。

社会关系中情感因素的缺失近年来也逐渐引起了人们的反思。党的十九大报告着重强调了人民群众的获得感、幸福感、安全感,作为改革的目的和最终归宿。这充分表明了构建现代社会中,不仅是物质因素,而且情感性因素得到了越来越多的重视。情感性因素对于反思素养来说是社会价值取向的重要环节。

(三) 制度设计的滞后

社会制度和社会环境是反思素养培养和发展的客观保障,尤其是市场规范和市场环境。制度设计和法规的制定无疑是为人们的行为划定了一条红线,也给人的反思活动提供了一种衡量的标准。良好的社会制度、市场规范和市场环境有助于引导反思素养的发展,而市场规范和市场环境的缺失则为纵容不良文化的传播提供了空间。现代社会一旦资本不受到控制和合理的约束,它必然会非理性、野蛮地生长,进而成为破坏性的力量。

在 P2P 非法集资和权健传销案例中,互联网金融行业与保健品行业由于制度和市场规范的缺失,使得不法分子的违法行为猖獗而不受控制。中国工商银行前行长杨凯生认为,2017 年 P2P 平台爆雷的根本原因是平台没

---

① 新华社:上海《咬文嚼字》公布 2016 年十大流行语",2016 年 12 月 14 日,http://www.xinhuanet.com//politics/2016 - 12/14/c_1120118607.htm。

有完成整改任务,错配、刚兑、贷款规模超标等现象依然普遍存在。比如有平台出现单一法人借款总额达到 2 400 万元的现象,远远超过了法人 100 万元的借款上限。此外,一些平台之间相互勾连或是关联交易较多,也直接导致了风险的爆发。① 而权健则是通过打市场监管的"擦边球",刻意混淆直销和传销行为以活跃于保健品市场的灰色地带。权健集团于 2013 年拿到直销经营许可证(牌照),备案的 40 种直销产品中,只有 30 种化妆品、6 种保健食品,而其官网显示经销的商品种类超过 100 种,未办理直销备案的达到 60%。

与此不同,成熟的制度设计、市场环境与反思素养的生成相辅相成。近年来国产电影市场对于高质量作品的需求则表现了电影行业的日益成熟。在十九大"讲好中国故事,展现真实、立体、全面的中国,提高国家文化软实力"精神的指引下,国内电影行业越来越注重对中国素材和中国故事的挖掘,取得了可喜的成绩。2019 年内地电影票房榜前 10 名中,8 部均为口碑与票房俱佳的国产电影,而且题材和内容较为多样,包括科幻、动漫等不同类型的作品。2019 年 6 月 15 日在《中国电影蓝皮书 2019》《中国电视剧蓝皮书 2019》首发式暨"互联网时代中国影视创意力、想象力、影响力主旨演讲"中,与会专家普遍认为,中国电影市场"口碑"正逐渐成为票房标准,创意、内容、质量将成为真正的制胜之道,中国电影业进入一个"新口碑时代"。② 而这种市场成熟度和观众反思素养、审美层次的提升相辅相成,逐渐改变着人们对于电影消费的观点。

五、加强反思素养的对策和建议

反思素养的发展离不开良好的社会环境:一是宏观层面的制度规范

---

① 《杨凯生:P2P 爆雷潮不是因为强监管,平台自身不合规是根本原因》,2018 年 9 月 2 日,和讯网(http://news.hexun.com/2018-09-02/193966676.html)。
② 徐翌晟:《"中国影视蓝皮书 2019"发布热议互联网创作、宫斗剧"爽文化"》,《新民晚报》2019 年 6 月 15 日。

性,二是中观层面的道德规范,三是微观层面日常生活中的引导性因素。三者对反思素养的提升具有重要的作用和意义。为了做好这方面工作,我们提出以下几点建议。

(一) 加强制度设计

制度规范的缺失会让不良行为和文化的传播不能得到及时、有效的控制,规范社会市场有助于客观上消除社会和市场的失范带来的反思素养的缺失。在宏观的制度设计层面,社会制度和规范需要根据不同的社会、行业的情况进行有针对性的设计,以形成合理、开放的社会和市场环境,保证社会和市场规范、合理、有序发展。

1. 加强市场的法律法规建设。随着区块链、人工智能、互联网技术和消费的不断升级的趋势,社会上新兴事物层出不穷,当下中国社会的消费产品和消费方式也发生了与以往不同的变化,线上网络平台成为消费的主要方式。这一新兴事物、新兴市场的发展需要尽快规范以保障市场正常、有序运营。

近年来,国家颁布了一系列规范互联网新兴市场的法律法规。比如2016年11月4日,国家互联网信息办公室发布《互联网直播服务管理规定》,明确加强对互联网直播的管理。2017年12月13日,P2P网贷风险专项整治工作领导小组办公室、各地P2P整治联合工作办公室下发了《关于做好P2P网络借贷风险专项整治整改验收工作的通知》(57号文),要求各地做好辖区内主要P2P机构的备案登记工作。2019年1月9日,中国网络视听节目服务协会颁布了《网络短视频平台管理规范》《网络短视频内容审核标准细则》两条法规,正式将网络短视频平台纳入国家监管审查范围。

另一方面,对于原有的市场则是进一步细化和明确法律法规的适用范围和条目,使得法律法规更为精确地规范到市场行为的各个环节。比如在保健品市场领域,2019年8月20日,国家市场监督管理总局颁布了《保健食品标注警示用语指南》,要求保健食品生产经营者在标签专门区域醒目标示

"保健食品不是药物,不能代替药物治疗疾病"等内容。同日,国家市场监管总局与国家卫生健康委员会颁布《保健食品原料目录与保健功能目录管理办法》,推进保健食品注册备案实行双轨制,建立开放多元的保健食品目录管理制度。在直销行业方面,2019年6月4日商务部发布《关于发布直销备案产品、直销培训员和直销员复核登记结果的公告》,此次完成复核登记的共有89家直销企业,直销备案产品复核前(2018年12月底)数量为4 304种,复核后减少了1 917种,减少率达44.5%。

2. 加强市场监管力度。在加强市场立法建设的同时需要加强市场监管,通过有效的执法杜绝违法行为。市场监管应从备案登记、行业培训、机制审查和日常监督等多方面入手,建立一整套长效机制以保障行业的有序与持续发展。自权健事件发生之后,2019年1月8日,国家市场监管总局、工业和信息化部、公安部等十三个部委在全国开展联合整治保健品市场乱象的百日行动。截至4月18日,全国共立案21 152件,涉案金额达130.02亿元,已结案9 505件,罚没6.64亿元,移送司法机关案件446件,为消费者挽回经济损失1.24亿元。

(二) 加强公民道德的建设

在中观层面,公民道德是促进反思素养提升的重要条件。当今中国社会依然存在诸多道德失范的现象,比如拜金主义、享乐主义、极端个人主义的倾向以及由道德观念缺失带来的是非及善恶和美丑不分、见利忘义、唯利是图、损人利己、损公肥私、造假欺诈、不讲信用等行为,甚至发生突破公序良俗底线、妨害人民幸福生活、伤害国家尊严和民族感情的事件。提升公民的道德素养,有利于个人在面对社会事件时,能够做出更理性、更全面的判断,并且在面对利益诱惑时能够守住道德基本的底线。

2019年10月,中共中央、国务院印发了《新时代公民道德建设实施纲要》(以下简称《纲要》),从规范和实践两个方面对公民道德提出了新的要求:"要把社会公德、职业道德、家庭美德、个人品德建设作为着力点。推动践行以文明礼貌、助人为乐、爱护公物、保护环境、遵纪守法为主要内容的社会公德,鼓励人们在社会上做一个好公民;推动践行以爱岗敬业、诚实守信、办事公道、热情服务、奉献社会为主要内容的职业道德,鼓励人们在工作中做一个好建设者;推动践行以尊老爱幼、男女平等、夫妻和睦、勤俭持家、邻里互助为主要内容的家庭美德,鼓励人们在家庭里做一个好成员;推动践行以爱国奉献、明礼遵规、勤劳善良、宽厚正直、自强自律为主要内容的个人品德,鼓励人们在日常生活中养成好品行。"在这些要求中"深化道德教育引导""推动道德实践养成""抓好网络空间道德建设"以及"发挥制度保障作用"是重要的举措。

1. 加强文化宣传对公民道德的引导作用。道德规范的引导需要深入家庭、学校、工作单位等全社会的各个方面,其对象为社会全体成员。因而道德教育不仅需要家庭、学校等的配合,而且更需要社会大环境的宣传。在这方面要加强宣传力度,通过正确舆论引导,让道德教育更"接地气"。具体做法可以在舆论引导中结合具体实践案例,体现平凡生活中的伟大人格,并通过讨论热点问题进行世界观、价值观方面的批判性反思,及时纠正不良风气的导向,传播社会正能量。

2. 推动社会诚信体系建设。诚信是社会和谐的基石和重要特征,契约精神是市场发展的重要基础,没有诚信就没有合理、公平的市场环境。诚信体系的建设需要加快构建覆盖全社会的征信体系,健全守信联合激励和失信联合惩戒机制,维护市场主体的基本利益,并让失信者得到应有的惩罚。

3. 加强网络传媒的道德监督。网络传媒在当今社会发挥着越来越重要的媒介作用,其所传播的各种信息同样会影响人的现实生活及个人的道德素养。因此网络传媒同样需要道德规范的约束。加强网络空间的道德监督,开展网络治理专项行动,加大对网上突出问题的整治力度,清理网络欺诈、造谣、诽谤、谩骂、歧视、色情、低俗等内容,依法惩治网络违法犯罪,促进网络传媒的健康发展。

(三) 日常生活的引导

反思素养的发展需要落实到具体日常生活的微观层面，人民的生活获得感、幸福感和安全感是反思素养不断发展和提高的指引性因素。

1. 科学知识和思维的进一步普及。科学知识和思维的普及有助于甄别错误、虚假信息，树立全面、辩证的科学思维。这项工作一方面需要从社区加强教育做起，尤其是需要通过社区基层组织或志愿者对中老年人等群体进行科普教育，提高其甄别欺诈信息的能力与警惕性。另一方面需要利用网络平台普及和传播科学知识，清查那些传播迷信、伪科学的公众号、微信群，并采用各种方式对那些伪科学、伪养生知识进行辟谣，破除迷信思想，树立科学的真理观。

2. 加强青少年思维科学的教育。青少年思维科学的教育在西方国家已经取得了一定成效。比如李普曼在 20 世纪 80 年代提出了"儿童哲学"，以色列和韩国在 70 年代及 90 年代分别实行了全国性的系统化思维实施方案。在中国，钱学森于 80 年代也极力倡导普及"思维科学"教育。加强青少年思维科学教育需要汲取国内外思维科学教育的经验与教训，需要注重"从思维技巧的点式传授走向思维能力、思维方法的系统性学习，从结论性讲授到过程性展现学习讨论，从单科目的专门学习扩展至各目的融合性学习"[①]等方面。

其具体举措建议，将思维科学、哲学融入中小学的课程之中，设立专门的思维训练课程以提高青少年思维科学的认知水平，将思维科学训练的方法融合到其他学科的课程之中，等等。

3. 培养整体文化素养。人的文化素养是一个整体，反思素养的培育不只涉及思维方式，人的人文情怀、审美品味等的提升都会对整体的文化素养产生影响，间接提升反思素养的水平。文化素养的整体提升也是满足人民

---

① 翟钧、孙抱弘：《创新素质培育：从生存竞争型到伦理合作型——国际视野中"以思维科学教育提升青少年现代素质"的现状与启示》，《青年探索》2014 年第 3 期。

群众日益增长的文化需求的题中应有之意,有赖于日常生活的积累,提升公共文化产品的质量以及多元化发展、普及各类文化出版物以及高水平文化产品的引入等措施对人的整体文化素养的提升有着积极的作用。

美好生活是当下国民所普遍关心的生活主题,但是何为美好生活显然是值得深刻反思的,同时对于这一主题中产生的反思不平衡和复杂性折射出中国社会发展中产生的一些问题也应引起重视:一方面各种反思的失衡或失范是社会结构剧烈转变中的正常现象,相对于生产力的发展,社会意识往往会有某种滞后性;另一方面,这类失衡同样有文化建设、价值观引导、制度设计等多方面的客观原因。概而言之,反思素养的发展既要求个体的道德、素养培育,也要求加强制度、文化的建设和引导,在此基础上提高人的反思水平和实现人的全面发展。

第五章
在现代化的进程中构建
扬善去恶的伦理关系
——国民伦理素养个案评析

◎（李庆云　上海社会科学院）

自古以来，伦理道德一直是教化民众、规范生活的主要方式。从政府到家庭、从思想文化到日常生活、从礼仪到习俗都以伦理道德为准绳，社会成员养成了一种深深的伦理自觉意识和反省意识，一个缺德、失德之人被彻底否定而难以有立足之地。从本质上而言，伦理道德是人的一种特殊的社会规定性，作为利益调整或利益均衡的工具而出现。利益是伦理道德的基础，个人利益与他人利益、私人利益与社会利益之间的关系问题，是伦理道德的永恒主题。

一、伦理素养的含义

伦理素养，是指一个人所具有的基本伦理修养，主要包括：道德观念、道德情感、道德信念、道德实践等因素，以及一个人在伦理道德方面的行为能力。这种素养直接关系到国民自身的道德品质和身心健康，尤其是涉及自身的职业道德或一般社会公德等方面。国民伦理素养还通过其中的伦理价值观体现出国民的道德责任与义务，以及其道德选择、道德评价与道德行为。

伦理素养的发展具有相对独立性。它除了由经济发展决定外,还受到生产关系的直接决定和影响,并与其他社会意识形态相互作用。因此伦理素养的发展就与社会发展在一定时期、一定阶段上表现出不一致性和不平衡性。

在社会转型时期,由于生产力的快速发展和多形式性,决定了利益的多层次性和不均衡性,这客观上要求与之相适应的上层建筑——伦理道德体系也随之发生变革。但是,虽然旧的伦理体系被打破,新的伦理体系却还不可能一下子建立起来,人们对于如何定位伦理还有着诸多困惑和不解。加之人们的政治思想觉悟、文化因素、社会经历都有很大不同,反映在伦理素养上也必然有多样性。伦理素养的发展是一个动态的过程,在这一动态发展过程中,政治、法律、科学、教育等因素都影响着伦理素养的发展变化。

长期以来,我国一直奉行的是共产主义伦理道德。这种以马克思主义为指导,以集体主义为根本原则的社会主义伦理道德体系,在当时落后的经济背景中成为一种昂扬的力量,但它的超现实的理想成分居多。这种理想与现实不协调的状况说明伦理道德发展是不健全的,存在着虚假的普遍性,即似乎人们已经普遍地接受了共产主义精神和社会主义伦理道德。这种虚假的普遍性抑制了人们不断增长的真实需要和欲望,促使人们做出更多的自我牺牲。

然而随着我国改革开放的深入发展,社会主义市场经济不断完善,人们长久压抑的欲望因此发泄出来,最终以真实面目出现在社会中,这种不健全的伦理体系的弊端也就逐渐显露出来,伦理素养的不健全、不完善也就随之显现。

面对新时代和新形势,我国社会的全面健康发展更加迫切需要一个健康全面的伦理体系的支撑。因为,全社会如果不形成一个善恶荣辱分明的健康伦理环境和社会风气,伦理对社会的约束和引导就会苍白无力、形同虚设,伦理力量就无从实现。全社会只有在荣辱观上达成共识,形成共同伦理价值观,建构起良性发展运行的伦理舆论机制环境,人人都以危害祖国、危害社会、有损他人为耻,以愚昧无知、好逸恶劳、损人利己、见利忘义、违法乱纪、骄奢淫逸为耻,社会才可能形成憎恶假、丑、恶,追求真、善、美的良好风气。因此,努力提升我国国民的伦理素养,加强全社会的伦理体系建设,是当下一项紧迫的、急需大力着手建设的任务。

二、伦理素养的个案归纳

本章以近年来我国社会发生的一些典型事件为例,在人们对这些事件的评论和反映的基础上,分析这些事件折射出来的我国国民在伦理素养方面存在的深层次问题,并积极探讨有效提升我国国民伦理素养的方式和途径。

(一)"北大学子弑母案"等案件

2019年4月21日,在潜逃1380天后,北大学生、弑母案嫌疑人吴谢宇在重庆江北机场被警方抓获,这件当年曾经轰动全国的案件,伴随着"教育悲剧"的沉痛又重新进入人们的视野。根据《新京报》记者报道,成绩优异的吴谢宇2012年进入北大经济学院,大一、大二学年在北大都得过奖学金。因为和母亲发生口角,吴谢宇将母亲杀害,然后用塑料布层层包裹尸体,并放入了活性炭吸臭,行凶后还在房间里安装监控,镇定自如地做了充分的事后工作。这里,整个事件的焦点集中在吴谢宇"北大学子"的身份上。这个接受过良好高等教育的"天之骄子",竟将犯罪的毒手伸向了辛苦养育了自己20多年的母亲。

类似事件还有"12岁男孩弑母案"。2018年12月2日,湖南沅江市泗湖山镇12岁的男孩吴某,拿着一把刀亲手杀死了他34岁的生母。而更令人毛骨悚然的是,这个年仅12岁的凶手,有着不输给成年人的冷静和可怕。面对亲人的痛苦和疑惑,他承认自己错了,但认为不是什么大错,"我又没杀别人,我杀的是我妈。"

（二）医患冲突：类似上海仁济医院胸外科主任医师赵晓菁事件

2019年4月24日，上海仁济医院发生了一起医患摩擦，病人就诊时因为等待时间过长，三次强闯门诊室，导致与胸外科主任医师赵晓菁发生肢体冲突，随后病人报警。最终，赵晓菁在门诊现场当众被警方按倒铐走。据警方通报，病人丈夫在冲突中骨折，事情很快就上了热搜。再如，2019年12月24日民航总医院杨文医生事件。早上6时许，民航总医院急诊科杨文副主任医师在诊疗中遭到一位患者家属的恶性伤害，致颈部严重损伤，最终不幸去世。事件发生之后，国家卫生健康委员会法规司司长赵宁在表达痛心和愤怒时指出："这不是医疗纠纷问题，而是非常严重的刑事犯罪。对任何形式的伤医事件零容忍。"

（三）师生冲突：类似成都电子科技大学副教授郑文锋事件

2019年6月中旬，成都电子科技大学副教授郑文锋在课程QQ群"创新的本质2019"里发表言论，称"四大发明在世界上都不领先""中国古代没有实质上的创新"，随后有学生提出疑问，并将聊天记录截图发在某问答平台，认为郑文锋侮辱贬低了四大发明。该事件发生后迅速发酵，引发各方广泛关注，公众不断介入讨论四大发明。7月16日，成都电子科技大学发表声明，认定郑文锋有师德失范行为，取消其评奖评优、职务晋升、职称评定的资格，并取消其教学工作，停止其研究生招生资格，期限为24个月。尽管郑文锋表示自己已接受处罚，日后只想安静地做学问，但公众的愤怒显然没有因为当事人"认账"而自动消失。学生无视学术讨论的基本原则，一味上纲上线，将私人聊天记录公开在社交平台，是希望"把事闹大"。这种心思和如此拨弄是非的做法产生了恶劣后果。且不说成都电子科技大学对郑文锋的停课处理是否合理妥当，据说很多人当时在朋友圈转发类似信息时均小心翼翼，可见此事已经产生了寒蝉效应。类似还有如重庆师范大学唐云、厦门大学尤盛东等高校教师被学生举报而受到处罚等事件屡屡发生，引起国内、国际舆论广泛关注，甚至连美国《纽约时报》都以"In China, Student Spies

Chill Professors' Speech"为题报道了中国发生的这类事件。

近年来还有一类事件频发,那就是师生关系中的主角是学生。诸如 2019 年华中科技大学研究生陈某不堪重负跳楼,并留万字遗书控诉导师。南京邮电大学材料学院研究生不堪导师重压,实验室放火自杀,等等。这一类事件的共同点都是学生不堪导师重压甚至人格侮辱以致抑郁,最终选择结束自己年轻的生命。

三、对个案的评论与分析

可以说,每一次事件的发生都引发了人们及其社会的深刻思考。每当事件发生后,都高度聚焦了全社会的目光,并引来热烈讨论、辩论。其中,有正能量,也有大量负能量。人们借助网络,关心和积极参与公共事件讨论,在参与过程中加深认识。但由于各个阶层在社会中所处的不同位置,往往影响其对事件的看法。比如,精英往往居象牙塔而影响对具体生活的深度感知,导致思想理论与社会实际脱节;而民众也因缺乏对全局情况的了解,及其分析和揭示问题能力有所欠缺,容易为表面现象所迷惑。

(一)成绩至上还是培育人性

当前我们社会广泛盛行的"赢在起跑线上"的片面教育观只重教、不重育,过分强调分数,把升学率、进名校作为唯一的教育目标。这种学习方式和教育环境让学生成为无情的考试机器,学生的品德教育被忽略,善良的人性得不到培育,完善的人格得不到健全,从而导致"北大学子弑母案"等这种极端沉痛的事件的发生。吴谢宇案等事件最初发生和凶手最终落网后,社会各界、各阶层都给予了评论和关注。反观和反思这些评论和关注,更多地聚集于一个中心问题,那就是对教育最高目的的重新考量。

就学校教育而言,应该纠正把分数作为考量学生的唯一标准,这种极大的偏差必然忽略了人性的培养。教育本质上是一种社会责任,人性的培育才是最高目的。无论是社会、学校对学生提出的要求,还是家庭教育对孩子成长的期许,都不应该以分数成绩来作为评价的唯一标准,而是应该让学生在德、智、体、美、劳全面发展的学习过程中获得健康成长的真正乐趣。吴谢宇案件等深刻地揭示出,教育作为一种责任会对每个学生的人生产生重大的影响:对学生的一生负责,对整个社会负责,就要努力培养学生具有完善的品格和人性,从而使其对自身产生健康的自信,并对自身获取的教育有所回馈,能够明白感恩与回报社会的道理。柏拉图在《理想国》中指出,教育的最高目标就是善。"什么是教育之善?答案很简单——教育造就善的人,并且善的人行为高尚。"教育和教学的目的不是创造某种物质产品或精神产品,也不是单一的社会服务性劳动,而是要根据社会的需要创造新人,即把正在成长中的青少年一代,培养成具有良好的知识技能、品德素养和身心健康的人,既能为社会的经济文化建设做贡献,又能为实现个体人生的幸福奠定基础。一个社会应该确立的教育目的,是要把广大学生的人生幸福作为最终的目标,而不是把学生打造成某种工具或附庸。

(二) 医患冲突升级是生命伦理教育的缺失

上海仁济医院胸外科主任医师赵晓菁事件等都发生在医院,当事人双方是医生和患者,所以他们之间的最直接、最表面关系是医疗纠纷和医患关系。类似的案例还有很多。2015年,中国医师协会发布的《中国医师执业状况白皮书》显示,59.8%的医务人员受到过语言暴力,13.1%的医务人员受到过身体上的伤害,仅有27.1%的医务人员从未遭遇过暴力事件。这些事件的发生无疑使得医患关系不断地以剑拔弩张的姿态出现在公众面前,也警醒我们不断地思索这些事件发生背后的深层原因和系统性因素。只有正视这些深层原因和系统性因素,才能努力解决存在的问题。

与此同时,一部反映医患关系的纪录片《人间世》也引起了民众的关注。在这部纪录片里,导演从2014年年底到2019年带着摄制团队先后在上海包括瑞金医院、仁济医院在内的各大医院蹲守了4年多,以旁观者的身份深入观察了医生和患者的日常交流情况,甚至专门花了一年的时间在瑞金医院医务处综合接待办跟拍了116起患者投诉。而在这期间,他们发现,面对疾病时,医生和患者、患者家属本该是并肩战斗的同盟,但现实中却有很多看不见的墙把双方隔开,出于相互的不理解、不信任,他们之间有时会发生矛盾、纠纷,甚至演变为肢体冲突。这部纪录片的初衷是揭示无论医生还是患者群体中,真正极端的坏人是少数,造成隔阂的"那堵墙",则是一个系统性问题。

(三)师生关系恶化是德性素养缺失

成都电子科技大学郑文锋事件等发生后,有媒体也发时评称:情形如此,令人遗憾。学术讨论、学术争鸣,本来就应该有一个宽松、自由的环境,争论可以激烈,观点可以针锋相对,但都要用事实说话、拿证据说理,我可以不同意你的看法,但不能剥夺你的表达权利。如果动辄就诉诸权力、舆论施压,无疑就走到了学术讨论的反面。①

从学生角度来看,学生告老师,伤害最深的其实是学生这个群体自身。真正好的教育是需要注入施教者的爱和热情的,没有不希望学生茁壮成长的老师,"传道受业解惑"远不只是公式概念或理念的灌输,这一切的后面,是伟大的思维人格和多彩的文明演进以及恢宏的世界图景。而当师生之间的信任丧失,老师的爱和热情不再,学生课堂上原本可能得到的启发感悟和激励也就无从谈起。这些对学生而言则是最大的损失。因此,良好的师生关系必然有利于学生的知识学习和身心健康。

我国自古以来就遵循着"师者,所以传道受业解惑也"的教师责任,这是所有教师应遵从的师道,也是我国社会一直遵从的教化习俗。我国传统文化中的师道传统赋予教师教化人的历史责任,教师的教化效能是社会文化精神的晴雨表,在人的自然生命之上又为其添加一重文化生命或精神生命。因此,在传统中国最为重要的五伦关系中,师生的关系往往介于父子与朋友

---

① 光明网评论员:《让"四大发明"争议回归学术》,搜狐网(https://www.sohu.com/a/336220979_115423)。

之间。这即是说,一方面,师生情谊重如父子,虽施教甚严,乃至不假颜色,亦满腔仁义,大爱无疆,从而建立起一种特殊的道德情感原则;另一方面,师生道义又宛若友朋,理当责善改过,见贤思齐,一丝一毫不敢苟且,一切从道不从人,言义不言利,时时处处遵循的是道义原则。

有关师生关系的两个案例因涉及我们社会中很重要的两类群体,从而引起了社会的广泛关注和讨论。师生关系是中国传统文化确认和保护的关键性伦理关系,是自然个体向伦理个体完备发展的重要基础,"一日为师,终身为父"的伦理传统阐明了教师对学生人格与知识的塑造责任,以及学生对教师高于一般伦理层次的敬重义务。可以说,正是经由健康良性的师生关系,君子与国民得以养成;国家之前途在国民,国民之创造力在教育。因此,这个重要的伦理关系也是新时代中国特色社会主义文化特别强调的一对社会伦理关系,应当以政治和法律加以特别维护。

但这类事件近年来频发,反映了我们当前社会师生伦理关系中存在的一些严重问题。这些问题的发生导致了这一重要伦理关系逐渐朝着不健康、不正常甚至扭曲的方向发展变化,值得引起全社会的警醒。而暴露于这一重要伦理关系中的,则是我国国民伦理素养的不足之一,即德性的缺失或不足。

四、影响国民伦理素养发展的深层次因素探究

改革开放以来,我国社会主义现代化建设事业取得了世人瞩目的成就,人民生活总体上达到了小康水平。正因为我国的社会生产力、综合国力和人民物质生活水平获得了空前提高,给人民群众日常生活带来了深刻变化。人们的精神状态也从消极被动转向积极主动,个体的存在价值得到进一步肯定,人们的世界观、价值观、人生观、民主观、健康观、娱乐观等都注入了现代因素;国人普遍思想解放、观念新颖、好学奋进、勇于开拓、修养品德、善于创新、追求幸福、享受休闲,精神面貌发生了深刻变化,人的整体素质有了全

面提升。

但本章所列举的几类案例明确表明了我国目前国民伦理素养方面还存在很大的不足,还有很多问题急需健全完善,其中暴露的很多深层次影响因素更是直接制约着我国国民伦理素养的健康发展以及整个社会伦理体系的进一步发展健全完善。深刻分析这些深层次制约因素,以探析提升我国国民伦理素养的有效路径,则是当前我国国民伦理素养建设中的重要任务。

(一) 人性培育的缺失

"北大学子弑母案"等让人们再一次认识到"高分数低素质"的"人才"之缺陷,从而引发了无论是学校教育还是家庭教育只求分数、不重立德树人而导致的人性培育缺失伦理的拷问。毫无疑问,"北大学子弑母案"等这种暴露人性丑态的社会反面案例,在极大地引起人们对"教育的悲剧""教育的败笔"等问题的追问和探讨的同时,更让人们意识到并开始反省我们学校和家庭的教育存在诸多的缺失,其中最大的缺失则是人性培育。

教育家苏霍姆林斯基曾说过:"我认为学校最重要的任务之一就是培养每个人用仁慈、恳切和同情的态度来对待一切有生命的东西,因为在这些东西身上体现着生命的伟大和美。没有起码的人性,就不可能有共产主义道德;没有细腻的感情,缺乏同情心的人,也就不可能有崇高的理想。而缺乏同情心就会对人漠不关心,并从漠不关心发展到自私自利,从自私自利发展到残酷无情。"[①]当下我们的教育体制中,一方面流于表面的"假大空"、过于理想化的口号式教育并不能引起青年学生的同感和共鸣,甚至往往不能被学生所理解和接受。另一方面,"假大空"的口号式教育因为缺乏可操作性,反而使学生对强加于自身的空洞使命感和责任感产生心灵抗拒和排斥,那些太过遥远的目标也会使学生失去追求的动力。只有让教育回归具体实践,学生们才会在切身的感受中明辨是非善恶,明确自身作为主体所应具备

---

① 蔡汀、王义高、祖晶主编:《苏霍姆林斯基选集(第三卷)》,教育科学出版社 2001 年版,第 635 页。

的素质和能力。

(二) 生命伦理教育的缺失

随着医疗制度改革的市场化,我国医院的一些最基本职能的确发生了改变:从原来的单纯治病救人转变为在市场利益驱动下的治病营利。医院利用医疗资源,依靠医治患者获得收入来增加经营收入、购买设备、发放奖金等一系列状况,使得普通民众逐渐感到看病越来越难、越来越贵,怨声载道,长此以往,便对医院产生了对抗情绪。这种对抗情绪随之带来了不少负面心理:花钱看病的心理驱使对医院医生的期望不断增高,认为只要花了钱,医生就一定要治好病人的病,等等。在这种商业经营的医疗模式体系下,医患双方的矛盾只会越来越激烈,医生和患者其实都成了牺牲品。而患者在病痛折磨下,自然意识不到医生的苦衷,意识不到中国的医生看门诊就像是在流水线上操作一样,每个人只能问诊三五分钟,因为还有大批病人在后面等待;有的医生连水也不敢喝,因为要上厕所。这些客观因素促成了患者和医生之间商业化的模式和关系,彼此之间缺乏情感交流,致使患者未能真正从内心建立起对医生的信任,而只是一种花钱买医疗服务的感觉和态度。加之现在医疗检测手段不断进步,更多的医生也越来越多地依赖于各种检测设备和手段,而不是仔细询问病人病情、减少一些不必要的检查以降低患者的金钱支出。这些都给患者造成了一种医院只管赚钱、不顾病人、成为商业医疗服务机构的印象。这些印象促使患者站在医生的对立面,降低了对医生和医院治病救人宗旨的信赖程度。

这种体制和机制造成的客观事实暴露出我国社会中除去医疗资源的稀缺是一个长久存在的问题之外,更体现出生命伦理教育的缺失。"无理取闹"的患者背后的难言苦衷,"不耐烦"医生背后的精疲力竭,生命伦理教育的缺失导致医疗资源的滥用甚至浪费。这些情况都表明了,事实上医生和患者都是医疗体系中的弱势群体。医疗纠纷、医患冲突甚至暴力伤医事件越来越多并不断升级,这揭示出了影响我国民伦理素养发展的一大深层次因素,即生命伦理教育的严重缺失。

(三) 德性素养的缺失

近年来,除了用传统和已有的伦理教义来约束规范教师的师德、教学行为之外,在法治化进程中,我们国家也加强了国家法律和校规校纪,包括学校的督学机制等多重规范监管和控制,这本来是一个正面的举措。但在执行的过程中却出现了偏差:学生以"秘密监督员"的"身份"介入了课堂教学,这便出现了本调研中所列举的案例。正如有的学者在分析让学生介入课堂教学秩序来监督教师课堂讲义或言论的政治正确与否时指出的那样,事实上,因为学生还处于人格和思想的成长期,对教师课堂讲义与言论缺乏审慎和深刻的理解力与判断力,并不适合承担课堂监督这一重大责任。事实告诉我们,让学生介入监督机制的管理收益远远低于对师生关系破坏的社会成本,更会直接造成课堂思想活力与学术前沿互动的衰退。因为学生的举报与告密严重损害了师生关系的基础性信任,破坏了教师的师道尊严,甚至倒逼教师照本宣科,噤若寒蝉,不敢与学生分享前沿学术观点及真知灼见,以致最终造成和学生关系的疏远,造成师生之间本不该有的隔阂。这从根本上侵蚀了我们教育的根基,有悖于国民教化和教书育人的伦理基础和政治目标。

而目前高校盛行的另一类普遍现象,则是造成第二类事件发生的主要因素。在目前的考核体制下,教书育人的目标职责似乎已经不是一些高校教师主要考虑的问题,而做项目、搞科研才是头等大事。毕竟后者与经济利益、职称等级、奖金绩效等直接挂钩。在这种情况下,学生自然成为教师最便利的劳动力。教师指导学生参加项目,既传授了知识,给学生以实践机会,又有利于项目的完成和团队建设。但这个看似对师生双方都有利的举措却被一些缺乏师德的教师把学生当作廉价劳动力,"剥削"学生的劳动力,甚至以此作为学生能否顺利毕业的筹码,导致有的学生不堪重负、心理失衡,而走向极端结束自己年轻的生命,造成悲剧。教师如此所作所为有失师德,同时也增加了学生对教师职业的质疑,降低了对教师群体的敬佩感。

师生关系中存在的这些现象和问题,相互交织在一起,不仅冲击着我国社会最重要的伦理关系,也暴露出我国国民在伦理素养方面德性素养的缺失。德性伦理认为,人格、伦理、家庭、私人间的直接的、情感性的纽带,比抽象理性建构起来的政治体、共同体以及与之相辅而行的意识形态更重要、更根本。因此,德性伦理素养的缺失或不足是一个社会应该尽量避免的。一个健康良性发展运行的社会应该具有较好的德性修养,也是生活于其中的国民所必不可欠缺的。

五、对提升国民伦理素养路径的思考

本章对上述一些典型案例进行了归纳和分析,并进一步揭示了影响我国国民素养发展进步的深层次因素,在此基础上提出有效提升我国国民伦理素养的方法路径,以进一步加强我国社会伦理体系的建设。

（一）人性培育的加强

在对"北大学子弑母案"等的悲剧感到悲痛和扼腕之时,我们深深意识到我国在人性培育方面明显存在的缺失。社会、学校、家庭如何直面这种缺失,如何深刻反思、共同努力、采取积极应对措施来改善我国国民在人性培育方面的严重不足和缺失,最终提升我国国民的伦理素养,这是当下我们最主要、最重要的任务之一。

目前,我们仍要坚信教育始终发挥着向受教者释放积极向善讯号的作用,教育仍然是培养人性、德性的有效方式。教育的神圣使命是使人成为人,其根本应是培育人性。爱因斯坦有一段论述人性之重要性的话:记住你们的人性而忘掉其余。要是你们能这样做,展示在面前的是通向新乐园的道路,要是你们不能这样做,那么摆在你们面前的就是普遍死亡的危险。[①]

---

① 转引自鲍金海编:《和谐校园文化建设读本·爱因斯坦哲言录》,吉林教育出版社2012年版,第29页。

人性是道德的起点，注重培育人性基础，就是要使学生从小树立尊重生命的观念意识，从爱护花草树木、鸟兽虫鱼开始，逐渐培育爱人爱己的善良人性，尊重他人的生命，同时尊重自己的生命，这样才不会在遇到矛盾冲突的时候忘记人之为人的本真，不会让自己所接受的文化知识教育成为自己走向歧途的助力。

（二）加强生命伦理的教育

在目前我们的医疗制度体系下，医院、医生和患者其实都是无奈的，各有苦衷。但究其根本，则是我们的社会、我们的国民伦理素养中对生命伦理教育的缺失和忽视。正是因为缺乏对生命的敬畏，才会有延误治疗或过度治疗；正是因为缺乏对生命的尊重，才会发生患者和医生之间激烈的语言争论、肢体冲突甚至暴力伤医、杀医等事件的频繁发生。而当这些事件甚至悲剧发生之后，无论舆论怎样哗然，无论人们怎样谴责甚至谩骂，或是扼腕叹息，都为时已晚，因为逝者已去，生命已不复存在。

法国著名哲学家阿尔贝特·施韦泽在其《敬畏生命：五十年来的基本论述》一书中指出：善的本质是保持生命，促进生命，使生命达到其最高度的发展；恶的本质是毁灭生命，损害生命，阻碍生命的发展。只有依靠尊重生命的心理意识，才能用更为广阔的视野和眼光看待万事万物和整个生命历程，丰富和完善自己的德性和品格，获得自身与他人伦理素养的全面发展和提升。

因此，当前提升我国国民伦理素养的一个重要方面或是途径就是加强对国人生命伦理的教育。当我们真正意识到生命的珍贵和价值并真正开始尊重生命的时候，无论是医生也好，患者也好，就会更敬畏生命：无论是对待他人，或者是对待自己。

（三）加强德性素养的建设

人非圣人，师生关系中作为师的一方，当然也会讲错话或做错事；作为学生的另一方，无论遵循父子或朋友相处之道，当然都可以婉转曲折规谏，甚至当面直接坦率地提出批评。根据亚里士多德"吾爱吾师,吾更爱真理"的说法,学生也可以为了真理与老师当面驳难或公开论辩,但应避免私下举报,因为接受举报告密的对象往往都是权势的掌握者,他们本身也是世俗的存在,并不能代表真理,通常能做到的便是运用手中的权力进行掌控,不仅与真理的维护毫无关系,更重要的是还伤害了社会建构不可或缺的良好道义。对此,如果不加谴责,反而鼓励,形成风气,以致使之变为常态,那只能是意味着社会的倒退,而不是进步。因而,学生一方必须采用正确处理师生关系的价值观和态度:正面与老师公开论辩,而非选择去举报。之所以强调要重建良好的师生关系,原因在于良好的师生关系从来都是良好的教育秩序的基础,良好的教育秩序又是良好的社会秩序的前提。正确的做法是,在意识形态治理与课堂管理中,我们应当保障较为宽松的言论空间与学术自由,为师生营造面向真理而不是教条、面向知识而不是规矩的氛围和条件,因为教育的灵魂恰恰就在知识的诚实与自由。

退一步说,即使有学生举报老师,也不必过多指责学生,因为学生总是可塑的教育对象,重要的是要进一步反思我们目前教育体制下存在的问题,甚至整个教育体系的弊端,分析社会与制度长久积弊造成的深层根源,看到学生作为举报者本身也是负面教育结果的这一现实。

在第二类事件中,学生一方面要尽量做到别把什么事都埋在心里,产生沉重的心理负担,而要学会释放压力、善于倾诉自己的烦恼,以稀释负面情绪,调节心理状态,吸收更多正能量。自己解决不了的问题,要积极寻求正面的解决途径,向学校或相关教育部门反映以获得帮助,而不是对老师一味积怨和忍受,最终不堪重负而采取极端手段来结束自己年轻的生命,这其实是对自己和家人最大的不负责任和伤害。这种不幸的结果也从侧面反射出德性素养的缺失。

总之,目前我国国民伦理素养中德性素养的缺失或不足应该引起我们的警醒。各个方面加强在国民德性素养方面的建设,则是有效弥补这一缺失或不足的根本途径。德性素养的加强可以帮助人们对其作为进行道义上的评估,使他们懂得把行为动机和后果联系起来辩证地思考,"合其志功而观焉",避免主观性和片面性,减少由于自己行为失误而带来的损失。从这种意义上说,德性素养能够极大地帮助人们认识和把握世界,使人们在行为选择和判断中清楚地知道什么是善、什么是恶,以及如何扬善去恶。同时,德性素养的提高有助于人们特别是年轻人树立良好的道德品质,形成正确的真与伪、善与恶、荣与辱等是非观念,培养懂得如何约束自己,遇事出于公心,心地坦荡,与人相处正直善良等这些良好的人格品质。

第六章
网络空间的"公共性"与文明的内在尺度
——网络素养个案研究

◎（祖霞　成都信息工程大学）

1994年5月17日，中科院高能物理所（IHEP）与美国斯坦福直线加速器中心（SLAC）创建了TCP/IP连接，从那时开始，中国开始了互联网发展历程。仅仅过了25年，2019年中国的网民数量已居世界之最，达到了8.54亿，其中手机网民8.47亿，网民使用手机上网的比例达99.1％，互联网普及率超六成[①]。如此大规模的网民群体，在任何一个国家都是罕见的。接入网络世界，对于国民来说就像打开了新世界的大门，在这个无限扩大的公共空间里，人们各自经历了不同的网络生活，又承受着类似的心理冲突。网络世界是现实世界的映射，如何建立这个世界的秩序有赖于现实世界中生活的每一个网民。因此，唯有对网民参与网络空间的心态进行深入解读，挖掘出隐藏于其后的素养状况，才能对网络世界的建设提出对策和建议。本章通过对近年来在我国网络空间中发生的有较大影响的事件和现象进行解读，分析和反思我国国民网络素养涵育过程中存在的主要问题，以提升我国国民网络素养为目标，提出相应的对策和建议。

---

① 报告全文请参见中国网信网（http://www.cac.gov.cn/2019zt/44/index.htm）。

一、网络素养的含义

网络素养这一概念的含义比较宽泛,1990年以来我国有多位学者提出了自己的观点和见解。近年来,随着网络技术的飞速发展、网民人数的日益增多,国家层面对网络素养问题越来越重视,学界也对此更加关注。2017年知名教授喻国明和博士生赵睿在《新闻战线》上发表的《网络素养:概念演进、基本内涵及养成的操作性逻辑——试论习总书记关于"培育中国好网民"的理论基础》[1]一文中对网络素养这一概念进行了梳理。作者沿用美国学者霍华德·莱茵戈德在《网络素养——数字公民、集体智慧和联网的力量》一书中的定义,指出网络素养是技能和社交能力的结合,注意力、垃圾识别、参与、协作、网络智慧人是网络素养的五个组成部分,网络素养是一种基于媒介、数字、信息等素养再叠加社会性、交互性、开放性等网络特质,最终构成的一个相对独立的概念范畴,可以从"认知:从网络接触习惯到注意力管理""观念:从价值情感取向到批判性思维""行为:从网络媒介参与到协同合作"这一演进逻辑对网络素养的养成进行理解。这篇文章如其标题所述,是对在2016年4月19日由习近平总书记主持召开的网络安全和信息化工作座谈会上发表的重要讲话在理论上的解读,在理论上澄清了我国学界之前关于网络素养概念的认识,文中提出的观点有相当的代表性。

除了在理论上对习近平总书记倡导的"中国好网民"做出回应,互联网从业者在实践上同样也做出了回应。同年在以"新时代·新网民"为主题、由首都互联网协会主办的首都网络素养座谈会上,千龙网发布了网络素养标准评价体系及其重要组成部分——"网络素养标准十条":认识网络——网络基本知识能力;理解网络——网络的特征和功能;安全触网——高度网络安全意识;善用网络——网络信息获取能力;从容对网——网络信息识别

---

[1] 喻国明、赵睿:《网络素养:概念演进、基本内涵及养成的操作性逻辑——试论习总书记关于"培育中国好网民"的理论基础》,《新闻战线》2017年第3期。

能力;理性上网——网络信息评价能力;高效用网——网络信息传播能力;智慧融网——创造性地使用网络;阳光上网——坚守网络道德底线;依法上网——熟悉常规网络法规[①]。据千龙网称,这十条标准是在北京市互联网信息办公室指导、首都互联网协会主办下发布的,涵盖了从使用网络的技能到使用网络的伦理规范,以及使用网络需要知晓的法律法规等几乎所有与网络行为有关的一切内容,对什么样的网络行为才是"好"的网络素养进行了详尽评判。可以说,这十条标准是我国网络素养实践的操作标准。

由于接入互联网的时间比我国早,国外学界也已经取得了不少有关网络素养方面的研究成果。以美国和欧洲为例,在相关的研究中,与网络素养有着密切关系的术语除了"network literacy",还包括"information literacy" "digital literacy" "computer literacy" "library literacy" "media literacy"等词语。当然,学界对这些术语也存在不少争议,在使用中也有混用的情况。学者 Bawden 详细列举出类似的术语共有 6 种,达 13 个之多[②]。这 13 个术语由于提出时间、针对的对象不同,其侧重点各不相同,但总的来说是对人们使用包括互联网在内的一切信息技术所需要具备的素养的概括。欧洲委员会(Council of Europe)基于互联网是现代人生活必需品的立场,于 2017 年在线发行了《网络素养手册——对在线世界之用户的支持》[③](*Internet Literacy Handbook: Supporting Users in the Online World*)一书。这本手册,将网络素养分解为 6 个部分,包括对互联网的理解、在网络上如何与他人连接、如何使用网络信息资源、网络上如何保护个人隐私、如何预防网络犯罪等,每个部分均有针对学校、家庭及个人的非常明确、清晰的实践操作建议。

综合以上中外学界对于网络素养的各种观点,我们可以将其归纳出网

---

① 参见网址:https://www.sohu.com/a/209781398_407835。
② Bawden D. "Information and digital literacies: a review of concepts", *Journal of Documentation*, 2001, 57(2): 218-259.
③ 手册全文参见网址: https://rm.coe.int/internet-literacy-handbook/1680766c85。

络素养内涵的三个层次：一是如何使用网络的问题，即技能层面的素养（how）；二是对于网络是什么的认知，即价值层面的素养（what）；三是对于在网络上应该做什么的认知和实践，即伦理层面的素养（should）。对这三个层次，我们可以作进一步的阐释：技能层面的素养即网络的操作技能，我们将其简称为"技术操作"；价值层面的素养即对网络给自身、他人和社会带来的价值的理解，亦即对网络的"价值理解"；伦理层面的素养潜藏在人们实际的网络行为背后，是事实上所需要遵守奉行的，故可称为"伦理遵奉"。在本章中，我们从这三个层面的理解出发，以"技术操作—价值理解—伦理遵奉"这一框架来评析近年来我国网络世界中的重要现象和个案，并在此基础上进一步阐析网络素养的生成问题。

二、网络素养个案的列举

"有人的地方就有江湖"——这句来自网络的话语清晰地揭示出网络空间的公共性，在这里人们互相影响，共同进行意义的建构。随着互联网技术的发展和智能手机的普及，我国网民数量不断提升。与此同时，各种手机应用程序层出不穷，且操作越来越简单，网民参与网络公共事件的机会越来越多，操作技术已不成为网民参与网络生活的障碍。近年来几乎年年都有影响广泛的网络"爆款"事件发生，这里列举的是其中几个较有代表性的案例。

（一）"严书记事件"

2018年5月10日，成都金苹果爱弥儿幼稚园（南区）一位老师误把对学生严某某的吐槽发到班级家长微信群之中，该生的母亲即在微信群中要求这位老师马上在全班当着所有师生的面给该生道歉，否则她就"通知你们集团领导来给我解释你对严书记的女儿说这话是什么意思"。微信群里的聊天记录被该群内的其他家长截屏后转发至微博，引发网民的强烈关注，有网友指出该生母亲所言"严书记"疑是四川省广安市的市委副书记严某某。

不久，一份据称与严书记相关的舆情报告在网上流传。在这份报告中，严书记本人称在群内发言的是其第二任妻子李某某,两人在2011年结婚并育有一女,2013年因严书记赴西藏工作、两人长期分居女方出轨而离婚,其女严某某随李某某生活。与此同时,亦有网友在微博、微信朋友圈中指出严某某所言不实,说他曾经去学校给班上孩子们讲过课,平时偶尔还接送孩子,他们还有一个3岁的小儿子,长相酷似严书记。随着事件的进一步发酵,更多网友揭露严某某前妻在成都高档楼盘不止一套房产,孩子上的是十几万元学费一年的高档幼儿园,直指严某某可能有贪腐问题。

5月14日中共四川省纪律检查委员会、四川省监察委员会在官方网站回应"严某某舆情"事件,表示已关注到网友反映的情况,已及时介入调查核实。仅过了4天,四川省纪委、监委称严某某涉嫌严重违纪违法,正在接受纪律审查和监察调查。11月13日,严某某被开除党籍、公职,并被收缴违纪违法所得。2019年8月2日,四川省德阳市中级人民法院一审公开宣判严某某受贿案,对被告人严某某以受贿罪判处有期徒刑10年,并处罚金人民币60万元。严某某当庭表示认罪服判,不上诉。

(二) 咪蒙公众号关停事件

2019年1月29日,被称为自媒体女王的咪蒙旗下的微信公众号"才华有限青年"发布了一篇名为《一个出身寒门的状元之死》的微信文章,讲述了一个所谓出身寒门的理科状元在考上名校后却因为人正直而处处人生受限,最终25岁即死于胃癌的故事。这篇文章因其叙述的方式、诸多的细节俨然就像是一个真实的事件,一经发布即被多次转发、在朋友圈刷屏。但几个小时后,此文的真实性便遭到多个微博大V、微信公众号的质疑,十几个小时后,此文就因疑似内容失实被微信公众号平台删除了。

在随后的回应中,咪蒙团队坚称《一个出身寒门的状元之死》的背景、核心事件绝对真实。1月30日下午,《人民日报》微信公众号发文评论。2月1日上午,咪蒙团队刷屏文章进行道歉,决定将咪蒙微信公众号停止2个月、永久关停咪蒙的微博账号,并表示将用这段时间全面反思,积极调整,为网民和读者提供更有价值的文章。2月底,咪蒙公众号注销,其公司旗下多个公众号均已清空内容或停止更新。头条、凤凰网等平台也发布公告,对咪蒙等自媒体采取封禁、永久关闭处理。

(三)"227大团结"

2020年1月底,据称为男星肖战和王一博的CP粉@迪迪出逃记开始创作以肖战和王一博为主角的同人小说《下坠》,并将其发表在网易公司创办的轻博客网站lofter(中文名为"乐乎",亦被网民称为"老福特")及国外非营利网站AO3作品库上,且在新浪微博上公开这一小说在这两个网站上的链接地址。肖战唯粉中的意见领袖@巴南区小兔赞比认为这一小说将肖战描写为有性别障碍的性工作者是对肖战的侮辱,因此发动唯粉向全国扫黄打非办、网信办等相关管理部门举报该小说及作者。这一举动很快就波及平台,不久lofter上的同人文被清空,同人文创作者不敢再发布类似作品,而被视为中文同人小说创作乐土的AO3也被我国国家防火墙屏蔽,国内读者无法访问。此举引起同人文社群以至部分网民不满,他们不仅在微博上声讨肖战粉丝,认为后者将"作品上升到平台",故他们也要"将粉丝行为上升到正主",将仇恨转移到肖战身上,大规模抵制其代言产品以及影视作品。因为此事件的发酵和进一步引发全网关注的时间大致在2月27日,故被网民称为"227大团结"。①

三、对个案的评论与分析

上述三个案例均为近年来在国内网络上产生较大影响的事件,它们共同反映出我国网民在构成网络素养各个层面要素的发展并不均衡。具体来说,首先是我国网民在技术操作层面上普遍已达到非常熟练的水平,他们能够迅速地利用网络这一手段将相关的信息传播开来;其次是他们在价值理

---

① "227大团结"事件的时间线请参见网址:https://www.36kr.com/p/5297417,维基百科"肖战粉丝举报事件"词条上亦有相当详细的介绍。

解层面上并不统一,大部分网民片面解读网络自由、开放的价值,对其合作、共享的价值理解还相当不足;最后在伦理遵奉层面上,由于受流量经济的影响,大部分网民对于在网络上应该做什么的认知和实践(should)还停留在"网络即是流量"这样的局限中,主要表现为他们在网络上的表达往往充满情绪、激进片面,在阅读的文本选择上也更钟情于情绪化的表达。

(一) 反腐还是仇官

除了"严某某事件",类似的网络反腐事件在近十年来也发生过不少,如"表叔杨达才""南京天价烟"等。尤其是党的十八大以来,网络反腐更是越演越烈,网络举报的腐败官员越来越多。据不完全统计,仅在十八大闭幕后的20余天里,全国范围内已有12个官员因被网络举报或涉嫌各种违纪被纪委调查。

网络反腐成为互联网时代的一种群众监督新形式,不仅有着群众参与面广、低成本、低风险等技术优势,还能够对官员起到警示作用,因而被视为反腐倡廉工作的一柄利器。不过,与此同时,我们也看到在网络反腐中出现了一些在仇官、仇富情绪鼓动下人肉当事人的住址、家属照片、身份证号等与反腐无关的信息,并在相关微博话题下谩骂、羞辱当事人等现象。如在"严某某事件"中,新浪微博"广安严书记"话题在达到数百万次阅读量的同时,不计其数的微博留言中不少网民用文字讽刺和侮辱"严夫人"。对此,曾有网友专门发文劝阻,呼吁不要人肉"严夫人"和严书记未成年的孩子[1]。

有不少学者认为,网络反腐这种缺乏制度化的群众运动很容易走到另外一个极端,助长本来就已经存在于网民中的民粹主义倾向,助长仇官、仇富的情绪,影响社会稳定与和谐[2]。这种担忧不无道理,因为一些网民在参与网络反腐时会有意无意地带着激烈的情绪、片面和主观的道德判断,此时大多数人易被这些网民的情绪和言语所引导,没有意识到这些官员和其家

---

[1] 《"严书记"落马,不该"严夫人"买单》,https://zhuanlan.zhihu.com/p/37057175。
[2] 陈潭、刘建义:《网络反腐的限度及其优化》,《探索与争鸣》2000年第5期。

人也享有隐私权,只要他们的个人信息与公共利益无关,就应当受到保护,不应当对他们进行"人肉搜索"。而且,即便是被定罪的罪犯也有人格尊严,不应该被言语侮辱、受到人身攻击,但有些网民往往在情绪激动时会口出恶言,对当事人破口大骂。"人肉搜索"与这些侮辱性的语言合在一起,很可能会形成网络暴力,给当事人带来严重的负面后果。

(二)吸引流量还是引导人心

微信公众号平台自上线以来,极大加速了我国自媒体产业的发展。它与微博传播信息有很大不同,个人在朋友圈转发的微信公众号文章可被微信好友看到,因此,虽然相比微博它的开放程度较低,但加入者之间的相互关系较强,受众的忠诚度更高,这样的特征使微信公众号平台比微博更能精准筛选出目标客户,让广告收到更好的投放效果,因此拥有百万以上关注者的公众号平台往往也是广告商青睐的对象。要能做到拥有这么多的关注者,就需要对公众号发布的内容精心策划。文章被转发的频次越高,就意味着看到相关内容的受众越多。爆款文章能为公众号导引流量,流量即是公众号的广告(商业)价值最清晰最直接的证明。咪蒙自称为"内容创业者",她的目标就是通过对内容的精心设计,为公众号吸引受众,也就是吸引更多的流量。在这一点上她无疑是非常成功的:2017年她就公开表示公众号已经为她带来890万的微信用户和上千万的收入,而到了2018年她的微信公众号已被1 400多万人关注,吸引了大量流量,流量越多越有商业价值的定律被实现了。

但是,咪蒙公众号的文章并不为一些自媒体从业者欣赏,有人直言咪蒙是个标题党,没了自媒体人的下限,主打性、金钱、暴力,以成功为结果导向,以控制舆论去收取智商税,以无限的接近底线来博取眼球、阅读关注[①]。同时,咪蒙公众号也因为发布《你的胸,我的胸》《我有个春梦,你跟我做吗》以

---

① 《咪蒙被禁,标题党还能走多远?》,https://zhuanlan.zhihu.com/p/27361310。

及《嫖娼简史》这三篇违规文章曾被微信封禁一个月。《人民日报》的官方微博点名批评咪蒙"当文字商人没错,但不能尽熬有毒鸡汤;不是打鸡血就是洒狗血,热衷精神传销,操纵大众情绪,尤为可鄙"。①

流量越多商业价值越大,这样一个网络世界的定律似乎是咪蒙们成为标题党、写低俗文章的最合理理由。内容越迎合受众的心理需求、越投受众所好,就越有流量。但流量所向真的能引导人心吗?在咪蒙公众号,我们看到与性有关的内容总能抓住人的眼球,但人们是否能够靠着阅读这些东西实现对现实的超越呢?显然是不能的。阅读这样的文章可能让人暂时转移对现实的关注,而长期浮于表面、浅薄的片段阅读会让人被麻醉,如果沉迷其中,人们收获的"全是情绪"②,缺乏对现实问题的理性思考和关注,而社会中原本就存在的一些不良情绪就有可能借机泛滥,这是我们必须注意的。

(三)自由开放还是合作共享

"227大团结"之所以出现,有一个很重要的原因是对饭圈"控评"、微博"轮博"等行为的反击。无论是谁在网络上发表了对某个偶像不利的言论,饭圈便会群起而攻之。"天下苦饭圈久矣",其实是网民苦饭圈的网络暴力久矣。这也是为什么虽然参加"227大团结"的网民中有很大部分并非是同人文学粉丝,也不是lofter的用户,甚至连AO3这个网站都不知道,但他们就因为"肖战粉丝举报导致AO3网站被墙""我们要创作自由"这样的口号加入这场本来跟他们毫无关系的战斗。各路网民举起"自由、开放、合作、共享"这一互联网精神的旗帜联合起来,以自己认为正确和有效的方式提出对饭圈网络暴力的抗议。

一方面,饭圈"控评"、微博"轮博"等备受诟病,另一方面,"227大团结"中组织起来的网友虽认为自己是为互联网的自由精神而战,但其反击方式

---

① 参见网址:https://awtmt.com/articles/3478109?from=wscn。
② 陈奕、凌梦丹:《微博"碎片化阅读"的传播麻醉功能解读》,《编辑之友》2014年第5期。

与饭圈女孩如出一辙①。不仅如此,他们中的很多人都没有看过引发肖战粉丝举报的那篇名为《下坠》的小说,只是在"创作自由"的口号下参加战斗,却很少关心这样一些问题:《下坠》这篇小说到底写的是什么?为什么肖战唯粉对它有这么大的意见?它是不是如肖战唯粉所说,侵犯了肖战的名誉权?它究竟是同人文还是黄暴文?小说作者对此次事件是否负有责任?我们拥护的"创作自由"又是什么?……凡此种种,都需要通过事实和讨论进行辨认。但在这场战斗中,这些问题就连官方媒体都有意无意地回避了②。有网友专门对AO3上发表的中文同人文进行了数据统计,发现其中有大量露骨的色情描写,远超过被视为中文色情文学鼻祖的《金瓶梅》③。对于这一事实,有网友以AO3有标签制度,作者只要是对自己的文章打了标签就可以免除责任为理由,认为"发表是创作者的自由,看不看是你自己的选择"④。

　　支持创作自由的网友抓住了互联网精神的"自由、开放",但却有意无意地将"合作、共享"抛诸脑后。自由、开放是达成合作、共享的路径。如果没有合作、共享,自由、开放就会变成毫无约束和限制的全网狂奔,而建立在践踏他人的名誉和人格基础上的自由、开放绝对不可能达成合作、共享的目的,这是"227大团结"中互搏的双方都没有意识到的问题,也是引发"227大团结"的《下坠》这一小说作者需要深刻反思的问题。

---

① 参见沈奕斐:《自由背后的边界与责任:再谈同人文学与粉丝之争》,https://zhuanlan.zhihu.com/p/113082389。
② 3月11日,最高人民检察院主办的《检察日报》一天之内连发5篇文章,标题分别为《肖战事件:是非曲直如何评说》《"同人小说"涉及的法律问题》《不能任由粉丝喜好毁了同人文化》《评判肖战事件的两个维度》《肖战事件:没有胜利者的战争》,并将第一篇文章设为了微博置顶文章。相关报道详见https://www.thepaper.cn/newsDetail_forward_6475953。
③ 网友"豆酱呵呵哒"在知乎专栏中发表的文章《我爬了一万篇文章,告诉你AO3是个什么网站》,https://zhuanlan.zhihu.com/p/111696377。
④ AO3有完备的标签分级制度,作者在AO3发文需要打上标签,《下坠》一文发表时作者也打上了"限制级(Mature)——不适合18岁以下读者"的标签,读者可以根据标签自行决定是否阅读。笔者在调查AO3被墙的影响时,一位14岁的AO3用户告诉笔者,这个分级制度意味着"发表是创作者的自由,看不看是你自己的选择。你可以看你自己想看的东西,但你没有权力限制别人看"。值得思考的是,这位用户坦承他常常搜索带有限制级标签的小说看,AO3被墙他很愤怒,因为"再也没地方看小黄文了"。

四、影响国民网络素养的结构性因素之探究

国民网络素养不仅仅与个体上网的技能、偏好有关,更与网民公共意识的不足、娱乐至死的社会心态的膨胀、网络社会管理思路和方式的相对滞后以及传统江湖文化的负面影响等结构性因素有着密切的关系。

(一) 网民公共意识的不足

网络世界是一个公共空间,这一点在"自由、开放、合作、共享"的互联网精神中体现得淋漓尽致。但随着互联网技术的发展,流量似乎成为网络世界的硬通货,人们到网络世界寻求最多的不是合作、共享,而是流量,也就是被关注的程度。这种情况造成了网络空间那曾被以哈贝马斯为首的学者寄予厚望的"公共性"被简化为了"公开性"。人们在这里关注、交易,却并不相互理解,网络空间变得更像是一个市场而不是一个公共领域。万维网之父、2016 年图灵奖获奖人、麻省理工学院教授 Tim Berners-Lee 就在 2019 年的一次公开演讲中表达了对这样一种认识和实践的担忧。他看到互联网上充斥着很多低俗的垃圾信息,而人们也不能完全控制进入自己视野的信息,他认为这与互联网最初创立的目的相去甚远。他说,虽然我们自然向往高质量的内容,但是在信息的洪水猛兽面前,我们并没有多少选择。[①]

实际上,作为一个公共空间,网络世界有的不仅仅是自由、开放的公开性,更有合作、共享的公共性。在这个问题上,汉娜·阿伦特的观点特别有参考意义。她区分了公共领域的公开性和公共性,认为前者意味着这个空间或领域所发生的现象都是"有他人在场",出现在这个场合的一切事物都能为每个人所看见和听到;后者意味着"公共领域"处于共同拥有这个世界的人们之间,它不为每一个人独有却为每一个人所有,这个世界就像"在一

---

① 《万维网之父:30 年以来,世界如何失去最初的互联网精神?》,https://new.qq.com/omn/20190120/20190120A0HDVI.html。

之间"(in-between)的东西一样,让人们既相互联系又彼此分开①。也就是说,公开性是公共领域的前提,而公共性才是公共领域的实质;前者指明网络空间的实然状态,后者则直指网络空间的应然状态。在开放的网络空间选择做什么既是个人的事,又不单单是个人的事。在这里人们之间彼此联系,我们的选择和决定会影响他人,这一影响可能在程度和方式上跟在现实世界中稍有不同,但它并不是虚拟的,而就是现实世界的一部分。网民若没有足够的公共意识,很难认识到这个问题。

当然,国民公共意识的不足是由来已久的问题,只不过在网络世界里这一现象被放大显示了,同时,也正是因为这一点,网络世界才会出现诸多乱象。在参加"227 大团结"的网民和饭圈女孩那里,他们都看到了网络空间具备公开性的性质,但对于这个空间的公共性却视而不见,这跟多年以来我们缺乏公共意识的教育有着密切关系。

(二) 娱乐至死的社会心态进一步膨胀

改革开放四十多年以来,绝大部分国民虽已不再有吃不饱饭的问题,我国的文化产业也处于较快的发展之中,但我们能数得出来的文化精品却越来越少。眼下的文化产业更像是娱乐产业的代名词,套用日韩造星工业模式打造出来的明星就是娱乐产业的主打产品,而"粉丝"就是消费者。这导致目前的娱乐产业打造出了很多明星,却再难以创作出像 1987 年版《红楼梦》那样的精品。

对明星的追逐本来并不是问题,但问题在于"粉丝"们喜爱、追逐的对象并非真实的人,而是造星工业精心打造的附着在这些明星身上的理想光圈。造星工业在资本的推动下席卷文化产业,打开各种视频 App 我们发现,除了剧情夸张的甜宠爱情剧,就是同样剧情夸张的抗日神剧,竟然很少有能够反映普通人普通生活的现实题材剧,流量明星充斥屏幕,以至于像海清这样

---

① [美]汉娜·阿伦特著,王寅丽译:《人的境况》,上海人民出版社 2009 年版,第 32—39 页。

曾多次获奖、演技好、口碑好的女演员也不得不公开呼吁给处于跟自己同样境地的女演员们有演戏的机会。

文化产业的发展推动了造星工业的发展，资本对利润的追逐使明星成为产品，文化产业成了娱乐产业，强有力地推动了整个社会层面上娱乐至死的社会心态的进一步膨胀。流量明星、饭圈文化等都是这种心态的产物，而"万物皆可娱"的心态还超越出娱乐产业，影响到主流官媒，使官媒也开始追求并有意塑造"萌化"形象。2020年2月共青团中央发布虚拟偶像"红旗漫""江山娇"①，并号召人们"快来给团属爱豆打call"即是典型事例之一。虽然此事最终惨淡收场，但这已足以表明娱乐至死的风潮已经开始朝一向严肃的政治领域扩散，值得我们警惕与深思。

(三) 网络社会管理思路和方式的相对滞后

政府对网络社会的治理思路和方式基本上还是如对待现实社会一样，以堵为主，辅之以所谓的教育和引导。看起来似乎是两头并进，但实际上教育和引导在没有参与网络公共生活的情况下不会发生任何作用，因为大红标语能挂在微博里，却未必能挂进网民心里。而且，虽然网络社会治理靠"堵"实施起来比现实社会容易，且似乎成本不高，但作为一个无限大的公共空间，网络社会的发展早已超出了日常社会治理的边界，其规模和发展速度均超出了人们的想象。在这样一个空间里，信息传播的方式是全面扩散，突破了传统科层制为主的社会里由上而下或由下而上的线性传播方式，"堵"的难度不仅会与日俱增，而且还极有可能引发网民的普遍逆反情绪，造成网络舆论全面引爆。

此外，直接嫁接于传统科层制体系的旧有的网络社会管理思路和方式使绝大部分政府机构管理者都无法真正参与网络公共生活。以微博为例，虽然不少政府部门早已采用了微博等新媒体作为新的沟通渠道，但对于管

---

① 本次事件详情请参见网址：http://talk.xuetz.com/xuetz-info-57346.html。

理者来说,这个渠道只是起到公布信息的作用,就与他们使用广播站、电视台、公告栏有相同的效果。但微博等网络新媒体具有与其他媒体不同的即时性、交互性强的特征。熟谙网络技术的公民期望政府部门利用这些特征与公民交互,但他们常常会感到失望,因为只发布信息,不参与网络公共生活的做法似乎才是最明智的。在这样的管理思路下,政府机构管理者错过了很多引导民众对公共问题进行讨论的机会,错过了推动人们进一步深入思考、从而形成良好的公共意识的机会。

(四)传统江湖文化的负面影响

江湖文化的起源最早可以上溯至先秦时代的墨者游士[①],他们行走列国,提倡"兼爱非攻",活跃于民间社会。社会动荡时期的春秋、战国有不少身怀绝技的侠客,司马迁在《史记》中还专门为他们写了《游侠列传》。其后的各个朝代无论正史、野史中都有侠客的形象出现,直至近现代江湖小说的盛行,更是使江湖文化由隐至显,成为中华传统文化中不可缺少的一个部分。

江湖与庙堂相对,隐于民间,能够容纳庙堂不允许的越轨行为。司马迁说游侠的行为"不轨于正义"[②]即是此意。但江湖的规矩和法度是侠客自己认为的"义",只要在这个"义"的范围内行事,获得众人的交口称赞,便在道德层面有了足够的合理性。而占据了道德高地之后,个体便可置法律不顾,行侠仗义,劫富济贫。

江湖文化多年来一直对国人产生较大影响,这种影响也带入了网络世界。在现实生活中,大概没有比网络世界更像江湖的地方了,因为这里人人平等,谁也不认识谁,只要接入网络,似乎便可以在这网络江湖中以言语为刀兵、恣意行为、快意恩仇,每个人都可能成为网络江湖中的大侠。但是,人们所倚仗的"义"是自己内心的标准,如果受情绪牵制,就会缺少对事实的辨

[①] 见维基百科"江湖"词条,网址:https://zh.wikipedia.org/wiki/%E6%B1%9F%E6%B9%96。
[②] 司马迁:《史记·游侠列传》,中华书局 1982 年版,第 3181—3190 页。

认和理性的思考,难免不会成为偏狭之义。那些在"网络上大义凛然,现实中胆小怕事"[①]的"键盘侠"正是这样一些自以为有"义",却只知道借"义"发泄情绪的人。

五、对国民网络素养生成路径的思考

(一)培育国民对网络社会公共性价值的共同认知

培育国民对网络社会公共性价值的共同认知,首先需要教育的介入。目前我国中小学在关于网络素养的教育中缺乏公共性价值的教育,教育者把教育的目标更多地放在培养孩子们进入网络世界的操作技能上,因为随着网络技术和编程技术的进一步发展,技术操作层面的网络素养能够快速习得,也能更快地看到教育的效果。价值层面的教育一向不易,且难以用考试等方法测验出效果,中小学教育中对此有意无意地回避也可理解。但是,若不对"网络是什么""你在网上应该做什么"这类问题进行讨论和引导,我们会失去一个引导孩子们认识网络社会公共性价值的良机。

除了在教育框架中植入网络公共性价值的教育,我们还需要在全社会展开认识公共性的价值观教育。这样的教育恐怕并不能仅仅通过外在的灌输进行,倡导和宣传可能有一定作用,但讨论、互动参与等更为重要和有效。因为对价值的认知过程并非类似知识掌握的过程,而是对真理的辨识,需要个体自身的了悟。这个过程也绝非通过挂标语、提口号就能实现。因此,我们认为,有关部门相较于在现实世界中举办各种论坛、发布会或挂各种横幅、标语,更应该到网络世界去提出或参与一些关于网络社会公共性价值的议题。比如在"227 大团结"中,除了《检察日报》参与了讨论,我们几乎看不到其他来自官方的某个部门或媒体的声音。应该说,"227 大团结"这类关于网络社会公共性价值的事件,其实是官方通过表达意见、参与讨论与互动

---

① 见百度百科"键盘侠"词条,网址: https://baike.baidu.com/item/%E9%94%AE%E7%9B%98%E4%BE%A0/14189191。

来引导网络公众的极好机会。这样的机会着实不太多,放弃了实在可惜。

(二)培育个体公共文明伦理的内在尺度

在互联网发展的早期,人们把网络世界视为一个虚拟世界,认为它是与现实世界毫无关联的另一个世界。但是,随着网络技术的发展,人们在网络上生活、工作、娱乐、学习的时间越来越多,网络世界不再是一个虚拟的世界,甚至也不是与现实世界相平行的另一个世界,它就是现实世界的一部分。作为嵌套在现实世界中的一个公共空间,个体的自我必然要投射在网络世界中,即使在"二次元""三次元"的世界里,每一个ID后面都是现实生活中活生生的人,他们不可能不将自己的好恶带入,不可能不将自己内在的公共文明的伦理尺度带入。

所有的公共空间都面临着与网络空间同样的问题,只不过网络空间的行为与影响会放大,使其极化。因此,我们需要比现实的公共空间更多地强调个体在网络世界里作为行动者自主选择的权力。这种自主选择的权力是由行动者的内在伦理尺度决定的,这一内在尺度由"是非之心,智之端也"限定,是在任何一种公共生活里对每个人公共素养的基本要求[①],也应当成为网民参与网络公共生活时在伦理层面的主动遵奉。

培育个体公共文明伦理的内在尺度有很多方法,在现实生活中强调公共文明的个体责任即是其中之一。此外,我们还可以多寻找一些机会,如志愿服务、公共话题讨论等,让人们更多地参与到公共生活中来。个体公共文明伦理内在尺度若建立起来,会起到举一反三的效果和作用,使个体在网络社会中也会有自我限制的自觉性,明确哪些是应该做的,哪些是不应该做的。

(三)建立适应网络社会特点的治理思路

网络社会有着扁平化、去层级的特点,科层体制的管理思路明显不适

---

① 沙莲香在《公共文明:一个民族性创生的分野》一文中对"内在尺度"有详细论述,该文载于《应用心理研究》,台湾五南图书出版股份有限公司,2010年春(第45期)。

合,有关部门需要熟练掌握相关的网络技术,在认同互联网的"自由、开放、合作、共享"的精神基础上,找寻符合网络社会特点的治理方式。简而言之,就是要以"合作、共享"的目标引导网民"自由、开放"地参与网络生活,通过线下和线上的活动帮助网民建立对网络公共性价值的理解,自觉遵奉公共文明伦理价值。这不是只在互联网上就能够完成的工作,需要主管部门线上线下联动,联合相关部门共同下好塑造公民的公共文明内在伦理尺度这盘棋,同时,也需要政府的所有部门都积极转变思路,不要只关注政治性强的网络事件,不要将网络仅仅当成一个信息布告栏,而是要将其真正视为社会的有机构成部分,更多地与网民互动,在重要的网络事件中主动发声,用鲜明的态度、立场和观点引导舆论,从而积极参与到网络社会的公共生活中去。

公共性是网络空间不可不被认知和理解的特征。只要接入网络,在网络空间里的行动者打出的每一个字、发出的每一个表情包,都会对这个空间产生某种影响。也就是说,网络空间的行动者有他们需要担负的责任,这一责任与我们在现实空间里、在作为文明社会的一员时需要担负的责任在本质上是相同的。从这个角度看,我们不应该再将网络素养视为虚拟社会的素养,而应将其作为文明社会的一员必须要具备的公共文明素养。这种素养的生成,需要建立在孔子早就说过的一个清晰而简单标准之上,这个标准就是"己所不欲,勿施于人"。

第七章
国民心理素养案例评析
——以"巨婴"心理现象为例

◎(何芳　张攀毅　上海社会科学院)

心理素养是国民素养的重要组成部分,健康的心理和相对独立的人格是国民健康的基础。党中央在《中共中央关于制定国民经济和社会发展第十四个五年规划和二〇三五年远景目标的建议》中强调要重视精神卫生和心理健康,并提出2035年国民素质和社会文明程度达到新高度的远景目标。可见,国民心理素养的培育和提升已经成为国家发展战略,是建设健康中国的重要组成部分。当前,人类已经跨入"后现代社会",网络化、智能化、信息化成为新的时代特征,既深刻地改变了人们的心理和行为方式,也带来了新的社会问题。作为后发型现代化国家,我国社会正处于深度转型之中,由心理压力引发的各种矛盾与冲突日益凸显,国民心理素养成为社会普遍关注的议题。本章选取近年来在互联网上引起热议的若干"巨婴"案例,分析这一心理现象的类型和养成,反思当前我国国民心理素养存在的问题,提出应对的思路与建议。

一、国民心理素养与"巨婴"现象的内涵

心理素养,通常也称心理健康素养、心理卫生素养等,是反映人在心理健康发展方面的认知、信念和技能。早期的心理学研究者主要从防范心理

疾病的角度来理解心理健康素养的概念,认为心理健康素养包括:(1)预防心理疾病的知识;(2)识别心理疾病;(3)关于求助和可获得的治疗的知识;(4)与一般心理问题自助有关的策略与知识;(5)帮助心理疾病患者或处在心理危机中的人的技能。随着研究和认识的深入,近年来研究者逐渐开始关注到心理健康素养的积极功能,强调心理健康素养对于人的健康的促进作用。[1] 我国政府高度重视国民的心理健康素养。2019年,国务院发布了《关于实施健康中国行动的意见》,明确提出心理健康是健康的重要组成部分,并要求通过心理健康教育、咨询、治疗、危机干预等方式,引导国民科学缓解压力,力争实现到2030年国民心理健康素养水平普遍提升的目标。

"巨婴",本指体形巨大的婴儿,近年来成为网络流行语,用于指称心理仍滞留在婴儿阶段的成年人。《人民日报》给出了这样的解释:这类人以自我为中心,缺乏规则意识,没有道德约束,一旦出现超乎自己预期的情况,就会情绪失控,产生过激的非理性行为,给社会带来灾难性后果。[2] 2018年底,经过网民海选和专家投票,在《咬文嚼字》编辑部公布的年度十大流行语中,"巨婴"一词赫然在列,成为年度热词。这一年中发生的"高铁霸座""海归啃老""公交车坠江"等事件及其新闻报道,均不约而同地被网民归于"巨婴"现象的范畴,引起社会热议。

"巨婴"现象引起了社会和学界的高度重视,但毋庸讳言,有关的研究才刚刚起步,目前仅有少数论文关注大学生中存在的"巨婴"现象。有研究者认为,"巨婴"大学生的典型特征是"生理成熟"而"心理未成熟",生活缺乏自理能力、学习丧失动力、对未来没有规划、用父母辛苦工作赚来的钱挥霍青春。[3] 具体表现为:一是"去成人化",对原生家庭过分依赖,缺乏独立思考、独立生活、自我经营的能力;二是"全能自恋",难以区分个人与外界的界限,

---

[1] 《人民日报》载:《先睹为快!2018年十大流行语新鲜出炉》,https://baijiahao.baidu.com/s?id=1618812940459767408&wfr=spider&for=pc。
[2] 江光荣等:《心理健康素养:内涵、测量与新概念框架》,《心理科学》2020年第1期。
[3] 陈萍等:《大学生巨婴化现象及其成因分析》,《教育评论》2018年第4期。

不能理解他人的不同,凡事以自我为中心;三是"偏执分裂",对个人命运、前途与社会、国家的关系缺乏清楚的认识,要么过于自负,要么过于自私,缺乏对社会的责任感。[①]

从上述的定义来看,对"巨婴"的理解有狭义和广义之分。狭义上,只有那些由于心理上的不成熟造成非常严重的社会后果的人才可被称为"巨婴",例如造成重庆万州公交车坠江事件的女乘客就属此类。但在现实生活中,"巨婴"一词的应用已经逐渐泛化:只要有不成熟、不理性、自我中心、高度依赖他人等行为出现,往往都可被称为广义上的"巨婴"。从心理素养的角度而言,"巨婴"具有三个主要特征:(1)凡事过度依赖他人(尤其是父母),缺乏独立人格;(2)以自我为中心,缺乏共情能力;(3)自我主体认知责任缺失,缺乏规则意识和社会责任感。在本章中,我们从上述的三点作为"巨婴"的主要特征,评析近年来互联网上引发热议的三个"巨婴"案例,这些案例也反映出了当前我国国民心理素养存在的主要问题。

二、"巨婴"案例举隅与归类

2018年,新闻媒体接连报道了几起主人公为"巨婴"的事件,社会影响巨大,"巨婴"随后成为一个有着特定含义的互联网热词。本章选取较有代表性的、关注度较高的"海归啃老""高铁霸座""公交车坠江"3个案例展开分析。

(一)"48岁海归啃老"被母告

2018年,一则"48岁啃老海归宅家7年,82岁老母亲患尿毒症身心俱疲状告儿子"的新闻在网络引发热议。丁阿婆的大儿子48岁,获得加拿大滑铁卢大学工程硕士学位,但2012年回国后就一直待在家里不工作,晚上

[①] 陈明霞:《大学生"巨婴"现象的成因分析与教育思考》,《思想理论教育导刊》2019年第11期,(133—134, http://www.banyuetan.org/jrt/detail/20200415/1000200033134991586506720616605561_1.html)。

玩电脑,白天睡觉,整天浑浑噩噩。丁阿婆老伴离世,自己又罹患尿毒症,本该是颐养天年的年纪,不仅得不到应有的照料,还得极力照顾这个"啃老"儿子的生活,身心俱疲之下,她一纸诉状将大儿子告上法庭,要求儿子承担赡养义务,想以此来逼迫儿子外出工作,但最终因儿子没有可供执行的财产而无奈选择撤诉。

(二)"高铁霸座"事件

2018年8月21日上午,在从济南站开往北京南站的G334次列车上,一名男乘客孙某霸占一名女乘客的靠窗座位,不愿坐回自己的座位。当事女乘客叫来列车长后,孙某继续胡搅蛮缠,假称自己无法起身,需要乘务员帮助找轮椅,拒绝离开"霸占"的座位。列车长和乘警与其沟通无果后,只好将女乘客安排到商务车厢。经调查,该名男子是一名在韩国留学的在读博士生。事件曝光后引起网民的极大愤慨,孙某也被冠以"霸座哥"的称呼,被网民吐槽为"巨婴"。

(三)"公交车坠江"事故

2018年10月28日上午,重庆市某区一辆公交车与一辆小轿车相撞,公交车坠入江中,造成重大人员伤亡。据调查,事故发生原因为公交车乘客刘某和驾驶员冉某之间相互殴打,造成车辆失控,与对方正常行驶的小轿车撞击后坠入江中。当时,乘客刘某发现车辆已驶过自己的下车站,要求司机中途停车让她下去。但该处无公交车站,驾驶员冉某未停车。刘某就走到冉某身后指责、攻击冉某,在双方的激烈争执互殴中,车辆失控,最终坠入江中。

三、"巨婴"心理现象的主要类型与特征

从媒体报道和互联网讨论来看,我们可以将"巨婴"心理大致分为3种类型:一是习惯于依赖别人的"巨婴",二是自私自利的"巨婴",三是任性肆意的"巨婴",下面分别进行分析。

（一）习惯于依赖他人的"巨婴"

随着独生子女一代的逐渐长大成人，国人对这些缺乏独立性、过于依赖父母和家庭的年轻人的批评声就不绝于耳。从时间序列来看，用"小皇帝""衣来伸手、饭来张口"等词语描述的大致就是童年时期的"巨婴"。随着独生子女一代的长大成人，如果这种依赖他人（主要是父母）、缺乏独立思考和行为能力的情况没有随着自身的成年而改变，那么他们就自然成为生理成熟、心理幼稚的"巨婴"。

惯于依赖父母的"巨婴"之所以会引起社会热议且受到一致诟病，原因在于他们的身份与行为表现出强烈的反差。身心能力无法支持独立生活的人不会被视为"巨婴"，只有那些虽然具备独立生活能力却不思独立生活和进取的人才会被称为"巨婴"。换言之，"巨婴"是主动选择的结果。以案例一中的海归男子为例，他在学校学习期间是一个名副其实的"学霸"：本科毕业于同济大学，毕业短暂工作后赴加拿大求学深造，获得工程硕士学位。显然，有这样履历的人求职并非难事，但这名男子却不愿意找工作，而是待在家里靠母亲每月 3 500 元的退休金度日。事实上，在当代社会中这种对生活消极颓唐、浑噩度日的人并非特例，新闻媒体已经多次报道过相关案例：《八年海归成"啃老族"：低不成高不就为主因》（《沈阳日报》）、《海归啃老 10 年，"巨婴"让谁尴尬》（《中国青年报》）等报道中的主人公均属此类。

除了"巨婴"一词外，如今社会上流行的"妈宝男""啃老族"等热词也具有类似的含义。在 2019 年播出的"现象级"电视剧《都挺好》中，主人公之一苏明成就是一个典型的"妈宝啃老族"。苏明成的高考成绩未达到进大学的分数线，是母亲花钱赞助学校才让他进了二本大学；他要求妹妹帮自己洗脏衣服，遭到妹妹拒绝后就向母亲告状；大学毕业后他找不到工作，母亲求人帮助让他进了一家企业工作；结婚缺钱，母亲就卖房相助，结婚后母亲还继续补贴家用。母亲去世后，苏明成没有了母亲的庇护，他生活技能全无，一日三餐全靠外卖,遇事只会用暴力解决,最后婚姻破裂,又失去了工作。苏明成这个集"妈宝男"和"啃老族"特质于一身的角色形象,引起了广大电视观众的集体共鸣,许多女性网民纷纷发言表示深有同感。在部分女性心目中,"妈宝男"甚至是绝对不能接近的,更不是恋爱和结婚的理想对象。

(二) 自私自利的"巨婴"

"巨婴"的第二种类型是极端自私自利,心中只考虑自己的需求,缺乏为他人考虑的心理。人可以且应当追求个人利益,但同时还要履行对他人和对社会的道德义务和社会义务,这是生活在社会中的个体必须遵从的基本原则。而"巨婴"则是极端地自私自利,在思考问题和决定做什么时完全以自我为中心,毫不考虑别人的感受和利益。

人们之所以唾弃高铁霸座者,是因为他们的行为侵犯了别人的权益,且破坏了公共秩序。他明知对号入座的规则,却为了坐在靠窗的座位而故意胡搅蛮缠,完全无视他人的合法权益和公共秩序。近几年来"高铁霸座"的现象屡见不鲜,有持有无座位车票乘客霸占有座车票乘客座位的,有买了一等座却霸占商务座的,以至于有网友将各种霸座者戏谑为"霸座一家人"。除霸座外,还有在车厢、机舱等公共密闭空间脱鞋的,有在地铁、电梯里外放手机声音的,诸如此类行为的不断出现,挑战着社会规则和公序良俗的限度。

个体与他人、个体与社会存在千丝万缕的联系,个人的行为和决定会对他人和社会产生影响是基本常识。若个人罔顾他人利益和社会利益的行为,必然会对他人和社会造成不同程度的损害,尤其是当社会发生重大灾难和危机时,如果个人只考虑自身的利益,就可能会给他人和社会造成极大的负面影响。2020年半月谈网刊载的《巨婴症,在疫情中现形》一文对新冠肺炎疫情中部分人的"巨婴"行为进行了犀利的批判:在长时间、大面积停产停工情况下,大批社区工作人员和志愿者夜以继日奔忙在抗疫一线,但有人却无视他们的付出,任意践踏他们的劳动成果。例如,有人态度蛮横、不愿配合,甚至辱骂志愿者,有人对帮忙代购物资的志愿者提出无理要求,购买物品达30项之多,有人隐瞒自己被感染身份,有人冲击防疫关卡,等等。① 某地隔离酒店还发生被隔离者宣称自己只喝矿泉水,否则活不下去的事件。② 这些在疫情中现形的"巨婴"们的种种行径皆以自我为中心,一味索取,丝毫不体谅他人的感受、不尊重他人的付出。

(三)任性肆意的"巨婴"

"巨婴"心理的第三种表现是任性肆意,罔顾社会规则,浪费或破坏公共资源,毫无社会责任感。表象上看来,"巨婴"的任性肆意而为是由于他们一时冲动、无法控制自己的情绪,似乎只是偶发的行为。然而事实上,任性冲动并不一定只是个体的偶然举动。从本质上来说,任性冲动往往是一个人长期的习惯养成,是其缺乏自我主体责任感的表现。

与前两种类型"巨婴"相比,任性肆意的"巨婴"往往更容易给社会带来严重的危害。以案例三"公交坠江"事故中的女乘客为例,她无视乘客只能在公交车到站时上下车的规则,无理要求司机随意停车,还任性辱骂、殴打司机,最终造成了严重的后果。类似任性行为对公共安全造成危害的情况并非特例,近年来见诸报端的并不少见。2018年,澎湃新闻报道过一起"高铁扒门"事件:在高铁列车关闭车门发车时,一名女子因自己的丈夫还未上车,就用身体强行阻挡车门关闭,造成该列车晚点发车。③ 2020年,澎湃新闻又报道了类似事件:一名男子在检票上车后又下车到站台上透气,没料到这时列车车门正在缓缓关闭,他发现后便用双手紧扒车门,试图阻挡车门关闭。列车开动后,该男子竟然不顾站台客运员的劝阻,扒着缓缓开出的列车边跑边拍打车门。这一疯狂又危险的举动让客运员误以为他的手被车门

---

① 陈涵轲、刘巍巍:《巨婴症,在疫情中现形》,http://www.banyuetan.org/jrt/detail/20200415/ 1000200033134991586506720616605561_1.html, https://www.thepaper.cn/newsDetail_forward_6546363。
② 《被隔离女子坚持只喝矿泉水》,澎湃网(https://www.thepaper.cn/newsDetail_forward_6546363)。
③ 澎湃网:《合肥"高铁扒门"女子为一小学教师》,澎湃网(http://m.thepaper.cn/kuaibao_detail.jsp?contid=1942729)。

夹住，因此紧急叫停列车，导致列车晚点。① 一般乘客在错过上车或下车机会时，容易产生烦躁情绪，但上述几名乘客在由于自己的原因错过上下车时就失去了判断力和自控力，采用极其危险的方式试图阻止列车按时发车，迫使公共利益为个人利益让步，表现出他们不仅毫无基本的守法意识，更缺乏对自我的主体责任意识和社会责任感。

还有一部分任性肆意的"巨婴"，其行为虽然没有危害社会和公共安全，却严重浪费了公共资源。例如，在一些国家或地区出现动荡或重大自然灾害等危急状况后，我国外交部发出安全提醒，劝阻中国公民不要前往那些存在高风险的国家或地区，避免产生危险。然而，一些"巨婴"公民对此却置若罔闻，任性前往这些危险的地方，一旦出了事就哭着喊着要"祖国妈妈"来解救。② 与此相似的还有近年来媒体披露的一些任性的"驴友"，无视安全风险及自己的身心条件和技能，不听劝阻，盲目轻率地前往禁止进入的区域探险，一旦发生了危及自身生命的情况就向地方政府求救，不仅给自己和救援者造成了生命安全的危险，也耗费了大量社会资源。

四、"巨婴"心理形成原因之探索

上述"巨婴"案例之所以会受到社会大众的一致批评，一方面是因为事件主角的行为过于极端，另一方面也是因为他们的所作所为反映出了当前社会的一种普遍心理现象，虽然有些事件并不像前三个典型案例那样有吸引眼球的报道价值，但它却渗透在日常生活的点滴之中，因此能引发人们的普遍共鸣。事实上，"巨婴"心理不只是个别人的心理特征，它在某种程度上是一种相当常见的心理现象。其形成与过于放纵或宠爱、包办代替的家庭

---

① 《高铁已发动，男子紧扒车门喊停》，澎湃网（https://www.thepaper.cn/newsDetail_forward_10071104）。
② 《人民日报》：《国家不免费救"巨婴"公民是一剂清醒剂》，https://baijiahao.baidu.com/s?id=1596157983590941408&wfr=spider&for=pc。

养育环境、竞争性的学校教育和社会氛围，以及欠缺规则和法治意识的社会文化密切关联。

（一）包办代替的家庭养育环境

"巨婴"心理的形成与包办代替式的家庭养育环境密切相关。一些家长缺乏正确的家庭教育理念和方法，对孩子一味褒扬和过于溺爱，凡事包办代替，这就催生了孩子自我为中心和凡事依赖的心理。在案例一中，尽管这个"啃老"的男子有长达7年时间不工作，但他的母亲仍然继续供他吃喝玩乐，直到自己身患绝症忍无可忍，才想到要摆脱这种困境。在这样的家庭养育方式下，"巨婴"的出现是很自然的。日本电影《千与千寻》形象地塑造了这样一个由于家庭过于溺爱而丧失社会能力的"巨婴"：他身形巨大但是所作所为却如婴儿，一出场就躺在床上，唯一会做的就是哭。只要一哭，母亲就会不遗余力地满足他所有的欲望。这一"巨婴"形象可以说是现实中很多被宠坏的孩子的真实写照。

在包办代替的养育环境下长大的孩子往往不会为他人考虑，难以承受挫折，也缺乏独立自主的意识和能力。每年高校开学季，总有新生家长送孩子到学校，从报名到铺床都一一打点，而孩子则在一旁袖手旁观。到了适婚年龄，不少父母拿着孩子的简历代替孩子前去相亲，为孩子物色满意的对象。一档名为《中国式相亲》的热播电视节目将这种包办代替式的家庭养育表现得惟妙惟肖、淋漓尽致：结婚对象的选择要由父母甚至亲戚把关，不少男性嘉宾的择偶条件就是对方能照顾自己，等等。不少年轻人结婚生子后与父母同住，心安理得地接受父母的安排和照料，继续逃避承担养育子女的家庭责任，由此就产生了"妈宝男""啃老族""双面胶"等现象。事实上，人们在日常生活中常遇到的婆媳矛盾问题、孩子教育理念冲突问题等，在很大程度上都与不健康的家庭代际关系有关，而"巨婴"心理现象正是包办代替式的家庭养育环境的产物。

（二）竞争性的教育和社会氛围

我们身处一个竞争激烈的社会氛围之中，个体的就学、工作乃至买房和买车,无不面临着激烈的竞争。"不要让孩子输在起跑线上"这句流传甚广的口号在国民的思想里已经普及,无形中营造了竞争性的教育氛围。为了应对小升初、中考、高考的升学,基础教育阶段的竞争已经趋于白热化。不但地区之间、学校之间存在教育竞争,同一年级同一科目的任课教师之间、同一年级同一班级的学生之间也都存在竞争。这种竞争甚至延伸到了幼儿阶段,各种名目的早教班、兴趣班办得风生水起,家长们不惜成本地让孩子报班、考级、为孩子购买名校学区房。在狭隘的竞争教育氛围下,学生的单向度发展趋势愈发明显。已有学者指出,现代学校的"竞争性个人主义"使得学校生活内部的公民交往关系愈来愈走向孤独和分裂,最终造就出的是"孤独的公民",而非"合作的公民"。"孤独的公民"对"他者"持冷漠与不信任的态度,难以真正体验到公民合作、公民团结、公民互助的价值与意义;他们生活在相对封闭的自我空间中,缺乏真正意义上的公共理性和公共品格。①

我国作为后发型现代化国家,"引入竞争机制"成了进行改革和加快经济发展速度的重要手段之一。竞争机制确实有利于制度改革和创新,不能全盘否定。但过度强调竞争和效率、把竞争机制应用到全社会各个领域,就会导致人们将其他人都视为竞争对手,缺乏命运共同体的连带意识,人与人之间的交往缺乏换位思考和协作共生的能力。一些人抱持"抢、争、超"的心态,唯恐自己慢人一步,于是就有了本章所举案例中的争靠窗的高铁座位、为上下车逼停高铁和公交车等行为。这种为了达到自己的目的不择手段、不计后果的行为,既无视社会公序良俗,又侵害他人权益,归根结底是在过度竞争的社会氛围下养成的"巨婴"心理作祟所致。

(三)欠缺规则意识和法治意识的社会文化

传统中国社会的特点之一是乡土熟人社会,主要通过道德规范来调整

---

① 叶飞:《竞争性个人主义与"孤独的"公民——论公民教育如何应对公共品格的沦落》,《高等教育研究》2013年第2期。

个体行为,而人们的法律意识、规则意识相对较为薄弱。随着近代以来政治、经济、文化、社会各方面的发展与变化,以乡土熟人为连接关系社会日渐解体,法律制度在社会规范中的重要性大幅提升。尤其是改革开放以后,我国逐渐从"法制"迈向"法治",法治化进程大大加快。但不可否认的是,国民的法律意识和法治意识还滞后于国家和社会的现代化发展进程。例如,一些人可以通过哭闹、耍赖等手段来逼退法律制度,进而导致违法行为泛化,本章所举案例中的高铁霸座、扒列车门、辱打公交车司机等行为就是典型表现。

法治文化建设的不完善在一定程度上助长了漠视法律和规则的"巨婴"心理。有学者认为,中国法律在显性层面表现为规范人们行为的具体法律条文和制度,隐性层面则表现为指导人们行为的思想与观念的思维,而这两者目前处于背离状态,导致法律实践遭遇现实困难。① 在某些领域,人们在维护自身权益时的首选不是法律手段,而是采取"闹"的方式,如"医闹""房闹"等就是如此。不少人习惯性地相信"大闹大解决、小闹小解决",一旦这样的手段得逞,就等于默认了其有效性和合法性,这无疑助长了"巨婴"心理,进而破坏了社会的公平正义。

五、培养和提升国民心理素养的思考

综上所述,"巨婴"一词的流行并非在于其内容和特征的夸张和荒诞,而在于它真实反映了当前社会中一种较为普遍的心理现象。这种广受批判的心理现象植根于现实生活的土壤之中,与家庭养育、学校教育、社会文化都息息相关。"巨婴"心理现象不仅不利于个体的人格发展,也与我国建设健康社会、法治社会的目标相左,所以必须加以遏制与改变。

(一)以德育和劳动教育为重点,打造新时代家庭养育文化

近年来,党中央高度重视家庭、家教、家风的重要社会功能,将家庭建设

---

① 张璐:《法治文化与法律文化的内生与传承》,《人民论坛》2019年第31期。

和家庭发展上升到国家战略,要求家庭发挥好教育孩子的"人生的第一个课堂"的重要作用,促进新时代家庭养育文化的形成。其中,道德教育和劳动教育是家庭教育的重点。2019年,全国妇联、教育部等部门联合颁布了关于印发《全国家庭教育指导大纲(修订)》的通知,明确提出"家庭教育重在教孩子如何做人",并在每个年龄段都增加了家庭道德教育的指导内容,强调道德教育的首要地位。2020年,中共中央、国务院又印发了《关于全面加强新时代大中小学劳动教育的意见》,提出要调动家庭、学校和整个社会尤其是社区的积极性,共同推动劳动教育的深入开展,尤其强调家庭要发挥在劳动教育中的基础作用。党中央对家庭中开展道德教育和劳动教育的高度强调,是对过去一段时间以来出现的不良家庭养育产生问题的有力回应。全社会应该共同发力,促进每个家庭树立正确的家教家风,促进家庭成员尤其是儿童的身心健康养成,打造新时代的家庭养育文化,让家庭成为国家发展、民族进步、社会和谐的重要基点。

(二) 倡导合作共进的教育理念,树立命运共同体价值观

在全球经济一体化和社会分工日益明晰的境况下,合作共进已经成为未来社会必需的核心素养和关键能力。2020年突如其来的新冠肺炎疫情,更让人们认识到人类就是一个命运共同体。联合国教科文组织在20世纪末发布的研究报告《教育——财富蕴藏其中》指出,21世纪教育的四大支柱之一就是要培养学生学会共处,学会与他人一起生活的能力。该报告呼吁,无论是在正规教育还是非正规教育中,都应该留出足够的时间让年轻人有机会开展合作,以便他们摆脱日常习惯,减弱甚至消弭相互间的分歧和冲突。① 这一理念值得我国教育界学习借鉴并推广。首先,在各层次学校教育的日常教学中,应鼓励教师开展合作学习的教学组织方式,帮助学生养成独立自主、分工协作的良好学习心理品质。第二,立足于个体的独特性和多样

---

① 联合国教科文组织:《教育——财富蕴藏其中》,教育科学出版社2014年版,第55—57页。

性,深入推进教育评价多元化发展,从考试、招生、评价管理机制等方面进行整体调整和优化,减轻学生的竞争压力。第三,在学校教育之外,还要注意引导家长正确认识和理解教育与人的终身发展之间的关系,着眼于人的可持续发展。

(三) 推进青少年法治教育,营造知法守法的社会氛围

党的十八大以来,全面依法治国、建设法治社会成为全社会共同努力发展的方向。《中共中央关于全面推进依法治国若干重大问题的决定》提出把法治教育纳入国民教育体系,从青少年抓起,在中小学设立法治知识课程。这一切都表明,加强对青少年的法治教育是落实依法治国的重要基础,具有关键性意义。2016年,教育部、司法部发布了《青少年法治教育大纲》,明确指出青少年法治教育要侧重法治意识、遵法守法行为习惯的养成教育,为青少年法治教育的具体开展提供了重要的操作指引。过去学校教育中也经常开展法治宣传和法治教育活动,但往往停留在法律知识的传播和普及上,缺乏对学生法治意识的培养,这容易造成知行不一的情况。未来的青少年法治教育应注重针对性和实效性,探索有效的方式,教育目标从知识讲授转变为法治观念的教育和法治行为习惯的养成,并且青少年法治教育与道德教育应该结合开展,相辅相成。只有打下了良好的道德基础,才能让法律意识和法治观念植根于青少年心中,进而转化为遵纪守法的行动,最终营造出知法守法的社会氛围。

下编
定量分析

第八章
导论：新时代青年素养调查报告
——"我们"的素养和"我们"所看重的

◎（徐浙宁　上海社会科学院）

十九大报告提出了中国发展新的历史方位——中国特色社会主义进入了新时代。青年素养从来都关乎国家和民族的命运，"青年兴则国家兴，青年强则国家强""青年一代有理想、有本领、有担当，国家就有前途，民族就有希望"，[①]2019年，正值"五四"百年，青年研究更凸显其独特性和重要性，上海社会科学院中国马克思主义研究所、国民精神与素质研究中心和上海零点咨询联合发起"新时代青年素养调查"。本次调查以18—35岁的青年为主体，围绕青年一代的人文、伦理、审美、心理、网络和反思等六个方面的素养，在上海、北京、深圳、武汉、西安、成都和沈阳等七个城市进行线上问卷调查。这既是一项青年素养的实证研究，更是一次对青年内部声音的探寻，希望借助数据展现当下青年的整体素养状况，呈现新时代青年群体的行为偏好和价值取向，为新时代推进青年成长、成才工作提供借鉴与参考。

一、问题的提出

青年研究作为极为重要但又相对独立的研究领域，从一开始就处于社

---

① 参见：习近平代表第十八届中央委员会向大会所作题为《决胜全面建成小康社会　夺取新时代中国特色社会主义伟大胜利》2017年10月18日的报告。

会学、心理学、教育学、政治学、经济学或人口学等多学科、跨学科的研究体系中。其中,社会学领域的青年研究占据相对主导的位置,社会学取向的青年研究往往引领青年研究的主流走向。① 随着高速的经济增长和急剧的社会变迁,近年来研究"80后""90后"甚至"00后"青年群体的行为特征和态度倾向成为学界热点,青年群体的生存状况和思想动态已成为影响社会稳定的一个关键因素。②

就青年素养研究而言,国外文献主要分为两个板块,一是以"literacy"为关键词,围绕青年适应时代特征应具备的能力为主线的研究。主要的研究内容体现出从单一读写能力向全方位适应时代能力的转变。素养概念的提出是伴随着公立学校的整顿而问世的,代表教育水平的程度。在此基础上,学者们关于素养的研究呈现出时代特征:起初的研究主要集中于素养与学科教育。③ 而后 Paolo Freire 在 *Literacy: Reading the word and the world* 中将素养视为"觉悟启蒙"的过程,它包括了"阅读世界",不仅仅是能读"文字"。随着科技的进步,信息交流介质的爆发导致学者们开始把媒介素养认为是人们生活在信息化时代最重要的素养之一。现在互联网高速发展,网络社会相关理论下网络素养又成为研究的热点。④ 二是以"quality"和"accomplishment"为关键词,围绕职业素养展开的研究,初期主要以与教育相关的教师职业素养为主,⑤然后逐渐发展到各行各业的职业素养研究。

国内文献中的青年素养大都可见于以下三个方面。

第一,教育领域中的青(少)年素养研究。首先是集中于中小学阶段的

---

① 李春玲:《社会变迁与中国青年问题——中国青年社会学的关注点及研究取向》,《青年探索》2018年第2期;李春玲:《当下青年群体思想动态的喜与忧》,《人民论坛》2016年第8期。
② 徐浙宁:《"90后"青少年人性观实证研究》,《青年研究》2015年第1期;吴鲁平:《青年兴则国家兴 青年强则国家强》,《青年研究》2017年第6期。
③ Robert F. Barnes, 1965, "Materials, Methods, and Programs for Literacy Education", *Review of Educational Research*.
④ Lee Rainie and Barry Wellman, 2013, *Networked: The New Social Operating System*, London, England: The MIT Press.
⑤ Hebbard F W, 1977, "Quality is still the backbone of good education", *Journal of the American Optometric Association*.

"核心素养"和"学科素养"的探讨与论述,包括概念辨析、课程研发、评价体系、培育与提升和比较研究,等等①。其次,部分关于大学生群体的学科素养②、思想政治素养或马克思主义理论素养③、法律素养④等研究。

第二,职业领域中的青年素养研究。诸如探讨高校青年教师、青年编辑、青年医务人员、青年职工或青年干部等群体的职业素养或专业素养⑤。

第三,社会生活领域的青年素养研究,即青年社会生活中更广义的素养研究。该领域目前以研究青年群体某一维度的素养为主,比如媒介素养、网络素养、人文素养、健康素养、马克思主义素养、传统文化素养等方面的研究⑥。

总体而言,目前关于青年素养的研究文献数量可观,但较为散乱,对青年素养的理论思考和维度分析相对缺乏,也难以见到对青年群体整体素养

---

① 杨向东:《关于核心素养若干概念和命题的辨析》,《华东师范大学学报(教育科学版)》2020年第10期;杨向东:《基于核心素养的基础教育课程标准研制》,《全球教育展望》2017年第10期;王长江、尹达、安秋:《追本溯源:学科核心素养教学的四个基本问题》,《教育理论与实践》2020年第29期;刘福才、王发明:《新时代核心素养高质量落地的困境与突破——基于学习机会的视角》,《国家教育行政学院学报》2020年第10期;罗莹:《基于核心素养的物理学科关键能力测评研究》,《中国考试》2020年第10期;樊晓云:《多角度发展高中学生生物学学科核心素养》,《西南师范大学学报(自然科学版)》2020年第9期。
② 韩彬玲:《对提高大学生数学素养的几点思考》,《智库时代》2019年第42期。
③ 孟献丽、张国庆:《青年大学生马克思主义理论素养提升策略探究》,《文化软实力》2019年第3期。
④ 滕召青:《全面提升青年大学生法律素养的思考》,《法制博览》2019年第20期。
⑤ 沈彦君:《高校青年教师职业素养的提升》,《西部素质教育》2019年第8期;于霞、于倩:《政治强:高校思想政治理论课青年教师必备的第一素养》,《思想理论教育导刊》2020年第1期;李睿旻:《在强军新形势下军队期刊青年编辑的职业素养提升》,《编辑学报》2019年第S2期;陈咏竹、李蓓、兰杜亮:《谈科技期刊青年编辑学术素养的自我修炼》,《编辑学报》2018年第3期;毕岩、岳冬辉:《中医药院校青年教师素养提升的若干要素》,《时珍国医国药》2018年第6期;张华:《制造业青年职工科技素养现状与提升策略研究——基于对山东省3 000名青工的调查》,《中国青年研究》2013年第9期;王文生、赖音、吴小晋:《论青年干部艺术素养的培养》,《青年探索》2015年第2期。
⑥ 李宏宇、杨明、钱文霞:《青年朋友圈叙事折射的媒介素养和价值取向——基于新冠肺炎疫情防控事件的观察》,《青年记者》2020年第11期;宋来:《当代青年网络文明素养的现状审视与提升路径》,《思想理论教育》2019年第2期;张驰、王燕:《新时代青年提升马克思主义理论素养的三个着力点》,《学校党建与思想教育》2019年第8期;王淑梅:《网络文化对当代青年人文素养的渗透与影响》,《兰州学刊》2012年第8期;赵金红、晏苗苗、戚海琴:《河北省外来务工青年健康素养水平调查与分析》,《中国健康教育》2018年第9期;朱琳:《青年传统文化素养怎样提升》,《人民论坛》2017年第27期。

状况或综合素养的调查研究。或者说,青年素养作为一个整体性概念并未真正引起关注,其多元性和复杂性仍有待进行深入的理论分析和广泛的现状调查,因此,有必要从宏观的视角进行整合,以青年素养的整体性来重新审视青年。① 本次实证研究尝试通过人文、伦理、审美、心理、网络和反思等六个维度的素养调查借助青年群体的行为表征与价值取向来考察我国当代青年群体的整体素养状况,以及青年群体内部的素养差异性和多样性。

二、概念、数据与方法

(一)青年素养的界定及操作化

结合已有研究成果对于素养的定义,本研究认为青年素养是一个包含多个维度的整体性概念,包括青年群体行为表征、价值观念、思维方式、反思能力等方面行为和态度,通过综合考察,旨在理解青年群体行为偏好和价值倾向的整体状况。本研究对于青年素养的实证分析主要从人文素养、伦理素养、审美素养、心理素养、网络素养和反思素养六个维度展开,分别讨论其现状表现和青年受访者对于当代青年素养的总体评价。各维度的操作性定义如下。

人文素养(Humanistic Literacy)包括内在的人文精神和外在的人文修养。所谓人文精神即"以人为对象、以人为中心的精神",其核心内容是对人类生存意义和价值的关怀,是一种为人处世的基本的"德性""价值观"和"人生哲学";它追求人生和社会的美好境界,推崇人的感性和情感,看重人的想象性和生活的多样化。所谓人文修养,则是日常生活中的行为举止,是人文精神的外化与呈现。具体而言,本研究以当下青年对人的本质、对人性、对自我、对生命意义和宗教信仰等基本问题的态度和想法来考量青年一代的人文精神;以日常阅读和亲社会行为来考察当下青年人文素养的行为指向,

---

① 王宁:《"准成人期":青年研究的新范式》,《青年探索》2018年第1期。

其中亲社会性行为以对弱者的同情心、对他人异见的包容度、情绪的自制力、对公共规范的遵循度,以及助人的利他行为等五项综合评估。

伦理素养(Ethics Literacy),指青年在社会生活中所呈现的善恶、责任或义务、道德原则、道德评价和道德行为等综合素养。本研究通过社会价值、伦理次序和社会正义标准等三个方面进行考察。

审美素养(Aesthetic Literacy),可以定义为是人们在对美的感受和体会所表现出的修养和素养。本研究关注以下几个问题:对于美的衡量标准与特征、对于美的态度、美的具体标准及影响因素等。

心理素养(Mental Health Literacy),主要指的是公众对心理健康的认知及态度,包括以下四个方面:其一,对心理健康重要性的认识和态度;其二,对心理健康知识的了解和态度;其三,知道如何获取心理健康知识;其四,知道如何获取心理健康方面的专业帮助。本定义将心理健康而非心理疾病作为公众认知和态度指向的对象,同时也不涉及受访青年的心理健康水平,因为受访青年本身的心理健康水平高并不等于他/她的心理素养好。

网络素养(Network Literacy),将网络社会的"准入资格"与其需要的个体的"内在本质"相结合,以此评估当代青年的网络素养。在本研究中,我们将准入资格操作化为对与网络技能有关的技能的调查,这些技能包括能利用网络进行搜索信息、在线学习、娱乐、购买或消费等操作,通过简单的问题就能了解到。对内在本质的调查从形式分为认知、态度和行为三类,内容上主要侧重对青年在网络社会的公共文明素养的调查,包括公共秩序、公共交往与公共参与三个方面的考察。

反思素养(Reflexivity Literacy),被定义为"深刻而自觉的内省能力和倾向",包括对自我、社会、文化、历史、观念、习俗等富有理性的思考与批判,融合了复杂性整合思维、多元性关联思维和系统性创新思维的高级认知活动。本研究中,以"深思性""批判性"和"独创性"等三个维度作为青年反思素养的操作化与测量。其中,深思性重在考察反思的深度与复杂性,是对问题表象下事实的深刻分析与思考,是对现象背后本质的探究与对事物发生发展的逻辑辨析。批判性重在考察反思的广度与多元性,是一种元思维(meta-thinking),或称为高阶思维(higher-order thinking),它不是一般的对对象的思维,而是对自己的或他人的思维而进行的思维。[①] "批判性"体现了思维的发散性与循证性,是追求真理、不畏权威、敢于质疑的思维素养,是创造的前提。[②] 独创性重在考察反思的独立性与创新性,是反思后生成性与突破性的反映,是思维整合性、发散性和系统性的结果与超越,是批判之后的"立"与"成"。

(二) 数据收集与样本特征

本次调查由上海社会科学院国民精神与素质研究中心"课题组主持,研究中的青年是指 18—35 岁年龄段的人口,以"95 后""00 后"为主体,由上海零点市场调查有限公司采用线上"答对"平台于 2019 年 11 月至 12 月完成。根据城市发展水平、地域分布位置以及调查资源,分别在华北、华东、华南、华西、华中、西北和东北等地区抽样,最后获得北京、上海、深圳、成都、武汉、西安和沈阳七座城市共计 2 100 名青年参与调查,每座城市 300 人,以在读学生和职业青年为主。具体样本情况见表 8-1。

表 8-1 本研究样本基本人口学变量的描述统计

变量		人数	百分比(%)
性别	男性	964	45.9
	女性	1 136	54.1
年龄段	18—24 岁	875	41.7
	25—29 岁	615	29.3
	30—35 岁	610	29.0

---

① 蔡曙山、殷岳:《论批判性思维的临界性》,《湖北大学学报(哲学社会科学版)》2016 年第 4 期。
② 何云峰:《论批判性思维》,《社会科学辑刊》2000 年第 6 期。

续 表

变　　量		人　数	百分比(%)
职业状况	在读学生	700	33.3
	在职	1 086	51.7
	自由职业者	229	10.9
	家庭主妇/主夫	43	2.1
	下岗/失业/待业/无业	42	2.0
在读学生的学历	大一或大二	234	33.4
	大三	196	28.0
	大四	143	20.4
	硕士研究生	100	14.3
	博士研究生	27	3.9
职业青年的学历	初中及以下	7	0.5
	高中或同等学历	154	11.0
	大专或同等学历	397	28.4
	大学本科	667	47.6
	硕士研究生	159	11.4
	博士研究生	16	1.1
月均收入	没有收入	310	14.8
	3 000元及以下	340	16.2
	3 001—5 000元	420	20.0
	5 001—10 000元	796	37.9
	10 000元以上	234	11.1
户　籍	本地(受访地)城镇户籍	1 146	54.6
	本地(受访地)农业户籍	324	15.4
	外地(非受访地)城镇户籍	337	16.0
	外地(非受访地)农业户籍	293	14.0

续 表

变　　　量		人　数	百分比(%)
政治面貌	共产党员	362	17.2
	非共产党员	1 738	82.8
婚姻状况	未婚	1 277	60.8
	已婚未育	215	10.2
	已婚已育	559	26.6
	离异单身	33	1.6
	离异有子女	15	0.7

(三) 数据处理与分析

数据采用 SPSS 22.0 统计软件进行管理和分析,以描述性统计(如频次分析、均值和标准差分析等)、回归分析及多变量方差分析等方法,逐步揭示变量之间的关系。重点分析三个问题:其一,青年素养的基本状况;其二,影响青年素养的主要人口学变量,即不同群组青年素养之间的比较,诸如性别之间、青年学生与职业青年之间、不同年龄组之间等;其三,受访青年对当下青年素养的主观评价。人文素养、伦理素养、审美素养、心理素养、网络素养和反思素养六个维度的分析基本均遵循这一思路。

三、新时代青年素养的主要特征

本次调查显示,新时代青年总体热爱生命、崇尚个性、重视"颜值"、依赖网络;同时,也具备同情弱者、友善利他、尊重规则、重视亲情和友谊的价值和行为特征。他们大多对当下的生活满意,但有四成左右对未来发展充满迷惑。而且,与十年前对上海、武汉和天津三地青年的调查数据相比,新时代青年人对生活的满意度有所提升。性别、户籍、学历、政治面貌等差异让这一群体内充满不同的声音。

其一,新时代青年整体向上、向善,对生活和未来持积极乐观的价值取向。调查中,84%的青年以"青年精英"为榜样,认为他们的生命价值最为可贵,且将"品德修为"视为"最美"的首要标准(占72.6%),即"有思想、有内涵、有道德、有修养";75%的青年相信"人本善",94.1%的青年对于弱势群体有同情心,并且有近六成(58.6%)的人表示"如果有机会很愿意设法帮助"。近半年里,参与调查的青年中有64.4%参与过志愿者或公益性活动,高校学生中该比例更高,达到77%。日常生活中,超过九成的青年每天都会有一定的时间用于阅读,其中36.2%的人平均每日阅读(含电子阅读)至少一个小时,9.1%的人每日用于阅读的时间在3小时以上。高校学生的阅读时间相对更长,四分之一的人保持平均每天阅读2小时以上的习惯。而且,就最近一个月的阅读内容而言,最多的书籍或信息是有关学习或工作的,占到三成以上(34.9%)。这些数据都表明,新时代青年总体是向上、向善的,是珍惜时光、勇于奋斗的,是重视品德修为、肯付出、有担当的。所以,不难理解,为什么今年的突发疫情中,大批"80后""90后"青年们冲向抗疫前线,成为勇敢的担当者、"逆行者"。他们以行动诠释出新时代最美、最可爱的青年形象,也发出新时代青年最嘹亮的声音——"我们是有担当的一代"!

热衷短视频制作的小李是本次调研访谈的对象之一,25岁,阳光,帅气,在一家事业单位担任办公室行政助理职务,收入一般,忙闲不均。只要有一点点空余时间,他就四处拍摄、收集视频素材,大学校园即景、咖啡店服务生表情、街道、地铁商圈甚至电竞场馆,都是他眼光留恋处。电影中某段对白、乐库中的几句旋律、广告里一句贴切的表达,不经意之间掠过心底,点滴捐成。购买教材、设备,学理论,学制作,常常忙到深夜,乐此不疲。兴趣和时间是一方面,关键是他不想辜负青春!用他自己的话来说,就是"绝不做生活的 loser"。

在一家连锁书店兼职销售的小沈也是本次调研访谈的对象,21

岁,大学在读。她每周在书店打两天工,整理分类出版社送来的书籍,回答消费者的问题、配合作者签售活动、制作店内饮料、收银等是她一天的主要工作。疫情期间,销售活动依托网络,她撰写作品推文,尽心做好会员服务。看得出她很珍惜这份兼职,可以不向父母要零花钱让她很有成就感。即使店长不在,她也一丝不苟按程序完成好分内之事。面对自己,稍稍有些纠结的是身材,她说"店内规矩我一定会遵守,回到学校睡觉前偶尔也会浏览下瘦身技巧之类"。

访谈中,我们发现:当下青年,无论是学生还是从事相关工作者,无论是自由兼职还是全职,无论是男性还是女性,总体上呈现出积极乐观的精神面貌:他们热爱生活,尊重规则,有梦想,有追求。他们大多对当下的生活满意(89.9%),对未来发展乐观积极(86.7%)。本次调查用真实的数据呈现出新时代青年的整体面貌、主流价值及行为特征。尽管近年来,"屌丝""废柴""丧"或"佛系"等颓废语境一度成为网络热词,但必须指出,这些从来不是青年人的底色,也不是当下青年所认同、所推崇、所追求的生活色。我们要关注青年,要看到青年中的多元化与多样性,看到他们"弱"中的需要与无奈;同时,更应该深入地走近青年,看到他们的光彩与力量,让他们最强、最亮、最美的声音迸发出来,公正地呈现出他们立体而多维的青春面貌。

其二,新时代青年的素养具有多面向、多维性、多元化等主要特征。调查显示,新时代青年的综合素养达 64.25 分,42.5%属中等(60—79 分),10.1%属良好(80—89 分),10.8%属优秀(90—100 分),另有 36.6%"待提升"(不足 60 分)。受访青年在审美素养、伦理素养、人文素养、心理素养、网络素养和反思素养等六个维度各有高低,其中审美素养和人文素养相对较高,分别是 70.77 分和 69.21 分,伦理素养和心理素养评价居中,网络素养和反思素养有待进一步提高(见图 8-1)。另外,因性别、年龄、收入等不同,青年素养呈现出内部的差异性与多样性。比如,女性较男性更具审美素养,二者分别为 71.63 分和 69.76 分。18—24 岁、25—29 岁和 30—35 岁的三组青年,在伦理素养、人文素养、心理素养、网络素养、反思素养和综合素养等方面均存在显著差异性,25—29 岁组相对较高。学历越高,则对自身素养的评价相对越低:高中或以下、大学专科、大学本科和研究生等四组青年,对自身综合素养的评价依次是 69.48 分、63.71 分、64.80 分和 61.83 分;收入越高,则对综合素养的评价越高。

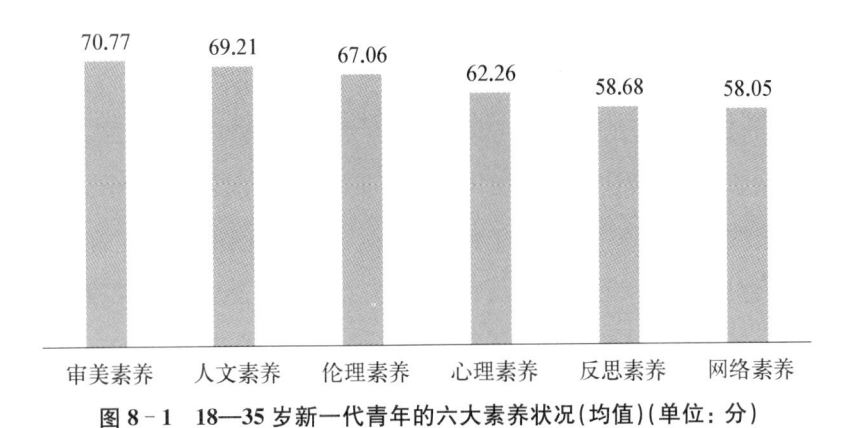

审美素养	人文素养	伦理素养	心理素养	反思素养	网络素养
70.77	69.21	67.06	62.26	58.68	58.05

图 8-1 18—35 岁新一代青年的六大素养状况(均值)(单位:分)

值得注意的是,从青年六个维度的素养中我们还可以看到:新时代青年的行为偏好和价值取向更具多维性和多元化。青年人在不同的素养情境中,所持的价值标准具有弹性和变化,并非固定不变或刻板一致。我们发现:他们崇尚个性,但也尊重规则;他们离不开网络,但也重视亲缘友谊。比如,青年的审美素养具有强烈的个体价值取向。近七成受访青年认为美没有统一的标准,更依赖于主观感受和个人喜好,认为审美是相对私人化且因人而异的。而且,男性的个体化审美倾向更胜于女性,比例分别占到 78.1% 和 72.9%;"95 后"的个体化价值取向也更为显著。但值得注意的是,崇尚个性的青年人,他们同样重视公共规则。六成(61.1%)青年将"遵守规则(包括法律)"列为当今社会应遵守的最基本原则,其次是"不伤害他人"。对于这一点,不同年龄段之间高度一致,即使是"95 后"的青年也不例外。

从青年的日常生活行为调查中,也可以看到青年对公共规则的遵循。比如,受访青年中74.1%表示从来没有过"高空抛物"的行为;近90%的人表示在步行通过十字路口时,尽管可以安全通行,但大多数情况下也不会闯红灯,其中有50.2%的受访者表示自己肯定不会闯红灯;近半数青年"基本清楚垃圾的4种分类",74.2%的青年在大多数情况下能够做到分类扔垃圾。在2019年7月1日推行了强制垃圾分类的上海,青年中98%表示对垃圾分类有所了解,75.67%清楚垃圾的4种分类;且89%的青年大多数时间能够准确投放,其中34.33%可以每次做到。这一"个体与集体"交织的价值取向表明,当下青年的价值结构中,虽然随时代推移呈现出"个体化"发展趋势,但却不仅包含了强调个体独特性的"独立自我"价值取向,反映出美国心理学家滕格所描述的"我一代"的典型特征:强调自我意识,强调主观感受;同时,他们也具有强调互依、包容、利他的"互依自我"价值取向,是超越狭隘"利己主义"的新个人主义者。

另外,尽管"90后"被喻为"网络原住民""数码一代"或"App一代",但他们同样重视线下的、真实的社会关系。本次调查中,一方面证实了当下青年对于网络的依赖性,有90.3%的青年认为"网络就是必需品"。其中,16.4%的青年将网络视为"生命必需品",认为网络就像空气和水一样,是完全离不开的;44.1%的青年将网络看作"生活必需品",生活中的大部分时间、大部分事情都离不开网络;还有29.8%的青年表示网络是"工作或学习必需品"。而且,41.9%的青年每天使用网络不少于4小时,19.4%的青年每天使用3—4小时,17.5%的青年每天使用2—3小时,15.5%的青年每天使用1—2小时,每天使用网络1小时以内的青年仅占4.43%,而几乎不使用网络的只有1.2%。青年们利用网络休闲娱乐(57.6%)、购物消费(53.2%)、工作(47.3%)和社交(46.8%),网络已经成为青年不可或缺的生活载体和生活空间。但同时,在日常交往中,因网络交流而形成的"网缘"并非青年人最为看重的社会关系,仅有0.5%的青年将其列为首要。青年人真正重视的依然是基于血缘、友谊和亲缘等建立起来的社会关系,分别有 40.4%、21%和 20.3%的青年将它们列为首要,总体占比 81.7%。另外,7.6%的青年最重视"趣缘",即因共同兴趣爱好而产生的关系,4.6%的青年更看重因利益驱动而产生的关系,还有一小部分青年将因工作而产生的"业缘"关系和因地域接近而建立的"地缘"关系视为关心核心,占比分别为 3.7%和 2%。不过,随着时代推移,"95 后"的年轻一代对于"血缘"和"亲缘"关系的重视程度相对下降,而对于"友谊"和"趣缘"关系的重视在逐步上升。"95 后"和"85 后"将血缘列为社会关系首位的青年分别占 39.0%和 46.9%,认为亲缘最重要的分别占到 18.1%和 20.8%;而认为"友谊"和"趣缘"最重要的"95 后"占到 23.7%和 8.2%,"85 后"的相应比例分别为 17.5%和 6.9%。这一定程度上反映出不同代际青年的社会关系变迁,也与这些青年所处的年龄阶段和社会角色有关。比如,"95 后"青年目前为 18—24 岁,尚处于青春期向青年期迈进的"过渡期",85%左右尚在学校,自然对朋辈"友谊"和"趣缘"更为看重。而 25 岁以上的"90 后""85 后"则已进入成家立业的青壮年期,社会关系的重心也会更放在"血亲"和"业缘"上。

其三,青年党员的综合素质更高、更好,更具舍"小我"的牺牲与担当精神。本次调查中,青年党员占到 17.2%。相对党外青年而言,除了心理素养外,青年党员的综合素养和伦理、人文、审美、网络和反思等五项素养均显著高于党外青年(见图 8-2)。青年党员中,综合素养高于 60 分的比例为 67.6%,高出党外青年 5.1 个百分点。特别是在反思素养上,青年党员总体评分为 62.82 分,70.3%高于 60 分,而党外青年的评分为 57.81 分,高于 60 分的比例为 62.5%。这表明,青年党员依然是青年群体中的"佼佼者",具有作为先锋模范的整体素养。

调查还显示,青年党员在日常生活、公共伦理、理想信念等方面更具先进性、担当性和积极性。其一,青年党员更爱读书学习,每日的阅读时间显著多于非党员青年,95%的青年党员坚持每日读书,其中近四成(38.9%)每

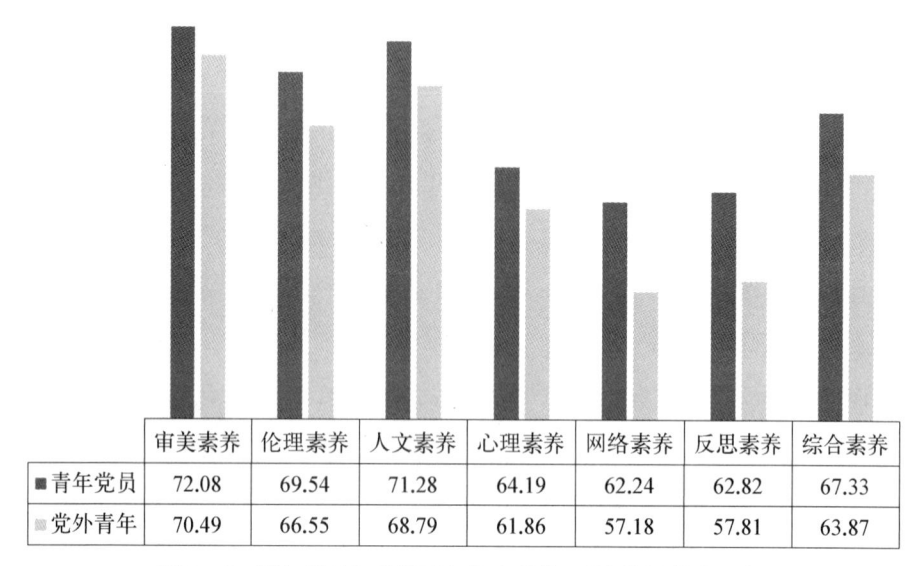

	审美素养	伦理素养	人文素养	心理素养	网络素养	反思素养	综合素养
青年党员	72.08	69.54	71.28	64.19	62.24	62.82	67.33
党外青年	70.49	66.55	68.79	61.86	57.18	57.81	63.87

图 8-2 青年党员与党外青年的素养状况(均值)(单位：分)

日阅读时间超过 1 小时；非党员青年中，每日阅读的比例为 90.4%，超过 1 小时的占 35.5%。其二，青年党员更愿意奉献，更具有利他性和牺牲精神。统计显示，青年党员中，近半年参加过志愿者或公益活动的比例占到 75.7%，非党员青年中该比例为 62.1%，前者高出后者 13.6 个百分点。同时，在危难面前，青年党员中有 31.2% 的人表示愿意牺牲自己去营救他人，而该比例在非党员青年中约为 27.6%。其三，青年党员更具反思精神和独创性。青年党员中，有近八成（76.5%）的人会思考与自我、生命意义等有关的终极问题，普通青年中该比例则为 69.8%。而且，青年党员也更"喜欢用独特的方法去解决问题"，更"喜欢看对历史事件有反思性的文章或影视作品"等。这些思维与生活的偏好，反映出青年党员更追求理性思考，对生命、人生、生活有更深刻的思想认识与人文情怀。其四，青年党员的生活价值更显积极乐观。调查显示，相对于党外青年，青年党员对当下生活更满意，对未来更有信心。青年党员的生活满意度显著高于党外青年，满意度指数分别为 77.73 和 74.60；青年党员对未来的确定感和乐观感也显著高于党外青年（见

图8-3）。青年对生活满意度的评价，既是青年生活质量的反映，也是青年获得感的重要指标。青年对未来的看法与观念，反映出青年的信心与愿景，也是基于当下生活的盼望；其中，"确定感"是青年对自己可以把握未来的感受，"乐观感"是青年对未来更美好的希望感和信心。本次调查中，控制了学历、收入、年龄等变量，青年党员的生活满意度、对未来的确定感和乐观感依然显著高于党外青年。这充分说明，在同等学历、同等收入、同等年龄等条件下，青年党员比党外青年有更积极的精神心理状态，他们更能感受到生活的安全感、幸福感和获得感，他们对自己更有信心，觉得可以在未来活得更美好。反之，若没有积极的精神心理状态，即使高学历、高收入、年龄适当，也可能缺乏满足感、缺乏确定感与乐观感。正如总书记所言，"没有理想信念，理想信念不坚定，精神上就会'缺钙'，就会得'软骨病'"，即时下所谓的"丧"。以上的调查数据充分显示，青年党员对学习、对生活、对生命和对思想有更积极向上的追求，更具备坚定的理想信念，精神上更健康，当下更满足，未来更存盼望。

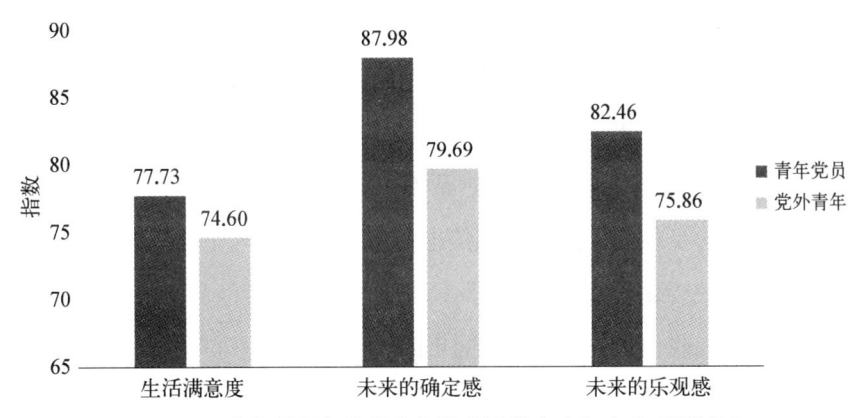

图8-3 青年党员与党外青年的生活满意度和未来观（均值）

四、进一步提升青年素养的对策与建议

"青年是标志时代的最灵敏的晴雨表，时代的责任赋予青年，时代的光荣属于青年。"这次七城市青年素养调查呈现出新时代青年对生与死、美与

丑、自我与他人、现实与网络、当下与未来等重要问题的思考与价值判断,总体是向上、向善、向美的,同时又呈多维并存、多元发展的趋势特点。因此,对于青年一代应给予充分的理解、尊重和包容,夯实他们的理想信念,对他们的职业生涯提供适切帮助,并积极发挥青年党员的模范带头作用,以进一步提升他们的综合素养。

其一,给予理解、尊重与包容。这个时代赋予了青年追求个性、依存网络、积聚知识、彰显价值的可能性与机遇,同时也将风险与挑战、复杂性与不确定性、多样性与差异性摆在他们面前,他们也经历了迷茫、挫败,也会逃避、会退缩、会"丧"、会"佛系",所以我们应当多倾听、多理解、多包容,给予青年群体良好的成长环境和文化土壤。

其二,夯实理想信念。本次调查中有近四成青年对未来存在不确定感,近十年来的乐观预期也有所下降。有七成青年在"生死抉择"中倾向利己自保,甚至有5.9%的青年遵行"丛林法则",认为"弱就必然被淘汰",这些价值取向均反映出部分青年还缺乏价值目标和责任担当意识。"理想信念不坚定,精神上就会得'软骨病',就会在风雨面前东摇西摆",这不单是对共产党员的警醒,也是对青年一代需要精神"补钙"的强调。

其三,加强生涯引导,适切提供帮助。青年人对当下的不尽满意,对未来的不确定,均是他们内心压力和焦虑的映射。青年人正处于自我整合、生涯发展、角色社会化的重要阶段,学习、就业、婚恋均是他们所面临的现实挑战。通过调查,我们可以看到:不同年龄、不同性别、不同婚姻状况、不同户籍等青年之间的共性与差异性,他们同为青年但诉求多元,所以应需、应时、应势地"帮一把"对于青年成长至关重要。

其四,发挥青年党员的模范带头作用。调查中,青年党员的生命价值观、生活满意度、未来观等均显示出先进性、积极性。因此,我们在新时代应进一步发挥他们的模范带头作用,让他们的精神风貌、理想信念、价值取向成为同辈群体中重要的内生资源,在同舟同行中发挥重要的影响力。

最后，需要指出的是，由于这是本"研究中心"首次对青年素养做整体性调查，在问卷设计、抽样方法及数据收集等过程中尚存在诸多不足，因此所形成的分析结果和相关结论有待进一步验证与完善。

第九章
新时代青年的人文素养：
人文精神与人文修养

◎（徐浙宁　上海社会科学院）

什么是"人文素养"？目前学界主要围绕一个人具备人文知识、理解人文思想、掌握人文方法、遵循人文精神、彰显人文行为等方面来界定，但至今并没有一个明确或公认的定义。有学者认为，人文素养以人文精神为核心，既反映一个人外在的日常行为与个人基本涵养，也展现其内在的相对稳定的精神品质。[1] 还有学者认为，人文素养就是人所具有的人文知识和人文精神，内化为自身人格、气质、学识和修养，并成为相对稳定的内在精神品质和心理特征。[2] 就这一术语，肖川也曾给出较为具体的内涵分析，他认为人文素养主要包括以下几个方面的含义。其一，对于古典文化有相当的积累，理解传统，并具有历史意识，能够"审经答变，返本开新"。其二，对于人的命运，人存在的意义、价值和尊严，人的自由与解放，人的发展与幸福有着深切的关注。其三，珍视人的完整性，反对对人的生命和心灵的肢解与割裂，承认并自觉审护人的精神神秘性和不可言说性，拒斥对人的物化与兽化，否弃将人简单化、机械化。其四，尊重个人的价值，追求自我实现，重视人的超越

---

[1] 王石径、顾肃：《大学生人文素养培育的思考与探索——香港科技大学全人教育的启示》，《湖北社会科学》2015年第6期。
[2] 车舜嘉：《基于指标评价体系的大学生人文素养与发展潜力的关联性研究》，《中央财经大学学报》2015年增刊。

性向度,崇尚自由意志和独立人格,并对个体与人类之间的关联有相当的体认,从而形成人类意识。其五,对于人的心灵、需要、渴望与梦想、直觉与灵性给予深切的关注,内心感受明敏、丰富、细腻与独特,并能以个性化的方式表达出来。其六,重视德性修养,具有叩问心灵、反身而诚的自我反思的意识和能力。其七,具有超功利的价值取向,乐于用审美的眼光看待事物。其八,具有理想主义的倾向,追求完美。其九,具有终极关切和宗教情怀,能对于"我是谁,我们从哪里来,又要到哪里去"一类问题作严肃追问。其十,承认并尊重文化的多样性,对于差异、不同、另类,甚至异端,能够抱以宽容的态度。其十一,能够自觉地审护和践履社会的核心价值,诸如公平与正义。[①]

概括而言,人文素养与人文知识相关,但更为重要的则是关注以下两个层面:其一,"内在"的人文精神;其二,"外在"的举止修养。所谓人文精神即"以人为对象、以人为中心的精神",其核心内容是对人类生存意义和价值的关怀,是一种为人处世的基本的"德性""价值观"和"人生哲学";它追求人生和社会的美好境界,推崇人的感性和情感,看重人的想象性和生活的多样化。所谓人文修养,则是日常生活中的行为举止,是人文精神的外化与呈现。本研究围绕人文素养这两个层面,以新时代青年对"人的本质"、对"人性"、对"自我、生命意义、宗教信仰"等基本问题的态度和想法来考量青年一代的人文精神,以对弱势群体、对他人及自我的行为方式来测度青年群体日常的人文修养,同时注重对青年群体内部异质性的分析,探究人口学基本变量和社会性因素对青年人文素养的影响。值得一提的是,本研究还特别关注了青年眼中的人文素养,即从青年的视角提炼他们所认同的人文素养之内涵,以进一步理解新时代青年普遍的人文追求和价值认同。

一、青年人文素养的总体状况

通过对青年人文素养的精神指向和行为指向的分析,我们可以发现:新

[①] 肖川:《教育必须关注完整的人的发展》,《清华大学教育研究》2001年第3期。

时代青年的人文素养总体良好、向善向上。多数青年秉持"性本善"和"习得论"的人性观,即相信人的本性是好的、善良的,是后天教育的结果;九成以上的青年对自我、生命意义和宗教信仰等终极问题有所思考,且每日均有一定的阅读时间。在日常生活中,青年普遍表现出亲社会行为,尤其是对他人的包容和助人利他行为。另外,青年自身最看重的人文素养是"热爱生活""尊重生命"和"知识渊博"等。就目前而言,他们认为自身群体人文素养的总体状况属于"中等"。

(一) 青年人文素养的精神指向

其一,多数青年对"人的本质"的认识与马克思的经典表述相一致,即"人的本质是一切社会关系的总和",该比例达到49.3%。

这一认识显然与我国长期坚持的马克思主义思想政治教育密切相关。另有30.6%的青年认同"人是动物性与社会性的综合"。此观点来自亚里士多德"人是社会性的动物",经政治哲学和社会学理论发展而成"人的本质具有两面性,一面是动物性、一面是社会性"的表述。马克思对亚里士多德的"人是天生的政治动物"这一命题给予了很高的评价。他说:"人即使不像亚里士多德所说的那样,天生是政治动物,无论如何也是天生的社会动物。"① 对于"人是万物之灵"和"人是上帝所造,是神的儿女"等两种观点的认同度相对较低,分别为14.9%和5.3%(见图9-1)。对人的本质的看法,是人的根本性问题,是人对自身主体性的探究与思考,是人文素养中"以人为本"的根本性价值判断,是对人整体性的认知。马克思指出,人的本质"不是单个人所固有的抽象物,在其现实性上,它是一切社会关系的总和"。② 这一论断中至少包含了以下几个关键点。第一,人不是抽象的,其本质总是基于具体的现实性的,脱离了"现实性"的考量,就没有必要谈论人的本质这一问题了。第二,人的本质不是先验的、固定的、既成的、永恒的、非历史的东西,而

---

① 《马克思恩格斯全集》(第23卷),人民出版社1972年版,转引自王成光:《论亚里士多德的人的本质观及其历史贡献》,《西南民族大学学报(人文社会科学版)》2015年第8期。
② 《马克思恩格斯选集》(第1卷),人民出版社1995年版,第56页。

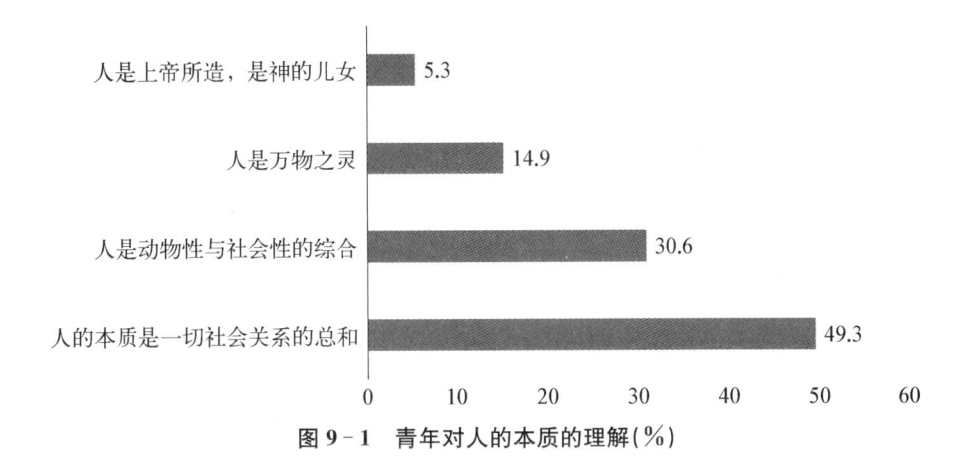

观点	百分比
人是上帝所造,是神的儿女	5.3
人是万物之灵	14.9
人是动物性与社会性的综合	30.6
人的本质是一切社会关系的总和	49.3

图 9-1 青年对人的本质的理解(%)

是现实的个人在历史舞台上正在进行着的创造性合奏、合演和合唱。或者说,人是在社会生活的过程中成其为人的。第三,决定人的"真正的、现实的、整个的本质"的不是他的生物性质,而是他的社会性质。① 这些内涵对于新时代青年看待人的价值、人与世界、人与自然、人与人等之间的关系具有根本性的影响力。同样,抱持"人是上帝所造,是神的儿女"这一观点的青年,在认知和行为层面应当是受到了宗教和神学的影响。

其二,绝大多数青年持"性本善"的人性观,且认为人性是经教育而后天习得的结果。

调查显示:75%的受访青年赞同"人之初,性本善",65%的青年赞同"人是教育的结果";同时持"性善观"和"习得论"的青年占总体样本的47.1%(见表9-1)。这表明,当代青年对人性的看法倾向积极乐观,且认为人性是可塑的、可以改变的。这与国内外已有研究结果相一致。②

---

① 汪信砚、程通:《对马克思关于"人的本质"经典表述的考辨》,《哲学研究》2019 年第 6 期;毛自鹏:《从人的本质理论看马克思主义与西方新旧人本主义的区别》,《学术论坛》2010 年第 5 期。
② 徐浙宁:《"90 后"青少年人性观实证研究》,《青年研究》2015 年第 1 期;罗祖兵:《生成性人性观及其教育意蕴》,《高等教育研究》2013 年第 5 期;况志华:《社会建构论的人性观取向及其心理学意义》,《南京师大学报(社会科学版)》2007 年第 2 期;梁燕玲、贾腊江:《后现代教育人性观述评》,《西北大学学报(哲学社会科学版)》2005 年第 4 期;Levin, W. & Unsworth, S. J. 2013, "Do humans belong with nature? The influence of personal vs. abstract contexts on human-nature categorization at different stages of development", *Journal of Environmental Psychology*, 33: 9-13.

表9-1 青年人性观的整体分布情况(%)

		天赋论 人的本性是天生的,有的人生来就善良,有的人生来就恶恨	习得论 人是教育的结果,原本没有善恶之分	总 计
性善观	人之初,性本善;人的本性是善良的、好的	27.8	47.1	75.0
性恶观	人的本性是自私自利的,性本恶更接近人性	7.2	17.9	25.0
总 计		35.0	65.0	100.0

人性观是个体价值观的重要组成部分,是个体对人的本质或本性的基本观点、看法与态度,与生活状态、行为方式等密切关联。有研究显示,人性观越倾向性善、个体呈现出的网络生活、社会生活及精神状态越正向。比如,持性善观的青少年对于社会规范的遵循性更高,表现出更多的利他行为;反之,倾向"性恶观"的个体,则会表现出更多的反社会性行为或社会功能失调,诸如:攻击性、违法犯罪、行为失调及情绪失调等。[①] 而重视德行修养、尊重公共社会规范、利他助人等正是人文素养所包含的价值取向与行为向度。这也是本研究考量人性观的原因所在。

其三,九成以上的青年会思考有关自我、生命意义和宗教信仰等终极问题。

本研究中的青年年龄段介于18—35岁,正处于成年早期,是青少年向

[①] 徐浙宁:《"90后"青少年人性观实证研究》,《青年研究》2015年第1期;Katherine S. L. Lau, Monica A. Marsee, 2013, "Exploring Narcissism, Psychopathy, and Machiavellianism in Youth: Examination of Associations with Antisocial Behavior and Aggression", *Journal of Child and Family Studies*, 22(3): 355 - 367. Christopher, T. B., Patricia, K. K., Kurt, K. S. & Tammy, D. B. 2011, *Narcissism and Machiavellianism in Youth: Implications for the Development of Adaptive and Maladaptive Behavior*. Washington, DC: American Psychological Association: 177 - 250; Kerig, P. K., Stellwagon, K. K. 2010, "Roles of callous unemotional traits, narcissism, and Machiavellianism in childhood aggression", *Journal of Psychopathology and Behavioral Assessment*, 32: 343 - 352.

成人过渡的重要社会化时期,是个体生命成就独立性、社会性的关键时期,对自我、生命和信仰等终极问题的关注均是这一时期的重要特征。美国发展心理学家埃里克森指出,处于成年早期的青年,是建立社会关系(特别是亲密关系)的关键时期,而只有具有牢固的自我同一性的青年人,才敢于冒与他人发生亲密关系的风险。[①] 同时,大量研究证明,对生命意义的追寻有利于青年建立个人身份、肯定自我价值,意义感对于身心健康和社会行为具有积极作用。[②] 调查显示,91.5%的青年表示平时会思考关于自我、生活意义或宗教信仰的问题,其中 12.3%表示经常思考,36.7%表示有时思考,42.4%表示偶尔思考,仅有 8.5%的青年表示从不思考(见表 9-2)。以均值百分位数看,青年对生命意义的思考显著多于对自我和对宗教信仰的思考($t_{自我}=19.325$,$p_{自我}<0.001$;$t_{信仰}=17.827$,$p_{信仰}<0.001$);对自我(诸如我是谁,我从哪里来、到哪里去等问题)的思考多于对宗教信仰的思考($t=2.158$,$p<0.05$),分值从高到低依次是 50.87 ± 20.96、43.05 ± 20.22 和 42.01 ± 20.20。

表 9-2 青年对自我、对生命意义和宗教信仰等终极问题的思考情况(%)

	从不	偶尔	有时	经常
1) 思考关于自我的问题,比如:我是谁、我从哪里来等	29.0	39.8	20.6	10.6
2) 思考与生命意义有关的问题,比如:人为什么而活	15.7	37.0	28.5	18.8
3) 思考有关宗教信仰的问题,比如:是否有神的存在	32.4	36.5	22.5	8.6
以上三项的均值分布	8.5	42.4	36.7	12.3

[①] Erikson, E. H. 1982, *The Life Cycle Completed: A Review*. New York: W. W. Norton & Company.

[②] Steger MF, Frazier P, Oishi S, Kaler M. "The Meaningin Life Questionnaire: Assessing the presence of and search for meaning in life". *Journal of Counseling Psychology*, 2006(1): 80-93;张敏:《大学生生命意义与主观幸福感的关系研究》,《黑龙江高教研究》2017 年第 10 期。

（二）青年人文素养的行为指向

本研究主要以日常阅读和亲社会行为来考察新时代青年人文素养的行为指向。在已有研究的理解中，人文素养首先就是要考察对人文知识的掌握程度，而阅读对于青年的人文知识积累至关重要。[1] 其次，根据马克思有关"人的本质"的论断，"现实性上的社会关系"应是其根本内涵。而"亲社会行为"（prosocial behavior）对人类生存和社会发展至关重要，它是维持人与人之间良好关系的重要基础，也是建立公正、和谐社会的重要保障，[2]以亲社会行为来测量当下青年的人文素养，不仅有其理论根据，也正是人文素养的外化向度。亲社会行为指人们在社会交往中表现出来的谦让、帮助、合作、分享，甚至为了他人利益而做出自我牺牲的一切有助于社会和谐的行为及趋向，旨在造福他人、使他人受益，对良性社会互动起到积极的促进作用。[3] 本研究以对弱者的同情心、对他人异见的包容度、情绪的自制力、对公共规范的遵循度以及助人的利他行为等五个方面作为综合评估内容。概括而言，日常阅读反映出青年的人文素养追求，亲社会行为则是青年人文素养的生活化与现实化。

其一，绝大多数青年每日均会阅读，且主要为了提升专业知识。调查显示，超过九成受访青年每天都会有一定的时间用于阅读，其中36.2%的人每日阅读时间在1小时及以上，仅有8.8%的青年表示"没有时间读书"（见表9-3）。

---

[1] 陈恬恬、鲍峥璐、李海燕：《新时代大学生人文素养水平现状与培育的探究》，《智库时代》2019年第47期；徐雁：《"世界读书日"人文理念在阅读推广实践中的中国化》，《图书馆杂志》2016年第3期；徐小跃：《推广阅读，精深人文》，《新世纪图书馆》2015年第10期。

[2] 郑晓莹、彭泗清、彭璐珞：《"达"则兼济天下？社会比较对亲社会行为的影响及心理机制》，《心理学报》2015年第2期；张弘：《人类的亲社会行为及其演化》，《南方经济》2014年第6期；寇彧、唐玲玲：《心境对亲社会行为的影响》，《北京师范大学学报（社会科学版）》2004年第5期；Penner, L. A., Dovidio, J. F., Piliavin, J. A., & Schroeder, D. A. "Prosocial behavior: Multilevel perspectives", *Annual Review Psychology*, 2005(56): 365-392.

[3] 尚思源、苏彦捷：《道德认知、道德情绪与亲社会行为的关系：来自元分析的证据》，《科学通讯》2020年第19期；彭小平、田喜洲、郭小东：《组织中的亲社会行为研究述评与展望》，《外国经济与管理》2019年第5期；肖凤秋、郑志伟、陈英和：《亲社会行为产生机制的理论演进》，《心理科学》2014年第5期。

表 9-3 青年每日阅读时间基本情况表

	人数（人）	百分比（%）
没有时间读书	184	8.8
半小时以内	601	28.6
半小时及以上，不足 1 小时	555	26.4
1 小时及以上，不足 2 小时	398	19.0
2 小时及以上，不足 3 小时	170	8.1
3 小时及以上	192	9.1
总计	2 100	100.0

在每日都会阅读的受访青年中，最近一个月阅读最多的两类书籍或信息是学习或工作用的工具书及休闲小说，分别占整体阅读量的 34.9% 和 33.8%；其次，青年阅读较多的是综合性和社会科学类的图书，分别占 29.6% 和 22.4%；再次，是阅读自然科学类的书籍或信息，大约为 15.8%。相比较而言，青年平时阅读哲学类著作和马列主义、毛泽东思想相关的书籍较少，仅分别占 8.6% 和 6.8%。这一结果至少反映出当下青年阅读中的几个特点或偏好：一是专业取向，为了发展和事业而不断"充电"；二是休闲取向，为了闲暇放松、满足爱好；三是拓展取向，涉猎广泛、兴趣多元。相对而言，青年人对思想性、理论性较强的哲学、马列主义和毛泽东思想等书籍或信息关注较少。这一方面与该类书籍的阅读"门槛"较高有关，也与青年人闲暇时间有限及当前"碎片化"的阅读方式有关。[①] 有研究指出，碎片化信息阅读的主要群体即青年，他们能够有效地进行媒介使用，这一阅读方式对学术阅读有一定良性影响，且未尝不是一种更开放自由的学习方式与全新的学习开端，但同时也存在着分散注意力等影响深度阅读的负面倾向。[②]

[①] 谭云明：《碎片化时代呼唤"高质量阅读"》，《人民论坛》2019 年第 21 期；范蔚、赵凌澜：《结构分析：碎片化阅读概念界定及影响因素》，《编辑之友》2019 年第 4 期。
[②] 陈航、徐蔡余、王曰芬：《微信碎片化信息阅读行为特点与影响因素研究》，《图书与情报》2017 年第 3 期；卢玉红、侯艳、刘川：《我国碎片化阅读文献研究进展》，《图书馆理论与实践》2017 年第 6 期。

其二，青年在日常生活中普遍表现出亲社会行为，特别是包容度和利他性尤甚。以同情心、包容度、自制力、遵循度和利他性等五项内容综合分析来看，最高分设为 100 分，受访青年的亲社会行为综合得分为 69.27±8.43 分。其中，76.2% 的青年亲社会行为得分在 60—79 分之间，即"中等"；11.8% 的青年被评为"良好"，得分 80 分及以上；另有 12% 的青年得分不足 60 分，亲社会性较弱。就五项内容比较来看，受访青年的亲社会性行为表现从高到低依次为：利他性、包容度、自制力、同情心和遵循度（见图 9-2）。

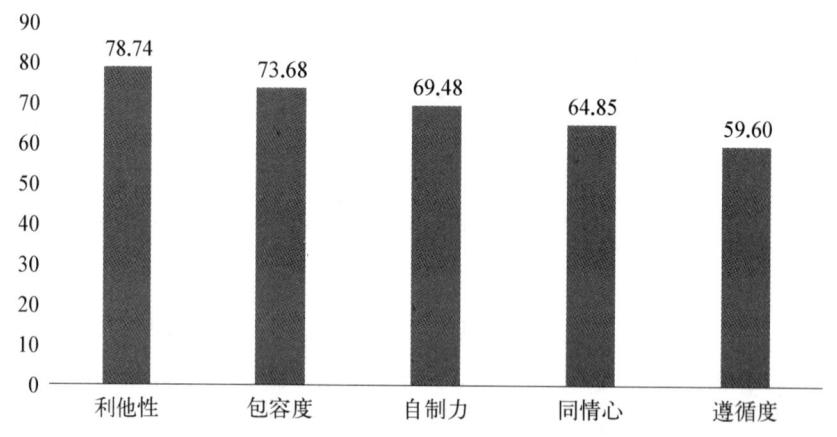

图 9-2 青年亲社会行为的具体表现（均值）（单位：分）

相对而言，利他性和包容度是青年亲社会行为的主要构成内容。具体表现为：64.4% 的受访青年，近半年中参加过志愿者或公益活动，其中 38.4% 参与过 1—2 次，15.9% 参与过 3—5 次，4.5% 参与过 6—10 次，5.7% 参与过 10 次以上。当遇到他人的想法和自己的不同时，54.2% 的青年表示"如果有道理的话，会适当参考"，24.5% 的青年表示"会认真对待，尊重他/她的想法"，12.8% 的青年表示"不去理睬，按自己的想法做就好"，仅有 8.5% 的青年表示"力争说服对方，证明自己是对的"。就自制力方面而言，55.7% 的青年明确表示"在情绪激动的时候，不会做出'出格'的事情"，但也有 24.6% 的青年表示可能会控制不住而做出"出格"的事情，另有 19.8% 的青年表示"说不清楚"。在同情心方面，94.1%的青年表示对弱者或有困难的人"会同情"，其中51.9%的青年表示"很同情，如果有机会愿意去帮助"，6.7%的青年表示"很同情，会设法去帮助"，仅有5.9%的青年持"不关心，因为弱就必然被淘汰"的态度。值得注意的是，青年在遵循基本公共规范方面的自觉性相对较弱，以高空抛物和闯红灯来测查，结果显示：26.0%的青年曾有过高空抛物的行为，其中15.9%的人表示有过一二次，5.8%的青年表示偶尔，4.2%的青年表示经常；49.8%的青年曾经有过步行过十字路口时闯红灯的经历，其中2.6%的人"只要没警察（协警）就会闯"，8.5%的人"会跟着他人闯"，38.7%的人"偶尔"为之。

以上分析显示出：一方面，青年一代普遍具有亲社会性，有助人利他的意愿和行动，有包容异见的宽容度，也有对弱者的普遍同情心和对情绪的自制力，但另一方面，对于公共空间基本规范的遵循性有待提升，对公共生活中自身行为的控制及其可能造成的影响缺乏足够的认识和重视。

（三）青年人文素养内部组成之间的关联性

青年人文素养的精神指向与行为指向之间存在着必然的联系。已有研究显示，人文知识的积累有利于人文素养的提升；[①]而人性观与亲社会行为、正向社会生活等之间具有显著关联性。[②] 本次调查显示，人性观与日常阅读、亲社会行为之间存在着显著的关联性。

其一，日常阅读与人性观之间存在显著相关性。日常阅读越多的青年，越持"人是教育的结果"这一习得论（$r=0.056$，$p<0.05$）。平均每日"没有时间读书"、阅读时间"不足2小时"和"2小时及以上"的青年，认同这一习得论的比例依次是58.7%、64.5%和70.4%，各组分布之间存在显著差异（$x^2=8.113$，$p<0.05$）。

---

① 洪波：《人文知识与人文素质的分野》，《求索》2008年第2期；张祥云：《人文知识的特性及其教育意蕴》，《教育研究》2004年第6期。
② 徐浙宁：《"90后"青少年人性观实证研究》，《青年研究》2015年第1期。

其二，人性观与亲社会行为之间存在显著关联。持性善观的青年，表现出更多的亲社会性（$r=0.146$，$p<0.001$），对弱者更具同情心（$r=0.057$，$p<0.01$），有更高的情绪自制力（$r=0.140$，$p<0.001$），也更遵循公共规范（$r=0.130$，$p<0.001$）。相类似地，持人性"习得论"的青年，亲社会性越强（$r=0.224$，$p<0.001$），对弱者越同情（$r=0.291$，$p<0.001$），更具异见包容度（$r=0.317$，$p<0.001$），也表现出更多的利他行为（$r=0.065$，$p<0.01$）；而持人性"天赋论"的青年，情绪自制力更强（$r=0.065$，$p<0.01$），也更遵循社会公共规范（$r=0.185$，$p<0.001$）。控制相关变量后，不同人性观青年的亲社会性之间存在显著差异性（见表9-4）。

表9-4 不同人性观青年的亲社会行为比较（均值±标准差）

	人的本性			人性的形成		
	性善观	性恶观	F值	天赋论	习得论	F值
同情心	65.10±17.66	62.02±16.87	7.181**	57.52±19.21	68.38±15.13	133.725***
包容度	73.30±21.35	71.55±19.49	2.199	64.21±23.81	77.93±17.24	152.943***
自制力	71.05±21.02	66.15±22.12	11.712**	70.98±21.14	69.37±21.48	1.905
遵循度	60.18±13.14	55.69±13.44	31.339***	62.82±16.15	57.08±10.86	59.696***
利他性	81.18±21.40	80.32±22.71	0.409	77.46±21.87	83.02±21.34	19.957***
总亲社会性	70.16±8.45	67.15±8.64	24.466***	66.60±8.43	71.16±8.23	95.635***

其三，亲社会行为的各因素之间存在显著关联性。对弱者越具同情心的青年，也对他人的不同意见有更好的包容度（$r=0.422$，$p<0.001$）；情绪自制力越强的青年，越可能遵循公共规范（$r=0.142$，$p<0.001$）。就亲社会行为各维度与总体亲社会性的相关性而言，从高到低依次是：包容度（$r=0.558$，$p<0.001$）、自制力（$r=0.491$，$p<0.001$）、同情心（$r=0.482$，$p<0.001$）、利他性（$r=0.397$，$p<0.001$）和对公共规范的遵循度（$r=0.204$，$p<0.001$）。根据线性回归模型的决定系数 R^2，可以估测本研究中青年亲

社会性五维度所占总亲社会性的比重，即以"包容度"和"自制力"为主导的亲社会性（见图9-3）。

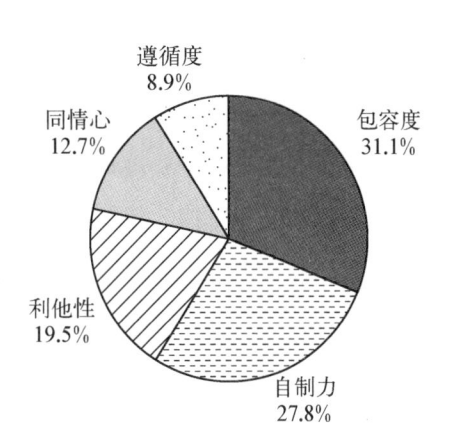

（四）青年视角中的人文素养

在青年看来，什么样的人才是具备高人文素养的呢？参与本次调查的受访青年认为，有高人文素养的人最应具备的三大特质为热爱生活、尊重生命和知识渊博，相对应分别有56.5%、47.4%和41.8%的受访者将上述三项作为高人文素养的核心特质。热爱生活和尊重生命并不是某种具体的能力或技能，而是对于人类生活价值或生命意义的人文关怀，这表明青年人所理解的人文素养更倾向为人处世的德性、价值观或人生哲学（见图9-4）。

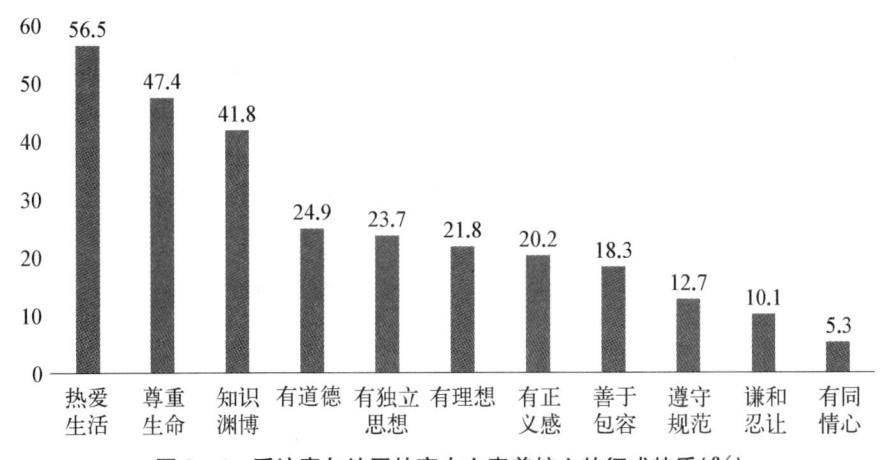

图9-3 青年亲社会行为内部五维度的构成比重

图9-4 受访青年认同的高人文素养核心特征或特质（%）

相比之下，对于有道德、有独立思想、有理想、有正义感等特征的认可度则相差不大，大约有20%至25%的受访青年也将上述内容作为高人文素养的特征。将善于包容、遵守规范、谦和忍让和有同情心作为人文素养核心特质的青年相对较少,但这并不意味着青年对这些价值观的认可度低,而是作为人文素养的核心特质,新时代青年群体更为重视对生活的热爱、对生命的尊重和对知识的掌握。在调查中,还有受访者认为人文素养应包括同理心、接受差异并努力理解差异性的存在等特征。从青年学生与职业青年的对比分析来看,有较大差异的是关于"有独立思想"和"善于包容"的认知,相较之下,青年学生群体更为重视有独立思想这一特征,而职业青年则更为看重善于包容在人文素养中的位置。

最后,就"新时代青年人文素养的整体状况"而言,受访青年认为达到良好(80—89分)和优秀(90分及以上)的分别占29.2%和16.9%,评为中等(60—79分)的约为39.7%,另有14.2%的人认为较差;多数倾向中等评价,百分位得分约69.21±19.86(最高分100分)。

二、不同群体青年的人文素养比较分析

以人性观、日常阅读和亲社会性等人文素养维度为因变量,以社会人口学变量为自变量,通过线性多元回归依次分析与青年人文素养相关的因素,其结果显示:性别、年龄、职业身份、收入、学历、户籍和生活城市等均对青年的人文素养或人文素养主观评价有显著关联(见表9-5)。其中,性别、年龄、学历等影响较为广泛,具体分析如下。

表9-5 社会人口学变量对青年人文素养的有序Logistic回归分析(估计系数)

变量		人文素养的精神指向			人文素养的行为指向		人文素养主观评价
		人性本质观:性善—性恶	人性发展观:天赋—习得	终极关怀	日常阅读	亲社会性	
性别	X1=1(男性)	0.243*	−0.225*	−0.109	0.198*	−0.202*	−0.036
	X1=2(女性)	0ª	0ª	0ª	0ª	0ª	0ª

续　表

变量		人文素养的精神指向			人文素养的行为指向		人文素养主观评价
		人性本质观：性善—性恶	人性发展观：天赋—习得	终极关怀	日常阅读	亲社会性	
年龄	X2=1(18—24岁)	0.788***	−0.338*	0.542***	−0.041	−0.587**	0.190
	X2=2(25—29岁)	0.475**	−0.256*	0.220*	0.125	−0.190	0.312***
	X2=3(30—35岁)	0[a]	0[a]	0[a]	0[a]	0[a]	0[a]
职业身份	X3=1(在职)	−0.717**	0.422	−0.890***	−0.308	0.436	−0.218
	X3=2(学生)	−0.686*	0.455	−0.841**	0.088	0.505	−0.029
	X3=3(自由职业)	−0.543	0.338	−0.777**	−0.090	0.191	−0.025
	X3=4(无业)	0[a]	0[a]	0[a]	0[a]	0[a]	0[a]
月均收入	X4=1(没有收入)	−0.463	0.314	−0.289	0.061	0.693**	−0.180
	X4=2(3 000元及以下)	−0.409	0.274	−0.179	−0.009	0.281	−0.298
	X4=3(3 001—5 000元)	−0.413	−0.002	−0.360*	−0.197	0.213	−0.146
	X4=4(5 001—1万元)	−0.391*	−0.213	−0.126	0.003	0.289	0.190
	X4=5(超过1万元)	0[a]	0[a]	0[a]	0[a]	0[a]	0[a]
学历[①]	X5=1(高中以下)	−0.564*	−0.442	−0.972***	−0.547**	0.152	0.643***
	X5=2(大学专科)	−0.805***	−0.021	−0.890***	−0.312	0.118	0.237
	X5=3(大学本科)	−0.307	−0.265	−0.488***	−0.176	−0.119	0.296*
	X5=4(研究生)	0[a]	0[a]	0[a]	0[a]	0[a]	0[a]
政治面貌	X6=1(非中共党员)	0.238	0.098	−0.118	−0.105	0.200	−0.205
	X6=2(中共党员)	0[a]	0[a]	0[a]	0[a]	0[a]	0[a]
户籍	X7=1(当地城镇)	0.154	−0.778***	−0.282*	0.029	−0.226	0.076
	X7=2(当地农业)	−0.149	−0.748***	−0.084	−0.031	−0.392*	0.257
	X7=3(外地城镇)	0.485**	−0.381*	−0.246	0.241	−0.293	0.103
	X7=4(外地农业)	0[a]	0[a]	0[a]	0[a]	0[a]	0[a]

① 本研究中在读学生的学历依据中国的教育体制采用归类处理。诸如：大学一年级至大学四年级统称本科，硕士、博士研究生统称研究生。

续 表

变量		人文素养的精神指向			人文素养的行为指向		人文素养主观评价
		人性本质观：性善—性恶	人性发展观：天赋—习得	终极关怀	日常阅读	亲社会性	
城市	X8=1(上海)	0.306	−0.197	0.470**	−0.179	−0.114	−0.265
	X8=2(北京)	−0.025	−0.028	0.282	−0.143	0.023	0.014
	X8=3(深圳)	−0.420*	−0.399*	0.166	0.145	−0.149	0.527**
	X8=4(西安)	0.055	−0.075	0.540**	−0.046	0.032	0.087
	X8=5(武汉)	−0.439*	−0.620***	−0.144	0.180	−0.258	0.604***
	X8=6(成都)	−0.462*	−0.049	0.364*	−0.069	−0.245	−0.008
	X8=7(沈阳)	0^a	0^a	0^a	0^a	0^a	0^a

注：a 表示该组为参照组，所以将其置为 0。

（一）不同性别青年的人文素养比较

如表 9-5 所示，青年的人性观、日常阅读和亲社会性等方面，均有显著的性别效应：在人性观上，青年男性较女性更持性善观和天赋论，在日常生活中的阅读时间更多；而青年女性则较男性更倾向性恶观和习得论，表现出更多的亲社会性。

其一，人性观上的性别差异。尽管不论青年男性还是女性，在人性观上多数均持"性善观"和"习得论"。其中，男性和女性持"性善观"的比例分别是 73.0% 和 76.6%，持"习得论"的比例分别是 61.3% 和 68.1%。但在人性发展观上，持"天赋论"的男性多于女性，二者比例分别是 38.7% 和 31.9%；相对应地，女性持"习得论"的比例则高于男性，比例分别对应为 68.1% 和 61.3%，男女青年在人性发展观上的比例分布达到显著性差异（$x^2=10.683$，$p<0.01$）（见表 9-6）。进一步分年龄段检验，发现主要的人性发展观性别差异存在于 18—24 岁群体（$x^2=8.602$，$p<0.01$），持"天赋论"的男、女比例分别为 39.6% 和 30.1%，相应持"习得论"的男、女比例分别为 60.4% 和 69.9%。

表 9-6 青年人性观的性别分布(%)

		男性	女性	卡方(x^2)
人性本质观	人之初,性本善;人的本性是善良的、好的	73.0	76.6	3.511
	人的本性是自私自利的,性本恶更接近人性	27.0	23.4	
人性发展观	人的本性是天生的	38.7	31.9	10.683**
	人是教育的结果,原本没有善恶之分	61.3	68.1	

其二,日常阅读的性别差异。就阅读时间的分布来看,青年男女之间的差异并不显著。青年男性不读书、读书每日不足 2 小时和 2 小时以上的比例依次是 8.2%、73.4% 和 18.4%,女性相应比例依次是 9.2%、74.5% 和 16.3%。但控制年龄、学历、收入、户籍等变量(为了行文简洁,文中多变量方差分析均为控制变量后的结果,以下不再赘述),青年男女的日常阅读时间之间存在显著性差异($F=5.857$, $p<0.05$),男性相对女性的日常阅读时间更长。

其三,亲社会行为的性别差异。青年男女亲社会行为方面存在显著性差异($F=13.702$, $p<0.001$),女性显著高于男性。具体表现为:女性较男性有更多的同情心($F=8.506$, $p<0.01$)、更高的包容度($F=16.517$, $p<0.001$)、更多的利他行为($F=20.490$, $p<0.001$);而男性较女性对公共规范的遵循度上要更好($F=27.262$, $p<0.001$)。另外,在情绪自制力上,青年男女之间无显著性差异,水平相当(见图 9-5)。

(二) 不同年龄青年的人文素养比较

如表 9-5 所示,青年人文素养的精神指向、行为指向和主观评价等均存在显著的年龄效应:相对 30—35 岁的青年群体而言,29 岁及以下青年更倾向性恶观和天赋论,更关注自我、生命意义和宗教信仰等终极问题,而较少表现出亲社会性行为。此外,25—29 岁青年比 30—35 岁青年对青年群体人文素养的评价要高。

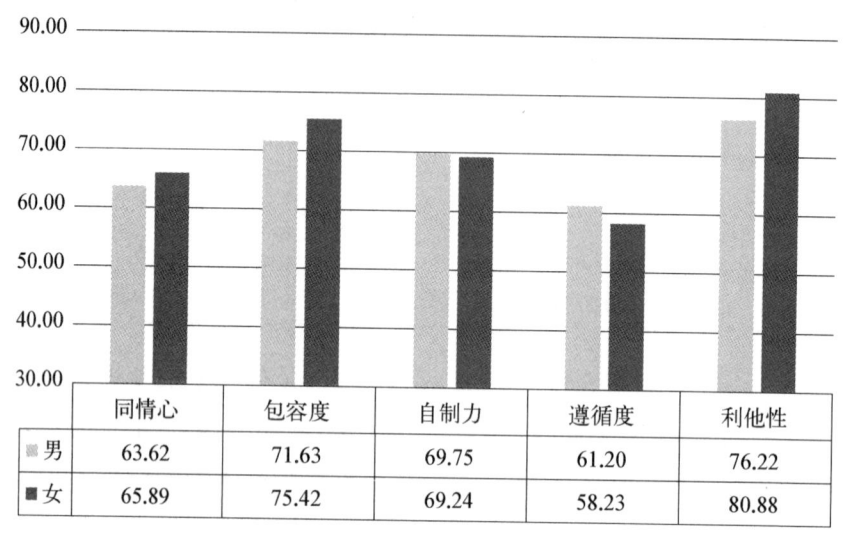

	同情心	包容度	自制力	遵循度	利他性
男	63.62	71.63	69.75	61.20	76.22
女	65.89	75.42	69.24	58.23	80.88

图 9-5 受访青年亲社会行为的性别比较(均值)

其一,人性观上的年龄差异。分析显示:18—24岁、25—29岁和30—35岁三个不同年龄段青年,对于人性本质的认同倾向之间存在显著性差异($x^2=37.651, p<0.001$):随着年龄增长,倾向于性善观的青年比例逐渐上升,而持性恶观的青年比例逐渐下降。但在人性发展观上,不同年龄段青年的态度分布上无显著性差异。相对而言,25—29岁青年的天赋论持有者比例略高于另两个年龄段(见表 9-7)。

表 9-7 不同年龄段青年的人性观分布

		18—24 岁	25—29 岁	30—35 岁
人性本质观	人之初,性本善;人的本性是善良的、好的	69.3%	74.8%	83.3%
	人的本性是自私自利的,性本恶更接近人性	30.7%	25.2%	16.7%
人性发展观	人的本性是天生的	34.5%	37.9%	32.8%
	人是教育的结果,原本没有善恶之分	65.5%	62.1%	67.2%

其二,终极关怀上的年龄差异。18—24 岁、25—29 岁和 30—35 岁三个不同年龄段的青年群体对自我和生命等问题的关注程度上存在显著性差异,越年轻的群体相对思考越多;三个年龄段的青年对于宗教信仰方面的关注和思考无显著年龄差异。另外,就对自我、生命和信仰等三个问题的思考比重看,三个不同年龄段的青年对生命意义的思考相对均较多,但 18—24 岁青年对于自我的思考多于宗教信仰,30—35 岁群体则思考宗教信仰的比重相对多于思考自我(见表 9-8)。

表 9-8 不同年龄段青年对终极问题的关注程度比较(均值±标准差)

	18—24 岁	25—29 岁	30—35 岁	F 值
思考关于自我的问题	46.26±21.18	42.76±20.41	38.72±17.65	14.762***
思考与生命意义有关的问题	53.74±21.99	50.15±21.10	47.48±18.64	8.927***
思考有关宗教信仰的问题	42.45±20.92	42.86±20.09	40.52±19.21	1.519
以上三项综合得分	47.48±17.08	45.26±16.67	42.24±14.55	9.936***

其三,亲社会行为的年龄差异。18—24 岁、25—29 岁和 30—35 岁三个不同年龄段的青年群体的总体亲社会行为的均值依次是 68.54、69.07 和 70.50,三组之间存在显著性差异($F=8.968$,$p<0.001$),30—35 岁青年群体的亲社会行为显著高于另两个群体。就具体的五项测评而言,三个年龄段的青年在同情心、包容度、遵循度和利他性之间存在显著性差异($F_{同情心}=4.435$,$p_{同情心}<0.05$;$F_{包容度}=5.995$,$p_{包容度}<0.01$;$F_{遵循度}=27.161$,$p_{遵循度}<0.001$;$F_{利他性}=34.223$,$p_{利他性}<0.001$),在自制力上三个年龄组之间无显著性差异。30—35 岁青年的同情心和利他行为显著高于 29 岁及以下群体,25—29 岁青年的包容度显著低于另两个群体;值得注意的是,对于公共规则的遵循度呈现出显著的年龄递减效应,即年龄段越高的群体遵循度越低(见图 9-6)。

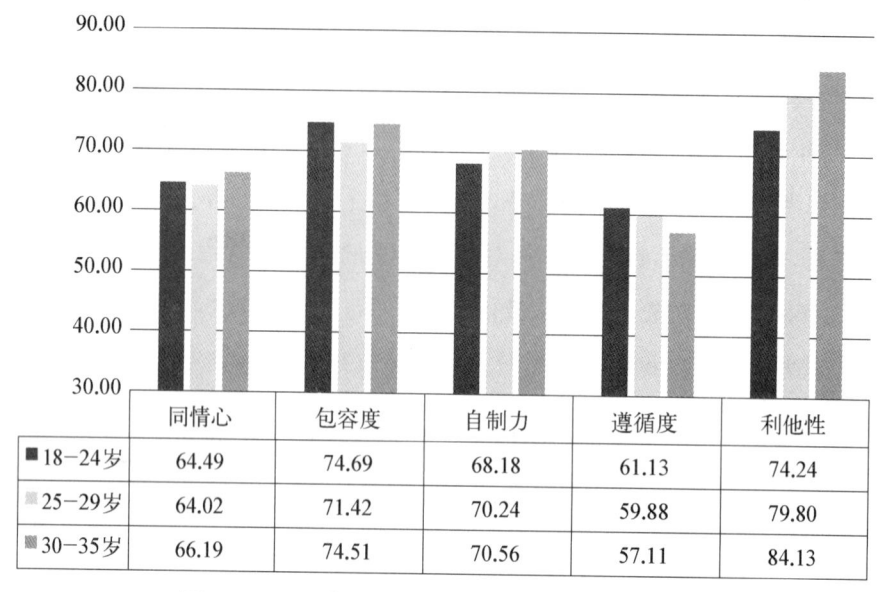

	同情心	包容度	自制力	遵循度	利他性
18—24岁	64.49	74.69	68.18	61.13	74.24
25—29岁	64.02	71.42	70.24	59.88	79.80
30—35岁	66.19	74.51	70.56	57.11	84.13

图9-6 不同年龄段青年的亲社会行为比较(均值)

其四,人文素养主观评价上的年龄差异。18—24岁、25—29岁和30—35岁三个不同年龄段的青年对新时代青年的整体人文素养评价存在显著性差异($F=5.124$, $p<0.01$),均值依次是68.94、70.98和67.84,30—35岁青年的主观评价显著低于25—29岁青年,18—24岁与另两个年龄段之间均不存在显著性差异。

(三)不同学历青年的人文素养比较

如表9-5所示,青年的人性观、对终极问题的思考及主观评价等方面均表现出显著的学历效应。相对研究生学历而言,大专及以下学历的青年更倾向于性善观,也更少思考自我、生命或宗教信仰等问题;高中以下青年的日常阅读相对较少,但高中以下学历和大学本科学历的青年,对青年群体人文素养的主观评价相对要高。

其一,人性观上的学历差异。不同学历青年的人性观差异主要表现在对人性本质的认识上,高中以下、大专、本科和研究生等四组青年中,持性善观的比例依次是81.4%、84.1%、73.1%和66.9%,分布存在显著性差异

($x^2=33.964$,$p<0.001$),本科和研究生学历的青年持性善观的比例相对大专和高中以下青年更低,而持性恶观的比例则较高。

其二,终极关怀上的学历差异。不同学历青年对于终极问题的关注和思考之间存在显著性差异($F=15.168$,$p<0.001$),主要表现在对于自我和生命意义的思考上,呈现出显著的学历效应,即学历越高的青年,对这些问题的关注和思考越多,特别是本科和研究生学历的青年,关注程度显著高于大专和高中以下学历青年(见表9-9)。

表9-9 不同学历青年对终极问题的关注程度比较(均值±标准差)

	高中以下	大 专	本 科	研究生	F 值
思考关于自我的问题	37.76±19.36	37.68±18.71	43.76±19.99	50.00±21.05	19.418***
思考与生命意义有关的问题	46.09±19.24	46.50±20.08	51.40±20.92	56.95±21.41	13.763***
思考有关宗教信仰的问题	40.99±19.47	40.20±19.49	42.27±20.21	43.84±21.35	1.582
以上三项综合得分	41.61±14.94	41.46±15.07	45.81±16.45	50.26±17.07	15.168***

其三,日常阅读上的学历差异。不同学历青年每日用于阅读的时间有显著性差异($F=6.266$,$p<0.001$),高中以下和大专学历的青年显著少于本科($p<0.05$)和研究生学历青年($p<0.01$),研究生学历青年的阅读时间又显著多于本科学历者($p<0.05$)。从阅读时间的分布比例看,彼此的差异相当显著($x^2=35.836$,$p<0.001$)。高中以下学历青年中,有18.6%基本每日不读书,而这一比例在大专、本科和研究生学历的青年中相应为10.3%、7.9%和5.0%,即不读书比例随学历升高而降低;相反,"每日读书2小时以上"者比例则呈现出随学历升高而增加的态势,高中至研究生的四个学历组依次对应为14.3%、12.8%、17.9%和21.9%。

其四,人文素养主观评价上的学历差异。不同学历青年对新时代青年人文素养的整体评价之间呈显著性差异（$F=4.668$，$p<0.01$），高中以下学历青年的整体评价显著高于大专、本科和研究生学历青年，均值依次是73.88、68.34、69.55和66.57。

从表9-5还可看到，职业身份、户籍、收入、所居住的城市等也与青年的人文素养有一定关联。比如，相对无业青年而言，在职青年和学生更倾向持性善观的人性观，对于自我、生命和信仰等终极问题思考更多；相对外地农业户籍青年而言，外地城镇户籍青年更倾向性善观，当地城镇户籍、当地农业户籍和外地城镇户籍青年更多思考终极问题；相对沈阳青年而言，深圳和武汉青年更倾向性善观和天赋论的人性观，也对当下青年的人文素养有更高的主观评价；上海、西安和成都的青年更关注自我、生命和信仰等终极问题。以上这些都说明，青年的人文素养与具体生活情境密切相关，青年的社会人口学变量、所处的城市环境等都会对其人文素养的形成与发展起到重要的影响作用。

三、进一步提升青年人文素养的对策与建议

良好的人文素养无论对于个人的可持续发展，还是对于民族和国家竞争力的提升都是必不可少的。马克思在《1844年经济学哲学手稿》中指出："人以一种全面的方式，也就是说，作为一个完整的人，占有自己全面的本质。"人文素养的培育与提升，是人实现全面发展和实践"人的本质"的基础与条件。本次调查显示，当下青年的人文素养尚有待进一步发展与提升，建议应基于现有的思想资源和现实条件，根据中国新时代建设的需要，融合传统和现代、东方和西方、历史和时代的人文精神和素养要求，完善符合国情、民情、社情的青年人文素养培育系统，以适应和满足我国新时代社会主义现代化国家建设的人才需要。

第一，倡导与推进高质量的青年文化生活，全面提升青年的人文知识。"道不可坐论，德不能空谈"，人文素养培育需要丰富的人文知识加以支持，

而后者又有赖于青年人的文化生活的质量。高质量的文化生活，必然有利提升青年的人文知识乃至人文素养；反之，则会使青年限于低俗、贫瘠甚至反主流价值的文化视野中，又何谈人文？因此，倡导与推进青年的高质量文化生活，既是青年人文知识获得的重要途径，也是提升青年人文素养的可持续化策略。那么，什么才是高质量的文化生活呢？究其构成，应当至少包含三个要素：其一，文化性内涵丰富，即这一生活蕴含着能使人向上、向善、向美的文化价值，使人的身心得到滋养并趋向健康；其二，日常性，即这是一种惯常的生活方式，在日常生活中不但重要而且是经常的、高频次的；其三，可持续性，即这一生活具有不断拓展、提升与发展的空间。就青年群体而言，高质量文化生活的来源主要有三个：其一，学校教育，这是青年文化生活品质来源的基础，也是青年人文知识获得和积累的基本途径。如前文提及本科和研究生学历的青年，对自我、对生命等意义的思考更多，对人文素养的自我要求更高，日常阅读时间更长等，这些都反映出学校教育对于青年文化生活和人文素养的重要影响。其二，自主阅读，这是青年闲暇生活文化品质的敏感指标，是否读、怎么读、读什么，既反映出学校文化教育的持续效力，也表现出青年社会生活的文化追求与价值取向。如本次调查显示，当下青年的阅读呈现"碎片化""功利化""娱乐化"等特征，对于思想性、理论性较强的书籍或信息普遍缺少关注，这无疑不利于青年人获取人文知识和提升人文素养，因此青年人的日常阅读在文化性、思想性和深刻性等方面均亟待提升。其三，社会生活，即包含了家庭、职场、社区、同辈群体及更广泛社会系统中的生活，家庭文化传承、职场文化、社区文化资源（图书馆、博物馆、文化活动中心等）、政府文化设施等，均是青年文化生活可持续发展最丰富的资源和保障。因此，注重学校教育中的人文培育、提升青年闲暇生活的文化品质（特别是阅读质量）、全面加强社会文化资源建设，这些都将有助于青年人文知识的积累、青年人文素养的整体提升。

第二，注重青年人文素养的整体性发展，推动人文精神与人文修养的协同共进。人文素养既是以人为本的精神价值取向,也是日常生活中的善行修为,是知行合一的综合素养。本次调查亦显示,人文素养中的精神指向和行为指向之间存在高度关联性,可以相互促进、彼此助益,但同时也需要看到青年素养发展中的不均衡性。比如,以行为指向的同情心、包容度、自制力、遵循度以及利他性等五个维度而言,青年人的助人利他性和对异见的包容度相对较好,但在对高空不抛物、不闯红灯等公共规范的遵循度上却相对较弱。事实上,这些"善小"却恰恰反映出人文素养的内在建构和外在养成。而且,值得注意的是,青年的年龄、学历与遵循度之间均呈显著负相关,即年龄越大的青年,其对公共规范的遵循度相对越弱;学历越高的青年,其越可能出现违反公共规范的行为。调查显示,18—24岁、25—29岁和30—35岁三组青年的遵循度均值依次是61.66、59.79和56.44;高中以下、大专、本科和研究生等四组不同学历青年的遵循度均值依次是63.11、60.55、59.34和57.52。这表明,年龄和学历可能让人在人文知识上有更多积累,对于自我和生命等人本问题更关注,但并不一定就会内化为人文精神或外化为人文修养。在培育和提升青年人文素养过程中,要注重人文知识的传递、文化资源的供给,更要注重社会生活中的公共伦理和道德建设,推进青年人文素养的整体性发展。

第三,重视青年群体内部的分化和差异性,探索青年人文素养提升的包容性发展策略。青年是一个年龄概念,也是一个社会性概念。这一群体的内部会因学历、收入、职业、价值观、家庭背景等社会性变量而出现分化,存在诸多的亚群体。如本次调查的结果显示,不同性别、不同年龄、不同学历乃至不同户籍、不同收入和不同城市等青年群组之间,在人文素养状况上均存在显著性差异。这就提示我们,在培育和提升青年人文素养的过程中,既要看到普遍的不足,更要关注差异性的需求。就策略而言,既要注重外部的资源供给,也要发挥青年内部的彼此互助,探索可以让所有青年都有机会提升的包容性发展策略。包容性发展(Inclusive Development)是21世纪初的一种新型发展理念,是伴随公平、均等、共享等概念而出现的。其核心要义在于通过稳定的制度安排让每个人都有自由发展的机会,让更多的人享受发展与改革的成果,让弱势群体得到政策和投入的优惠。[①] 就青年人文素养的培育领域而言,至少应包括以下内容。其一,特别关注弱势青年群体,或社会经济处境不利者,或教育发展不利者。当然这两个不利又常常交织在一起。其二,文化资源供给、文化服务均等化的制度安排。其三,必要而适切的社会支持,特别是对差异的尊重和对需求的回应。其四,不同青年群体的共同参与,包括过程合作与成果共享。具体策略诸如:对于低学历青年、农村外来打工青年等群体的文化资源供给与服务设施配置,贫困地区或边远山村青少年的文化资源投入(如图书馆、图书角建设)、特殊需要青年的文化产品开发(如适用于盲聋哑、自闭症、脑瘫等青年群体的文化产品)、不同青年群体的互助平台建设等。

[①] 于海燕、黄文义:《包容性发展与流动人口公共服务公平供给机制优化研究》,《理论导刊》2018年第8期;吕鸣章:《共享发展:从包容性发展到差异共享》,《苏州大学学报(哲学社会科学版)》2017年第6期。

第十章
新时代青年的伦理素养：
行为底线与价值伦理

◎（梁昕　合肥师范学院）

　　2018年，钱理群提出了"精致的利己主义者"一语。网络对其的定义为："精致利己主义者是指经过精心打扮甚至伪装的'利己主义者'。"[①]不少人认为，大多数利己主义者都具有高智商、世俗、老道、善于表演、懂得配合，更善于利用体制达到自己的目的的特点。钱理群同时认为，造成此类人群的出现主要是因为独生子女家庭、唯分数论和唯利是图的社会环境共同作用的结果，他还进一步指出："这种人一旦掌握权力，比一般的贪官污吏危害更大。"

　　钱理群的见解值得我们重视。"80后""90后"和"00后"已成为青年一代，他们经历了我国从20世纪80年代开始到至今的变革——从经济体制改革到科学技术的发展，思想、价值观、道德标准随着社会和形势的发展而发生了变化。作为祖国的接班人，"80后""90后"和"00后"的伦理素养状况和提升值得我们关注和重视。

一、伦理素养的诠释

　　后物质主义的概念由罗纳德·英格尔哈特提出，其在马斯洛需求层次

---

① https://baike.baidu.com/item/精致利己主义者/18152865?fr=aladdin#reference-[1]-18337444-wrap。

理论的基础上认为在衡量人们的动机之时,应将经济作为考虑的一项维度。经济上相对缺乏、在"需求层次理论"上处于较低位置的人群,更加注重安全、制度和规矩等,而经济上相对富足的人群,则会更加重视自由、民主和自我权力等方面的诉求。

关于伦理素养的维度设计。

迄今为止有关伦理的研究主要分为三个层级:元伦理学、应用伦理学和规范伦理学。本研究对于青年伦理素养的监测主要集中在应用伦理学方面。伦理当其指向现象、问题之时,多数人喜欢使用道德一词替代。因此,我们在问卷的设计时大都偏向于道德等方面的内容。

现代伦理学的主流研究主要以行为规则、正当、正义为中心。亚里士多德的伦理体系中,将伦理中的伦理规范、道德义务等与人生目的、价值追求、幸福和完善结合在一起。美国哲学家梯利认为伦理学可以被笼统地定义为包括善恶、义务、道德原则、道德评价和道德行为等方面内容的科学。

部分学者提出,现代社会已进入后物质主义时代,个体的价值观会从"物质主义"向着"后物质主义"转型,青年心目中最重要的社会发展目标将从经济增长向着个体幸福、从着重个体成功到追求自我实现、从对至高理想向着理性思考等多方位地发生转变。①

因此在问卷设计中,我们将从社会价值、伦理次序和社会正义等几方面进行考察。需要指出的是,根据传统社会价值中的核心要素,我们结合现代社会心态设计了青年价值观取向题项,根据沉船实验分析青年的"伦理次序",根据人们对于社会关系的等级排序来判断人们对于人际伦理等有关问题的考量,由此验证英格尔哈特关于当代伦理方面的态度及所持看法是否适用于我国青年。

---

① 包蕾萍、邱天敏:《"80后""90后"的偶像选择:后物质主义价值转型与嬗变》,《当代青年研究》2021年第2期。

二、青年伦理素养研究文献分析

通过文献搜索,我们发现迄今为止有关青年伦理素养的研究已经取得了相当多的成果,内容多偏向于宏观的角度、定性的方法等,缺乏定量以及综合的分析。

(一)青年道德伦理方面的文献研究

在以青年、大学生、在职青年等关键词与伦理素养为组合进行文献搜索过程中,我们发现将伦理作为研究对象时,多数学者都是立足于不同领域具体讨论伦理状况、问题及其改善、提升的策略:例如对学生在科技、信息工程、自媒体等数字科技方面伦理的讨论,[①]对青年在环境问题上的伦理素质的讨论,[②]以及对一些特殊专业的青年及大学生在专业伦理上的讨论[③]等。

上述的讨论偏重于不同领域的或者说是专业的伦理素养,其研究成果中缺乏统一的、定量类型的分析,多数的讨论基本都集中于定性材料的分析,或者对一定范围内的青年从宏观的角度进行研究,缺乏微观视角的分析和详细数据的支撑。

(二)青年社会底线价值的文献研究

由于中国社会发生了巨大的价值观的转变,不少国内学者在以"80后""90后"和"00后"作为研究对象时开始尝试用后物质主义理论分析和解释青年的社会底线价值观,他们认为,与前几代人相比,成长于社会巨变的年轻一代由于其生活水平的提高和物质需求的满足,导致其表现出更多的对

---

① 陈瑜:《理工科大学生科技伦理素养的培育》,《高等教育研究学报》2009年第2期;罗生全、王素月:《人工智能背景下的大学教学伦理重建》,《大学教育科学》2020年第5期。
② 兰海龙、任艳丽:《大学生环境伦理素养现状、问题及对策研究》,《黑龙江教育学院学报》2015年第12期;仇桂且:《生态伦理:大学生生态道德的伦理范式》,《淮阴工学院学报》2019年第4期。
③ 李明:《卫校护生职业伦理素养现状的实证调查及其教育改进建议》,江西师范大学2020年硕士学位论文;杨艳丽、孙立鹏:《基于就业竞争力的大学生专业伦理教育路径》,《黑龙江高教研究》2017年第8期。

非物质因素的追求和满足。①

包蕾萍在《深度现代化:80后90后群体的价值冲突与认同》一文中通过定量调查进行分析并提出,当代社会青年并未持有单一的后物质主义价值观,而更多的是一种将物质与后物质、现代与后现代相混合的价值观。除此之外,在其调查中90.6%的青年认为应当遵守社会规范,重视"诚信"等价值规范。因此,"讲诚信""重规矩"依然是年轻世代看重的个人行为准则和社会价值导向。②

还有学者将网络科技作为研究背景考察青年价值观等的伦理素养,认为在如今"互联网+"的时代,网络生活及其传导的各类价值观正在或已经进入了青年一代的价值观的塑造上。因此,大多数年轻一代对于自我和他者的价值观的看法呈现出包容和自我共存的特点,也即可以接纳和认可多种观点,但自己的行为及价值取向却是唯一的。③

(三) 有关新时代青年的人际伦理的研究

迄今为止,学界对青年人际伦理的专题研究相对较少,有些见解和观点散见于其他的专题研究之中。胡其亮等人在以新媒体为背景对青年群体人际交往现状的调查中提出,网络通信现在已成为青年在日常生活中使用频率最高的沟通方式,但是其使用网络手段也主要是与朋友、亲人和老师(领导)等熟悉的人群之间进行联络,而"新媒体朋友"则处于人数相对较少的一代,并且随着年龄的增长"新媒体朋友"呈现出下降的趋势。④

罗琳琳在《社会资本视角下国有企业"90后"新员工择业状况实证探究》文章中指出,在中国这个人情社会中,青年群体对于家庭社会资本的运用常常能够弥补自身所处社会阶层的不足。人们转变了差序格局中的人际

---

① 魏莉莉:《青年群体的代际价值观转变:基于90后与80后的比较》,《中国青年研究》2016年第10期;李春玲:《从80后和90后的价值观转变看年轻一代的先行性》,《河北学刊》2015年第3期。
② 包蕾萍:《深度现代化:80后90后群体的价值冲突与认同》,《中国青年研究》2019年第8期。
③ 李庆真:《网络化背景下青年价值观代际群比较研究》,《浙江社会科学》2016年第3期。
④ 胡其亮、苏伯文:《新媒体环境下青年群体人际交往现状调查》,《保定学院学报》2021年第2期。

关系模式，将亲情转化为一种交换网，并成为一种投资。在这样的社会交换网络中其关系人地位越高，个体的择业信心越足。当个体可仰仗的资源足够丰富，则个体自身为完成预期目标的各项准备、安排及努力会相对较少。①

通过以上文献的回顾，我们可以明白对于青年一代的伦理、价值观等的研究早已得到社会的重视，大多数的学者都注意到了现代信息科技、多元文化对于青年人"三观"的影响。不少学者或通过定量分析，或进行定性分析，从不同的侧面提出青年一代在伦理、价值观上的优势和存在的问题。

三、伦理素养维度设计

在参考学者的相关研究成果以及对概念界定之后，我们此次调查将伦理素养界定为：人们在日常生活中对社会底层观念、价值伦理等方面所持有的看法，并在青年伦理素养中设置了三个维度：规范伦理、底线伦理和以"差序格局"为基础的人际关系中所蕴含的应用伦理。这三个维度，从形而上的较为抽象的社会价值观逐步下降到形而下的对人际关系的看法。

通常，人们对于伦理的考虑更多的是从人们行为品性中的"善恶"出发。也就是说，人们日常的道德生活实践中大多数都包含着各类的道德判断，其中规范伦理便包含着人们对于所谓的品性、价值、正当性等方面的考虑；底线伦理则是对现代社会所有成员都应遵守的基本义务的内容、范围及行为根据等方面的理解；"差序格局"所代表的应用伦理，则是对传统观念下的关系本位的理解。

在规范伦理方面，对于现代社会中人们最基本的规范理解，我们借用了罗斯在"义务论"中提出的六种"显见义务"（prima facie duties），结合现代社会的部分社会义务制定出了调查和研究内容。

"沉船实验"的设计是一项建立在虚拟基础上的道德判断题。通过这一

---

① 罗琳琳：《社会资本视角下国有企业"90后"新员工择业状况实证探究》，《人才资源开发》2019年第7期。

设计,让青年受访者根据自己实际所持的道德准则进行选择。在极端环境下,12位待救的人选中只能选择其中的6位登上救生船。从某种意义上来说,12位不同的待救人员的选择综合起来代表了大众在日常生活中不同类型的道德准则:"生存原则""生存可能性原则""自我优先原则""妇女儿童优先的原则""最大功利或快乐原则""补偿原则""德性原则"等七项原则。

而在考察人们有关关系本位上的看法和所持有的态度时,我们问卷的假设是建立在费孝通先生提出的"差序格局"和"团体格局"的理论基础之上的,同时结合现代社会中一些新型的人际关系进行考察,内容包含了人们对于以我为中心的各类社会关系的格局及看法。

在将后物质时代价值观作为研究和观察背景时,本次研究维度的设计就成为对青年一代的价值观、道德伦理及应用伦理究竟是物质时代、后物质时代,或者如同某些学者所说的两者混合的产物的一次验证或者讨论。本次调查变量设计中,"底线价值观"和"沉船实验"所讨论的更多是人们在底线伦理学、规范伦理学等方面的取向,而有关"人际关系"的取向则是在应用伦理学方面进行试探性的讨论。

四、综合数据分析

(一) 新时代青年有清晰的"界限"意识

底线伦理是现代社会全体成员都应当遵守的基本义务。从伦理的角度来说,底线伦理代表了人们在社会行为中应恪守的基本底线,一旦突破了就会造成社会规则和秩序的破坏。本次研究的有关调查数据如图10-1。

调查数据显示,多数新时代青年认为,社会底线价值观的重点主要集中在"遵守规则"和"不伤害他人"两项上,而其他的底线价值观项认同数据则相对较为接近。不论是"遵守规则"还是"不伤害他人",或是列于第三的"尊重"都表现出新时代青年对于自身与他人的权利和义务有着明确的认识,希望每个人能做到不侵犯他人的权利、不损害他人的利益(见图10-1)。

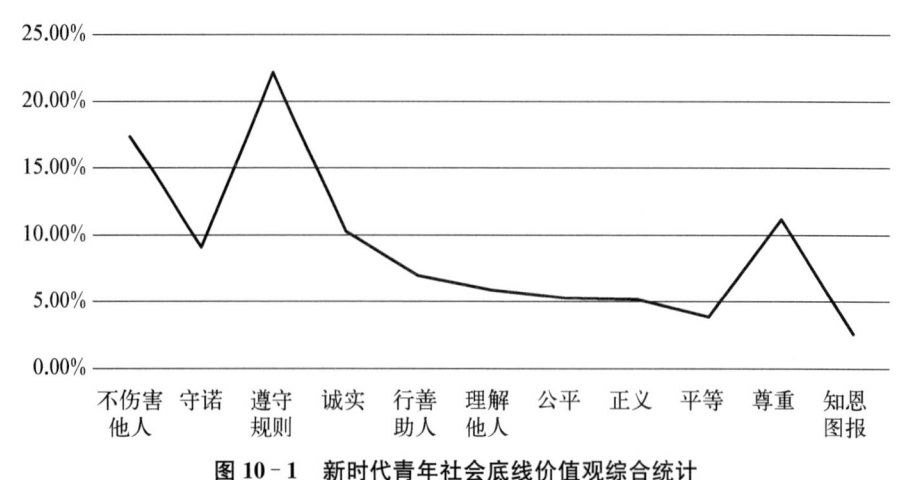

```
25.00%
20.00%
15.00%
10.00%
5.00%
0.00%
```
不伤害他人　守诺　遵守规则　诚实　行善助人　理解他人　公平　正义　平等　尊重　知恩图报

图 10-1　新时代青年社会底线价值观综合统计

（二）沉船实验中的受访青年基本持有"生命高于一切"的看法

沉船实验的设计是在模拟的伦理情境中，人们根据自身价值观的判断，选择优先登船的人员。设定的情景是：前来救援的救生艇上仅剩有 6 个搭载名额，要求受访者只能从留在即将沉没的船上的 12 人中选择 6 人登船。被救的 6 人即有生还的希望，而剩余的 6 人则面临极大的死亡可能。此题的选择通过伦理困境检验新时代青年在伦理价值观上的偏向：不同的选择则代表了不同的价值取向和伦理观点（见图 10-2）。

沉船实验检验的伦理是在面临只能拯救一半人的情况下，人们舍弃宗教、亲情等多重因素而不得不做出的痛苦决定：为了能够保存一部分人生还的可能，必须以牺牲另一部分人的生命为代价，通过这项实验来检验人们的价值取向。根据图 10-2 可以看出，受访青年选择的 6 位登船者中有 4 位相对集中，他们分别是船长、青年精英、72 岁的医生和你自己。其原因在于人们首先需要考虑的是"生存可能性原则"：在完成了"生存可能"的基本假设之后，人们更多考虑的是登上救生船之后这 6 个人如何生存下去，即在即将开始的海上漂流中如何才能够最大限度地让他们存活下去。因此，受访青年认为被救成员中应有一位具有丰富的航海经验的人，以确保航海安

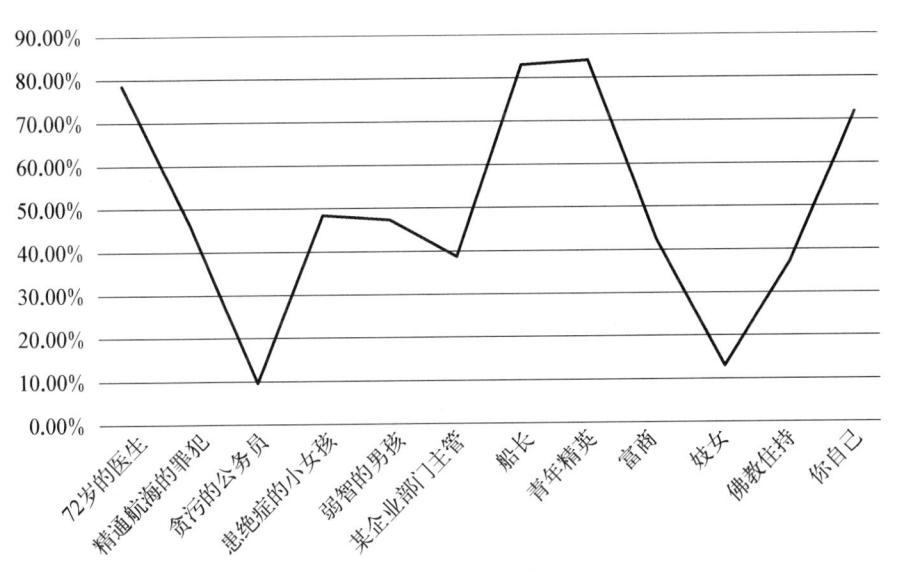

图 10-2 沉船实验中被选择优先搭救的 6 人综合统计

全;同时为了保证登船者生病时能得到及时和有效的救治,医生就自然成为 6 位高得票者之中的 1 位。

你自己的这一选项代表了受访者的"自我优先原则"。不论在投票之时,受访青年是否自己已真正进入虚构的情境之中,也不论受访青年是出于希望自己可以被选中获救,或者希望自己能够有何种被救的价值,或者期望实现自己的"奉献"情怀等,这一选项的本质都显示了利己主义的动机。

同时,受访青年也普遍认可"最大功利原则",这使得青年精英得到了较多的选票。其原因并不类似于船长和医生属于工具型的角色,以及你自己的求生本能,更多的是受访青年出于将来创造社会价值的可能性的考虑:青年精英有更多的时间创造出更多的社会价值。

(三) 德行是青年一代判断一个人好坏的主要标准

在沉船实验中,除了图 10-2 的数据中通过多重响应的方式得到优先登船的 6 个人之外,还调查了受访青年对优先登船者第一位至第六位的排序。我们在进行数据分析时注意到了第一位优先登船的人选和作为第六位登船人选之间的区别。

图 10-3 的数据显示,受访青年首先推荐的登船对象主要集中于船长、精英、医生和你自己这四个选项。这样的选择反映了他们的考虑是,登船者在获得生存的机会之后,能够存活下去,同时也反映出了人们都有自我求生本能的倾向。

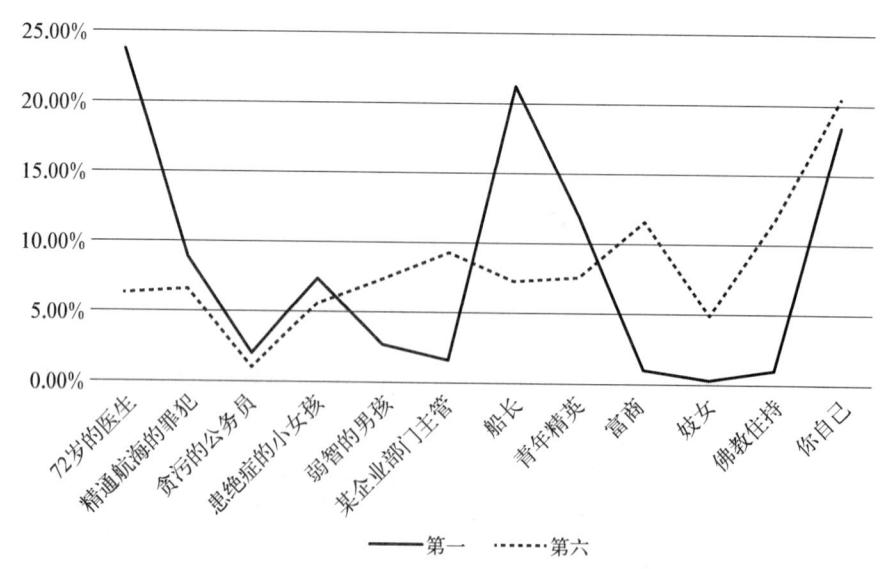

图 10-3 沉船实验中第一位和第六位优先登船人选统计

统计数据显示,在船长、精英、医生和你自己四个选项之外,富商和佛教住持也出现在优先搭救的 6 个人名单之中。富商从一定程度上与青年精英类同,都是人们基于功利的角度而被选中的对象。而佛教住持则可能是出于快乐原则的角度考虑。受访青年可能认为海上漂流求生会是一项极为考验个人心理承受能力的过程,佛教住持一定程度上可以稳定整船被救人员的精神及心理状态上的平和与安定(见图 10-3)。

在这项实验调查中,值得一提的是,不论是多重响应的综合表现,还是首末位选择的分类响应,贪污的公务员和妓女两者都处于选择的最低位。这表明了人们在作出判断时,规范伦理上的德行是一个重要考量因素。沉船上,人们首先考虑的是把有用的人和可以创造更多社会价值的人救出来,但如果此人品行不端,则不予考虑;公务员从社会管理层面而言具有一定的作用,但大多数受访青年依然认为品质或者道德不高尚之人不配登船;至于贪污者和妓女在道德层面都有"不洁"的缺陷,因此自然被排在选择的末尾。

(四) 血缘关系仍然是国内人际关系中的第一纽带

底线价值观和沉船实验的讨论是基于受访者内在的自我伦理标准和取向之上,是一种形而上的讨论,是对社会价值、伦理次序的讨论。但在现实之中,这样的讨论需要从实际应用的角度对社会现象进行观察,因此受访者如何看待不同类型的人际关系在交往中的权重分配问题,是对新时代社会运行、社会资本和社会网络结构等背后的应用伦理的反映。

关系是了解中国社会结构的关键性概念,也是透视中国社会结构、社会价值方面的一个重要窗口与指标。"差序格局"是费孝通于 20 世纪 50 年代提出的有关中国传统社会关系表现的观点,权威性地解释了中国的社会人际关系,在各类领域内被广泛应用。其含义为显示整个社会结构中以个人为中心,个体如何看待各类人际关系中的亲疏远近。然而,随着世界全球化

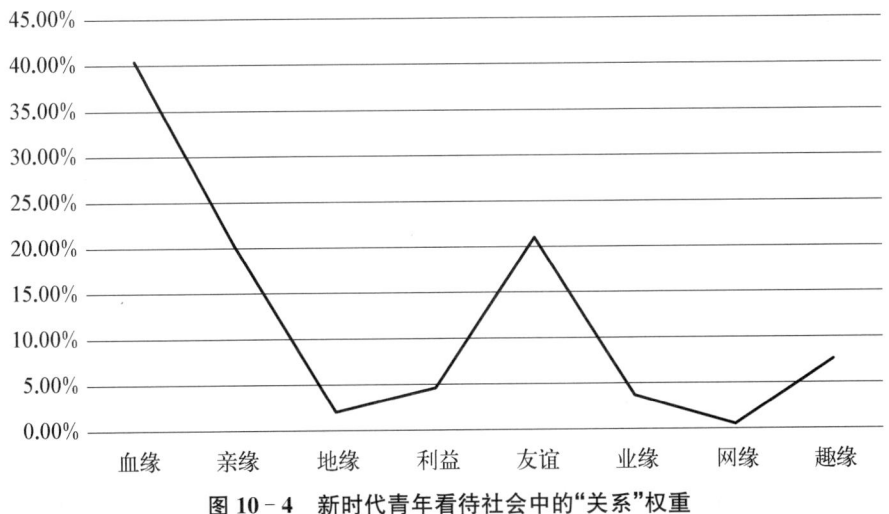

图 10-4 新时代青年看待社会中的"关系"权重

进程的加速,差序格局这一社会结构认识究竟有多大程度上依然存在于现代中国社会之中,尤其是多大程度上依然存在于大量接受全球文化价值输入的青年人的意识中,则是我们在伦理问题设计时考虑的初衷。

统计数据显示,即便是大量接受西方文化输入的青年人,也依然认为当今中国社会中血缘关系是人际关系中最为重要的纽带,其次为亲缘关系和友谊。有趣的是,"趣缘"成为位列第四的人际关系,而"网缘"则被认为属于最为疏松的人际关系。这或许说明了虽然现代社会与虚拟世界已密不可分,但由于网络世界的匿名性、单面性等特点,青年人依然无法真正地信任虚拟世界中建立的人际关系。

五、不同维度下伦理素养的体现

关于伦理素养的评价,仁智各异,通常每个人都持有自己的道德标准和价值观。但因时代特征、环境文化等诸多因素的存在,本次调查假设不同的群体仍然存有一定的同质特点,综合了多项交叉维度之后的数据显示,不同的亚群体在评判各项指标时会呈现出不同的差异。因此,本次调查在针对不同维度的交叉变量分析中,选择性别、收入、学历、婚姻状态四个维度进行分析。

（一）性别维度下青年伦理素养的分析

社会性别理论认为性别分为生理性别和社会性别。生理性别即为与生俱来的男女的生物属性,而社会性别则由心理、文化和社会等多重因素共同建构而成。社会性别的不同实际上是经社会实践而形成的男性和女性在不同性别的角色、行为、思想、价值观等方面的差异。人们对于社会性别及其社会角色的认定受社会文化的影响,同时也表现为在不同社会、文化环境下,男性与女性对于自我及他人的要求也有所不同。

1. 性别维度下女性的"界限"需求高于男性。图 10-5 统计数据显示,男性与女性之间都认为"遵守规则"为社会最主要的底线价值,而两者的主要分歧在"不伤害他人""守诺"和"尊重"三点：女性在"不伤害他人"和"尊重"方面的要求高于男性，而男性在"守诺"这一选项上高于女性。出现这种差异与双方本身的社会性别有着直接的关联。遵守规则意味着不论是男性还是女性，作为已进入或基本完成"社会化进程"的青年，都将其作为"社会人"的一项共同要求。但是两者的生理性别和社会性别都决定了对其他核心价值的不同要求。女性更倾向于性别平等，也希望改变社会中"男性统治"和"女性服从"的固有观念，要求男性减少利用自身的生理及社会性别优势，同时给予女性更多的尊重和保护。

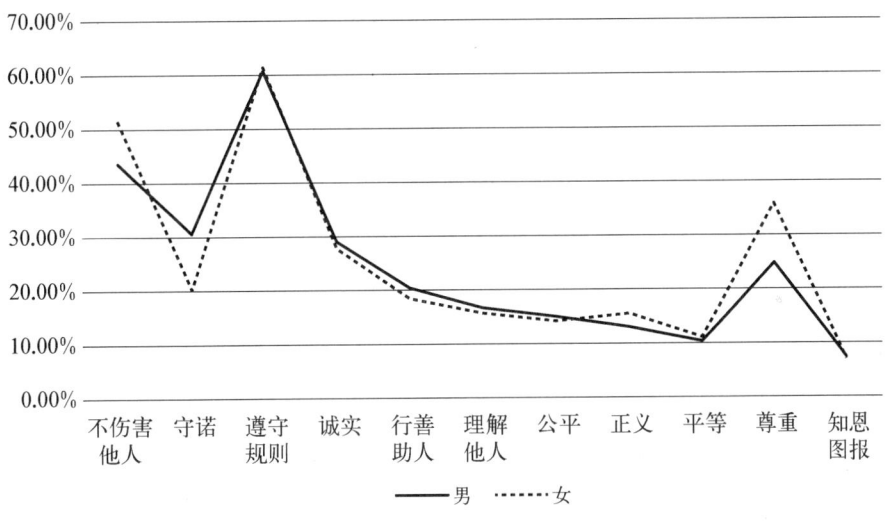

图 10-5　性别维度下新时代青年的社会底线价值观

2. 女性更注重存活可能、德行等伦理素养。这一现象在沉船实验中得到了证实（见图 10-6）。

在沉船实验中，女性与男性的选择关注点存在一定差异。女性对于"存活可能原则"的选择意愿相对高于男性，"自我优先"和"社会价值原则"的选项意愿也略高于男性，同时她们也更为重视德行表现：与男性相比，更倾向于放弃"贪污的公务员"和"妓女"等在德行上有污点的人物，而多选择"青年

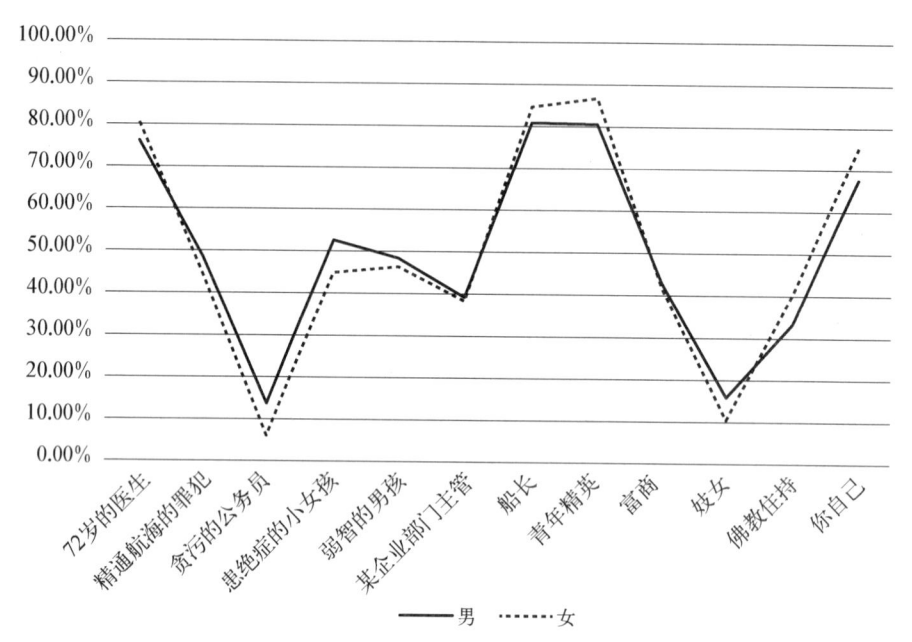

```
100.00%
90.00%
80.00%
70.00%
60.00%
50.00%
40.00%
30.00%
20.00%
10.00%
0.00%
```
72岁的医生　精通航海的罪犯　贪污的公务员　患绝症的小女孩　弱智的男孩　某企业部门主管　船长　青年精英　富商　妓女　佛教住持　你自己

—— 男　······ 女

图 10-6　性别维度下沉船实验中优先登船的人选统计

精英""富商"等可以创造更多社会价值的人物。

3. 人伦关系中女性更强调血缘和亲缘。在人伦关系的选择上，可以看出男性和女性在血缘选项上出现较大分歧。较之男性，女性更为重视血缘关系。这究竟是因为女性出于母爱或者生活中更多地承担着照顾家庭成员的责任而更为在意血缘带来的纽带作用，还是女性在家庭、社会中体验到更多的来自血缘关系因素的影响，还有待于进一步调查和研究。但毋庸置疑的是大多数女性更为重视血缘、亲缘之间的关系，以及亲情带来的联系（见图 10-7）。

(二) 收入维度下青年伦理素养的分析

1. 青年一代不论收入高低，都十分强调基本的契约精神。契约精神主要是指存在于现代商品经济社会的一种伦理价值和理念，其所派生的契约关系和内在的价值代表了自由、平等、守信等多重类型的精神。一些前期研究表明，不同收入群体的实际价值观会略有不同。但即便如此，在对于社会

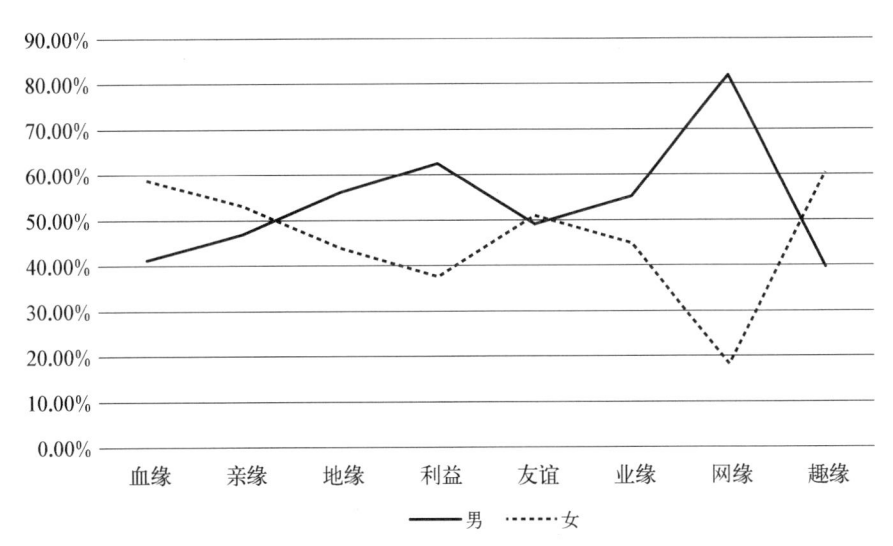

图 10-7 性别维度下男女青年如何看待社会中的关系权重比较

底线价值的认同上，几乎不同收入的人群均持有相同的观点：遵守规则为第一准则，不伤害他人为第二准则，而第三和第四准则分别为尊重和诚实。由此可以看出，从社会公共精神的角度出发，几乎所有人都认为社会行为应当建立在基本的契约精神上，不违反规则，不侵犯他人权利（见图 10-8）。

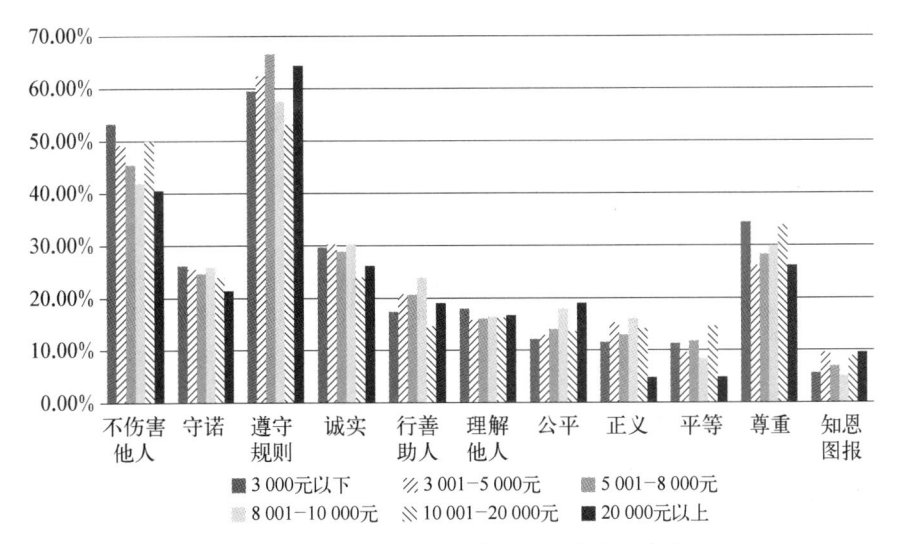

图 10-8 收入维度下当代青年的社会底线价值观

2. 月均收入万元、万元以下和以上的人对于剩余名额的分配具有明显"价值"取向。沉船实验的背景及设计初衷已在前文说明。统计数据显示，不同收入的人群对待优先上船的选择略有不同。但推选船长、医生、自己和青年精英作为优先上船者则是共识。这种情况的出现源于生存可能、社会价值和自我优先三项原则。但是对于优先上船6人中剩余的2个登船人选的选择则存在差异。数据显示，1万元月收入成为划分此类不同的"分水岭"。月收入1万元以下的人群更为遵循弱者定律，主张妇女儿童优先登船，而收入1万元以上的人群则在强调弱者优先的基本原则的同时，还倾向于富商这一选项。根据综合所有群体的数据比较来看，月收入1万元以下的人群更加注重所有原则的均衡选择，而1万元以上的人群则带有明显的"价值"取向，即根据备选中获救的角色其登船后的实际价值，以及获救后是否能够为社会作出更多的贡献和价值来作为选择的标准（见图10-9）。

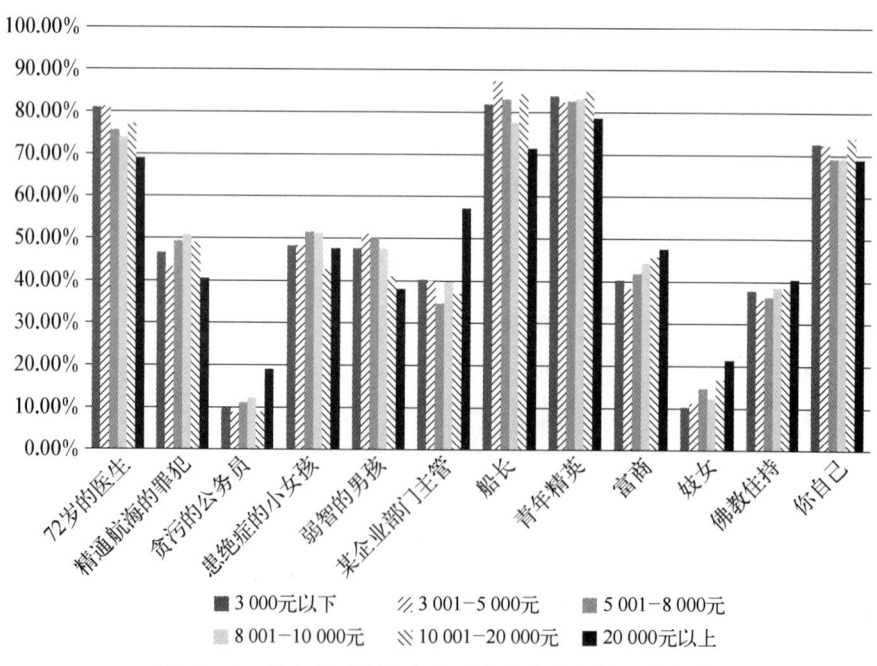

图10-9 收入维度下沉船实验中优先上船的六个人选

3. 月均收入万元以上的人群较万元以下收入者更加注重友谊。统计数据显示,在人际关系上,虽然所有人认为当今社会最为重要的人际关系依然为血缘关系,但除此之外,不同收入水平的人群也有属于自己的取向和偏好。在仅次于血缘关系的亲缘和友谊两类占比较重的人际关系中,收入在1万元以上的人群更为重视友谊,而1万元以下的收入人群重视友谊和亲缘的比重十分接近(见图10-10)。

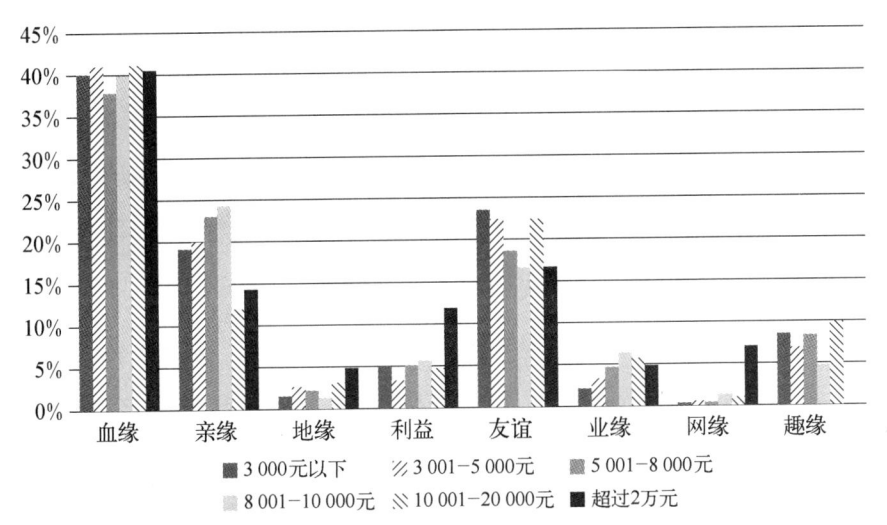

图 10-10 收入维度下新时代青年看待社会中的"关系"权重

(三) 受教育程度维度下青年伦理素养分析

1. 受教育程度高低两端的人的分类统计数据与综合统计数据存在一定差异。与综合数据一致,所有受教育群体均认为"遵守规则""不伤害他人"是社会的底线价值观。需要指出的是,初中文化程度及以下的群体在"守诺""平等""知恩图报"三个选项上全部为零,而博士研究生人群则在"理解他人"的选项上明显异于其他群体:数据远远高出其他五类群体。究竟是什么原因造成这两类群体在这几项选择上存在差异,暂时还不得而知,有待于今后进一步研究(见图10-11)。

图 10-11 受教育程度维度下新时代青年的社会底线价值观

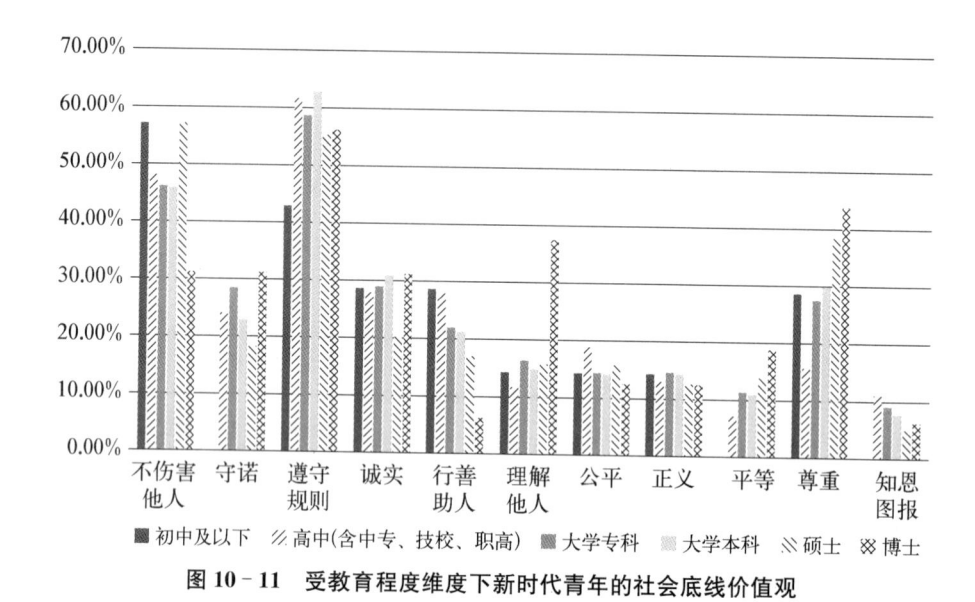

2. 沉船实验中大专以下人群更为注重弱者,大专及以上人群则更为注重社会价值。受教育程度从某种程度上来说代表了接受教育者在某些情境下的理性思维程度。调查数据显示,除一致推选的优先上船的 4 个对象之外,随着受教育程度的上升,分歧主要集中在究竟是认可妇女儿童为优先的原则,还是强调以社会价值作为优先的原则。根据数据按占有百分比进行顺序排列筛选列于第五、第六位的群体,我们可以发现:大专以下学历者更为注重的是弱者定律,即在施救中优先弱者上船,因此"患绝症的小女孩"和"弱智的男孩"同时进入前六位。当受教育程度上升至硕士研究生后,对弱者的选择数量明显减少,甚至将两项弱者减少为了一项,"弱智的男孩"不在优先登船的名额之中,而"精通航海的罪犯"取而代之进入选项;博士研究生群体的优先登船的推选名单之上消失了弱者,取而代之的是"富商"和"精通航海的罪犯"。由此我们可以得出以下结论:随着个人受教育程度的上升,受到义务论的影响逐渐降低,推选人时更注重对方的实用性,最大可能保证登船者能够

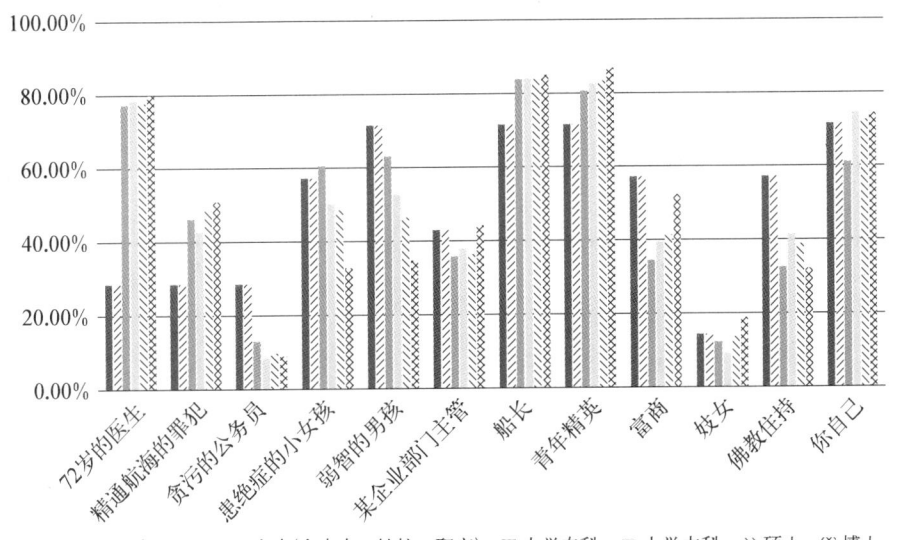

生存下去并在未来创造出更多的社会价值(见图 10-12)。

图 10-12 受教育程度维度下沉船实验中优先登船的 6 个人选统计

3. 受教育程度越高,重视亲缘的程度越低。对于接受不同教育程度的受访青年来说,血缘、亲缘和友谊是大部分青年在日常生活中最为看重的三种关系,但不同群体对这三种关系的重视度存有些许差异。虽然博士群体与其他几类群体同样最为重视血缘,但亲缘关系和友谊在该群体心目中的地位则低于其他群体。他们更为看重的是趣缘、网缘、地缘等有关方面的内容。之所以形成这种差异的原因或许与不同群体社会交往习惯和取向不同有关,博士群体在研究、工作中专业化程度高,所交之友更多为行业内人员,兼之日常生活及工作环境对于网络等传播媒介依赖程度较高,因此相较其他群体更为重视由于兴趣爱好、网络或地域相近等建立起的社会关系。而初中学历群体由于社会交际程度及辐射范围有限,其交往范围更多局限于凭借血缘、亲缘和友谊建立起的社会关系(见图 10-13)。

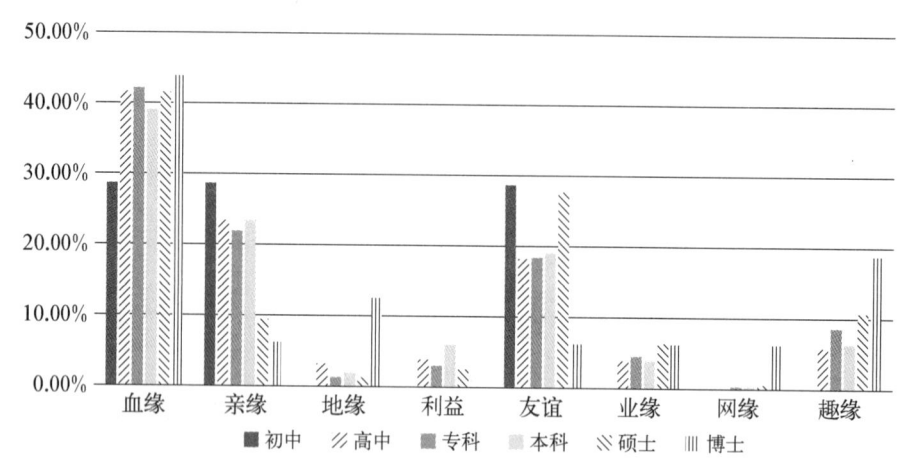

图 10-13 受教育程度维度下新时代青年如何看待社会中的"关系"权重

（四）婚育维度下新时代青年的伦理素养分析

婚姻对于新时代青年而言，是人生中的重要事件，也是观念转变的重要分水岭。因此，我们将受访青年划分为未婚、已婚未育、已婚已育、离异单身和离异有子（女）等五类。调查统计数据显示，在婚育维度下，婚姻的完整程度是划分伦理标准和倾向的主要因素。

1. 婚姻是否受损成为人们在社会底线价值观方面的主要分水岭。"遵守规则"始终是所有群体公认的社会底线价值观，"不伤害他人"的社会准则在个人婚姻解体之前也保持了较高的指数，但伴随着婚姻和家庭状态的解体，婚姻受损者的"不伤害他人"的指数出现了下降的趋势，而且如果在婚姻解体之后，受访者生活状态越复杂[例如：离异有子（女）等情况]，"不伤害他人"的指数则越低；"尊重"选项也同样显示出了相似的趋势（见图10-14）。

2. 沉船实验中离异有子（女）人群表现出极低的自我评价。在婚育维度下，调查沉船实验数据显示，离异有子（女）的群体在优先登船者的选择上与其他群体存在较大的差距。离异有子（女）的群体将"弱智的男孩"和"贪污的公务员"列入第一优选登船对象的名单内，其次为"精通航海的罪犯""青年精英""某企业部门主管"和"患绝症的小女孩"，而其他群体选择的作为优

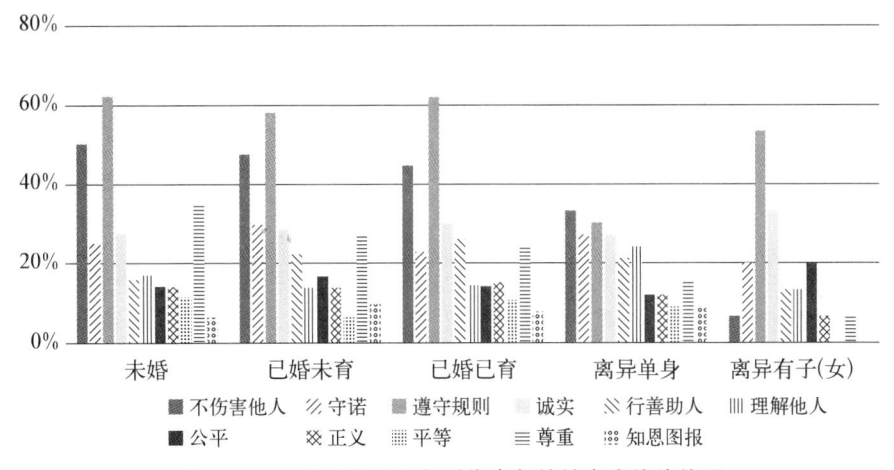

图 10-14　婚育维度下新时代青年的社会底线价值观

先登船者的船长、医生和你自己三个选项均不作为优选对象出现。更值得注意的是,离异有子(女)群体将"你自己"排至十二个选项的末位,其中仅有20%的受访青年将自己列入优先安排上船的名单之内,整个群体表现出了极低的自我求生欲望(见图10-15)。

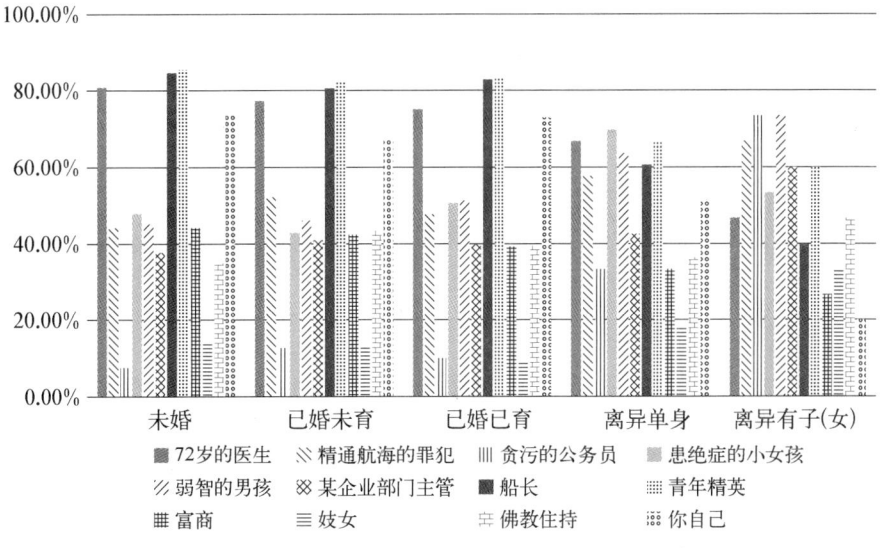

图 10-15　婚育维度下沉船实验中优先登船人选

3. 离异后的新时代青年群体更为看重友谊。婚姻对于人生和人的观点会产生极大的影响。一个人如果经历了婚姻破裂，往往会在社会中做出与他人或者与本人婚姻存续时期不同的选择，当然我们设定这种选择仍是符合社会道德准则的，同时他们重视的社会关系也会发生变化。

图 10-16 显示：在所看重的人际关系上，离异有子（女）群体表现出了一种特殊状态。家庭完整的受访青年最为看重的是血缘、亲缘等亲属关系，但遭遇婚姻关系破裂的青年最为看重的是人与人之间的友谊。离异同时育有子（女）的群体在重视友谊之外，还十分看重业缘。这类数据与日常生活中所常见的离异有子（女）家庭父亲/母亲与子/女之间表现出的高关注度、高黏合度的状态有所不同，其具体原因有待日后进一步观察和研究。

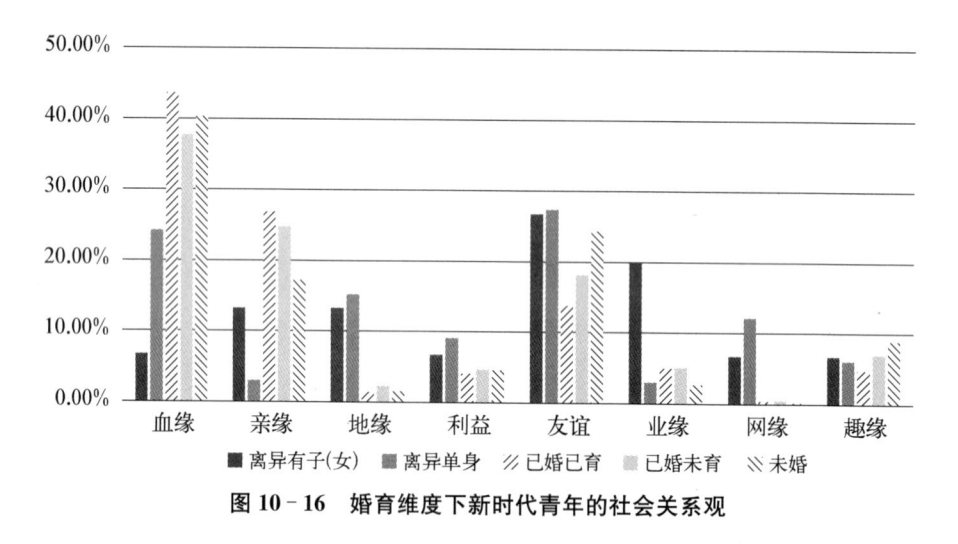

图 10-16 婚育维度下新时代青年的社会关系观

六、提升青年伦理素养的对策和建议

英格尔哈特在《现代化与后现代化》一书中在尽可能明确定义"后物质时代"概念的基础上，重点解读了后物质主义价值观。有学者提出，后物质主义价值观的实质是从强调个人服从群体规范转向越来越强调个体有选择生活方式的自由，而这样的自由是建立在怀疑关于真理、理性、同一性和客观性等准则的基础上的。人们趋向越来越强调生存、个体选择、价值理性等标准。① 在沉船实验的统计数据中,当青年开始更多地从价值理性的角度考虑优先登船的人选时,后物质主义价值观便逐渐显现出来。但是,与此同时我们不能疏忽的是,在关于社会底层价值观方面,新时代青年群体依然秉持的是现代社会的价值体系,期待更多的公平、正义和规范。因此,相较于评判青年一代的伦理和价值观更加偏向于物质时代或者后物质时代,本项研究的调查数据则更为支持青年一代的混合伦理②的观点。即便如此,新时代青年的伦理道德和价值观依然有需要注意和调整之处,有待进一步的提升。

(一) 倡导"人道主义"关怀,培养青年一代的仁心

沉船实验中的综合数据体现出新时代青年在面对"生存"时刻的"价值理性"取向,但是对于社会而言,如果仅仅只考虑选择有利于自己的"价值",那么无疑是将"价值"的内涵变得窄且狭隘。一个社会如果无法建立"老吾老以及人之老,幼吾幼以及人之幼"的公共意识和公共伦理,那么整个社会将会变得冷漠且缺乏人性。因此,在面向社会的宣传和引导中,应对新时代青年的"价值"和"个人自主"的内涵进行普及和拓展,帮助他们建立更为宽泛和具有普世性的"个人自主"观念,只有这样,才能够促进整个社会转向一个更具"价值"、更为人性化的社会。

(二) 规范网络环境,注意舆论引导

后物质主义价值观发轫于西方社会。在现阶段,西方发达国家已经基本进入后物质时代,而我国目前依然还处于物质时代和后物质时代更迭的阶段。但是网络的普遍使用已广泛传播和普及了西方的价值观,在这样的大环境下,善于接受新思潮的部分青年可能会脱离社会实际而去追求不切实际的后物质时代,甚而过犹不及地形成"精致的利己主义"的倾向。如果

---

① 薄晓凌:《后现代主义思潮影响下青年理想信念的解构与重塑》,《安康学院学报》2021年第1期。
② 混合伦理是指伦理取向融合了物质主义和后物质主义双重伦理和价值观后所形成的伦理和价值观。

年轻人不辨良莠、全盘接受西方价值观，就有可能给我国的社会、法治等方方面面带来动荡和不安。

凡此种种都清楚表明，网络并非法外之地。我国应当重视新时代青年伦理、价值观等方面的宣传和培养，通过净网、滤网等多种方式，过滤掉网络中不适宜现代国内发展情况的观点和思潮，同时加大能推动我国现阶段发展的伦理道德及价值观的宣传，引导青年人在网络中的行为和观点，在保证青年人拥有足够的信息资源辅助自己进行深入思考的同时，可以有效地抵制西方不良观点和价值观，改善自身原有的思想，培养出正确的价值观。

(三) 提高新时代青年的个人能力，帮助其拓展更多"缘分"

新时代青年在应用伦理方面的人际伦理中最为重视因血缘关系建立起的社会资本与社会网络。对于家庭、家族关系的运用属于社会资本的运用范畴。但是，如果只是依赖社会资本和社会网络，就容易造成整个社会的不公平和不正义。

根据这种情况就需要帮助新时代青年拓展能力，让这一群体通过更多的途径结识更多不同类型的社会关系，逐渐帮助其凭借自己的实力在社会、工作中立稳脚跟，自食其力、自力更生地面对职场、社会和挑战，并建立起正确的应用价值观。

第十一章
新时代青年的审美素养：
美的标准与取向

◎（梁昕　合肥师范学院）

在网络给予社会极大影响的当代，青年人的审美在网络中体现出了"唯颜"的现象，大量的流量小生、流量小花、女团、男团的出现也似乎佐证了这样的时代特征。对于这种状况，一些学者认为当前青年人的审美素养反映了青年人新的特点与情趣，但另有一些学者则认为青年人的审美正在走向混乱和无序。

随着青年人的审美观发生变化，学界的相关研究也逐渐展开。迄今为止，有关网络中青年审美素养方面的研究多以定性分析为主，学者也多以文字材料或者社会现象、网络现象为基础进行分析，对于定量方面的调查和研究相对较少。因此，目前的研究和分析结论可能尚不足以体现新时代青年的整体特征。

一、审美素养分析的理论基础

孙抱弘等在《后发型现代化进程与民族性发展——新时代国民素质与青少年教育建构性演进之路的探讨》一文中将生存、生活（社会伦理）和存在（精神或价值）的三个层面九项内容作为衡量国民素质的基本要素，其中"存在素质"概念中包含了"审美素养（美）"一项的内容；在"大系统"中影响人类素养的诸多因素中包含制度、文化、意识形态，社会对于素养的作用也不容忽视；随着社会的进步、新生事物的不断出现，人们在素养方面的表现已由过去的"极端的""简单划一""无机碎片化"的思维方式向着"中和间性""多样共存""有机整合化"的方向发展①。

本次调查数据显示，在审美方面，虽然大多数受访青年能够接受和包容更为多元的美的表征，但是对于美的内核基本上保持了相当程度一致的判断。我们认为，这种相当程度一致并不能说是一种极端，而是比较客观地反映出当代青年人在复杂的社会环境和不同体系的文化、文明影响下对美的内核依然拥有基本统一的态度、认知及标准。

二、审美素养调查数据的来源及相关研究

（一）调查对象的选取

本研究数据基于上海社会科学院中国马克思主义研究所和上海社会科学院国民精神与素质研究中心于2019年进行的全国青年素养调查所收集的数据为基础进行分析。该调查样本选择在上海、北京、深圳、西安、武汉、成都、沈阳七座城市居住半年以上，年龄18—35周岁的青年群体，包括大学生和研究生等在读学生、在职青年、自由职业者、暂时失业者、家庭主妇/夫等职业群体。除了以上的主体调查对象外，本研究还将初中生作为分析的参考对象。新时代青年的审美素养是上述调查的重要研究项目之一。

（二）变量的来源及设计标准

美是美学界研究的重要课题之一。迄今为止，学者对于青年人的审美素养多从审美活动、审美价值观、审美趣味和审美修养等方面做出界定、展开论述。代良伟认为，日常生活中人们实际都具备简单的鉴美能力。每个人在审美活动中的倾向性也极具个人色彩，因此审美本身实际是一种富有

---

① 孙抱弘、瞿钧：《后发型现代化进程与民族性发展——新时代国民素质与青少年教育建构性演进之路的探讨》，《青年发展论坛》2019年第29期。

情感并带有主观尺度感的喜好和偏爱,是人们审美意识和审美能力的综合体。①

徐燕杭在《中国青年审美活动状况研究》一文中提出,现阶段学者对于审美课题的研究多集中在消费主义背景下的审美活动以及实证研究下的审美活动两个方面,但是多数的研究过度区分了日常审美和经典审美之间的不同,而忽略了日常生活中可能存在的反思性的审美领域及对这一领域的分析。②

除此之外,马友平在阐述亚文化对于青年一代的影响之时,认为"审美是指审美主体对审美客体进行的一种观照活动,是一种排除了实用功利色彩而达到了身心愉悦即'无目的的合目的'的活动",并提出亚审美的概念,认为现代青年在审美方面除了呈现出个性化、开放化、感性化和行为化、流行化与世俗化的趋向之外,同时也存在对"美"的领悟能力的集体下降、存在畸趣等方面的问题。③

参考上文所引用学者的观点,本研究对于新时代青年的审美素养之中的审美二字则简单地定义为人们对待审美对象的看法及品评标准。虽然虚拟世界是当代青年休闲娱乐的主要载体之一,但本研究所关注的重点则包含工作、休闲娱乐、生活现实世界中青年人对于美的看法,并在此基础上与虚拟世界中的审美现象进行对比,对一些交叉变量下的数据进行分析,使之在较为广阔的领域中观察、分析当代青年对美的取向和评价,将测量维度设置为美的特征、态度和客体"美"的标准。④

(三) 调查数据的统计分析

问卷调查变量经设计和讨论后进行网络调查,历时 3 个月收集问卷

---

① 代良伟:《青年与审美修养》,《大众文艺》2009 年第 24 期。
② 徐燕杭:《中国青年审美活动状况研究》,《当代青年研究》2012 年第 10 期。
③ 马友平:《亚审美对当代青年审美的影响》,《中国青年研究》2009 年第 6 期。
④ 本次调查由于无前期研究成果可供借鉴,属于探索型调查。变量设计或存在一定的疏漏和缺陷,希望专家、学者给予完善和指正。

2 100 份。经由调查公司统一录入并整理数据,建立数据库。所有数据的运算使用 SPSS 16.0 进行统计处理,采用最为普遍的 Frequency 和 Crosstable 进行数据的统计和交叉分析。

三、新时代青年审美素养的总体取向

审美素养的总数据反映了青年对于与审美有关的基本或者不同的观点与看法。在对新时代青年审美总体素养调查的同时,还需要考虑受访青年本人受到家庭、社会不同的影响而出现的差异。

（一）美的衡量标准及特点

调查问卷第一题的内容是询问受访青年美是否存在统一的标准,以此测定人们对于美是否具有统一标准的态度。调查数据显示,虽然有近 70%的受访青年认为美是没有统一标准的,但仍有约 20%的人认为美是有统一标准的。换句话说,大多数的受访者认为"美"是因人而异、千差万别的(见图 11-1)。

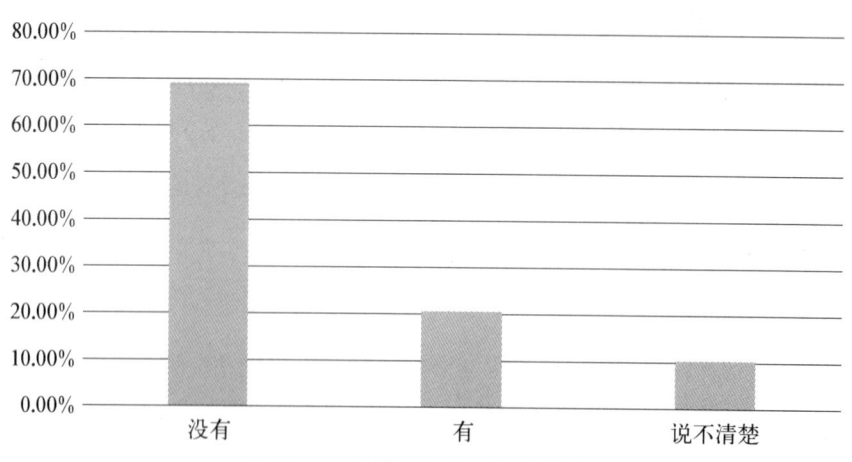

图 11-1 美是否有统一标准的统计

由于审美所涵盖的领域博大且精深,因此在题型的设计上,我们参考了美学大师李泽厚和朱光潜在他们与美学相关的著作中所表达的有关美的特

征的观点,并结合当今学界学者的最新研究成果,以及人们对于美的各种认知和表述之后才确定调查题目。除此之外,我们对美从不同的角度归纳出十二种特征,以"二元符码"的方式提取相对概念组成一组,共形成六组不同类型的组合。

为了保证最大化地获取受访青年对于美的特征的认定,我们在问卷中不设置"非此即彼"的二元对立的选项,而是设计了较多选项让他们有更多的选择。同时为了防止出现选项溢出、受访青年过多全选的情况出现,我们将选项数量限定为五项。这样,既有助于受访青年能够较为集中地选择有关美的选项,又能较为充分地表达自己的见解(见图11-2)。

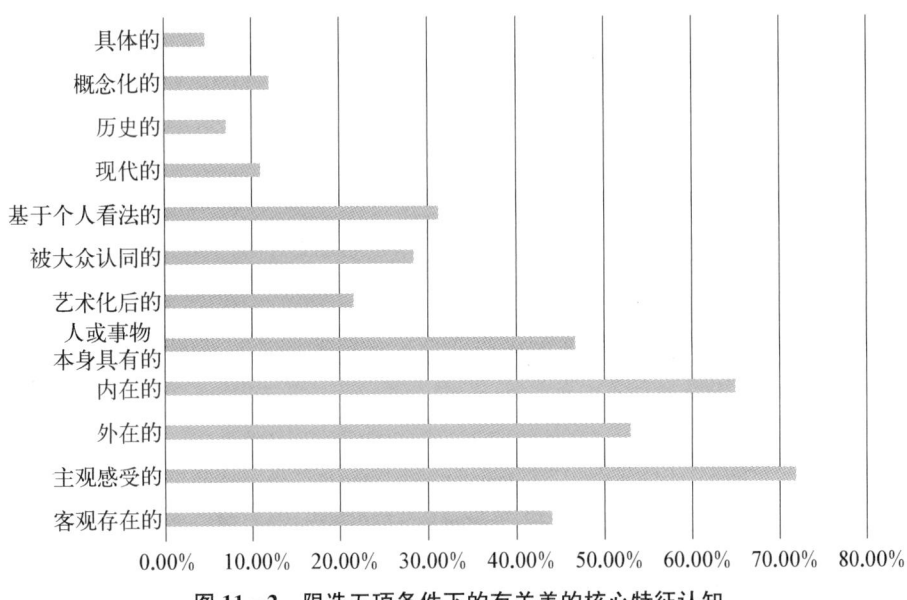

图11-2 限选五项条件下的有关美的核心特征认知

与第一题相呼应的是,大部分的青年人认为,美会受到个体差异的影响。不同的人对于美会有不同的理解,因此美是"主观感受的"和"内在的"。但也有不少青年人认为,美是表现于客观事物表面的、可以被人感受到的,所以美同时也是"客观存在的""外在的",是"人或事物本身具备的"。

(二) 新时代青年对于美的态度

对于美在人们生活中的重要性的这一选项上,分别有61.1%和24.6%的受访青年认为美是他们生活中的"必需品"和"消遣品",只有不足15%的人认为美是他们生活中的"奢侈品"以及"无用品"。换句话说,大部分的受访青年都认为生活之中需要美的存在,且愿意为了得到美而买单,只有少数青年认为没有必要或者无法承担"维持美"或者"变美"的代价(见图11-3)。

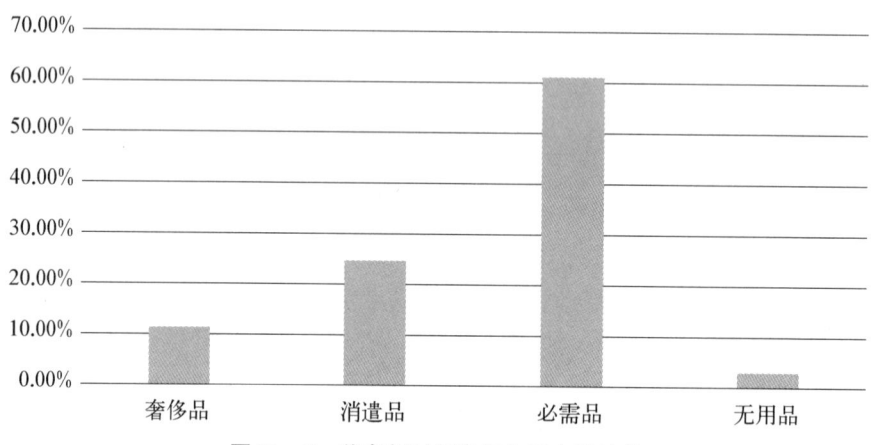

图11-3 美在新时代青年生活中的地位

(三) 审美的取向及影响因素

在考察青年人对于美在现实世界外化体现的判断标准时可以看出,该标准与他们在虚拟世界中的评判有很大差别。网络世界中大量存在的诸如"颜值即正义""你好看,你说的都对""男色消费时代"之类的言语与曾经发生过的"有趣的高晓松和无趣的吴彦祖,你选择谁"等话题在一定程度上体现了网络世界中人们对于他人外表的注重与追逐。然而调查数据显示,一旦离开虚拟世界,人们在判断美的标准时,依然是遵循传统的先内后外的顺序——"有思想、有内涵"(71.4%)和"性格好、有修养"(52.3%)是判断美的首要标准①(见图11-4)。

---

① 心灵美涵盖了思想、道德、品德等大众认为的属于人们精神世界的美。人们更多通过一种感性的认识对其进行衡量。在本研究中,我们将其划分为思想/内涵、道德品质、人格修养三项维度。

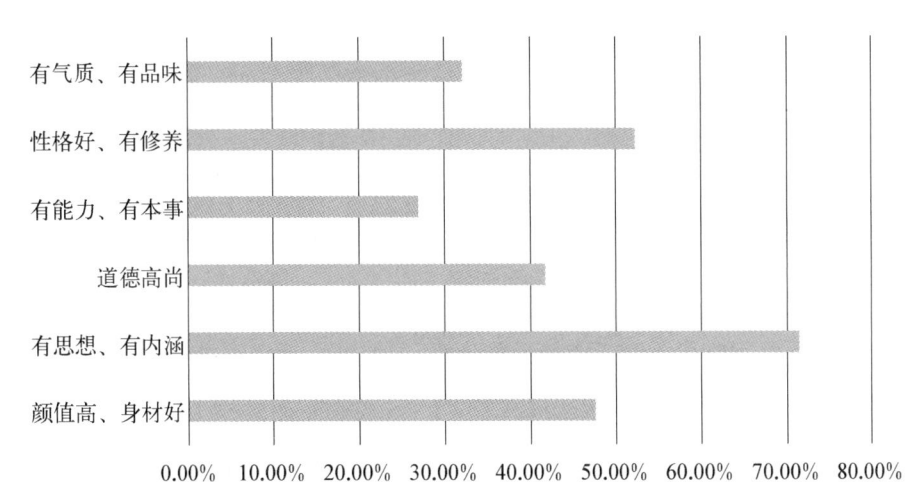

图 11-4 判断美的标准的选项统计

我们在对新时代青年审美的影响因素的考察中发现，多数人认为个体对于美的判断明显会受到社会环境的影响，如古语所言"楚王好细腰，宫中多饿死""环肥燕瘦"，等。但是调查数据显示，有 63.2% 的受访青年认为影响自己审美标准的主要因素是"自己的喜好"，只有 21.3% 的受访青年选择"社会主流取向"，两者数值悬殊。这样的数据分布也呼应了第一题，新时代青年判断美的标准并不统一，趋向"主观"的判断标准（见图 11-5）。

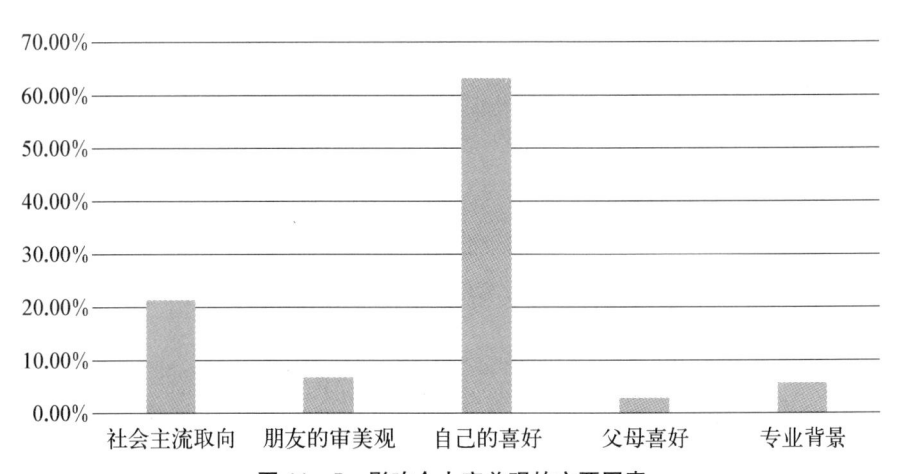

图 11-5 影响个人审美观的主要因素

四、不同维度下青年群体审美素养的比较分析

本次调查根据不同维度设定了性别、学历、婚姻状况、政治身份、收入情况以及对生活满意程度等多种交叉变量用以进行比较。在使用基础的交叉分析后,我们发现以上述七个维度为交叉变量所统计出的数据有更多的可解读性和参考价值。

(一)性别维度下青年审美素养分析

1. 两性相异的审美标准。性别维度下,多数男性与女性皆认为"美"是没有统一标准的。但对于不同的选项,男女两性的选项数据略有一些差别:在"没有"的选项中,女性略高于男性;在"有"的选项中,男性略高于女性。根据调查数据,我们可以从某种程度上作出判断,大多数人都承认美的多样性和个体性的特点,但是女性较男性更具有自身独立的审美态度和审美倾向(见图11-6)。

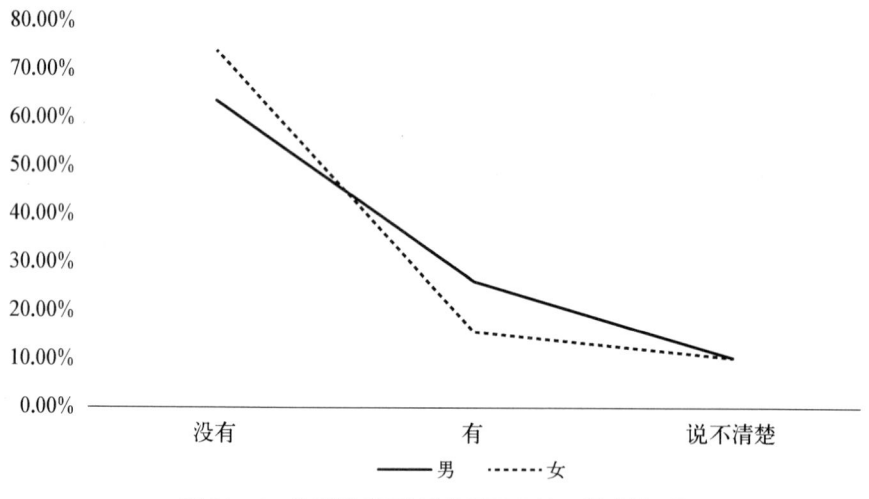

图11-6 性别维度下的"美是否有统一标准"标准

2. 两性相似的审美特征。在对于美的内涵某些选项,男性和女性的综合统计数据呈现出非常接近的特点:占比最高的选项是"主观感受的"和"内在的"两项,其次为"外在的"和"人或事物本身具有的"两项。据此,我们

能够得出如下结论：男性与女性之间对于美的特征的认定基本一致，没有明显的差别（见图 11-7）。

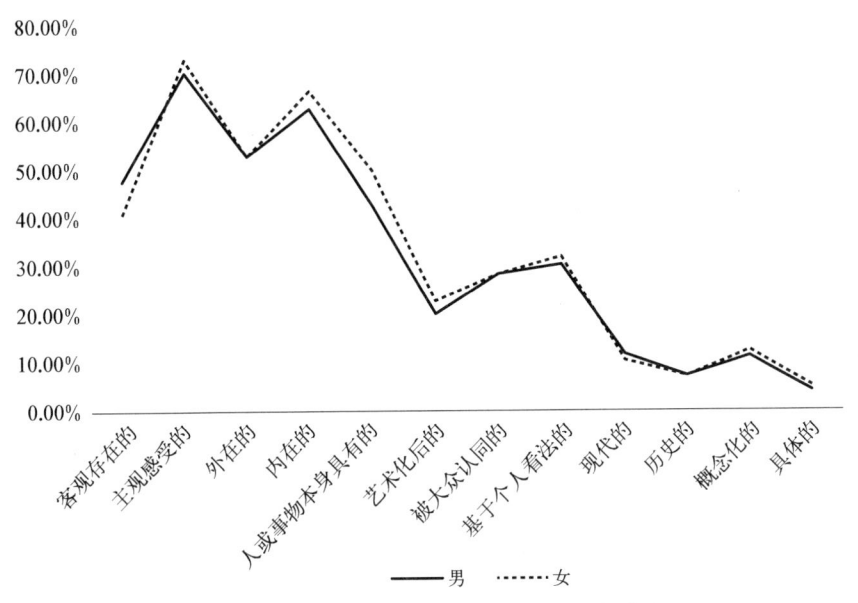

图 11-7　性别维度下美的核心特征分类统计

3. 美在两性需求中的地位差异。对于美在生活中的意义及作用，男女两个群体的调查样本皆认为美是生活中的必需品，但是在必需品选项上，男女两个群体对于美的重要程度的认识却存在较大差距：女性认为美在生活中的重要程度（64.17%）要高于男性（57.47%），男性则在美的"奢侈品"和"消遣品"的选项上略高于女性。这一调查数据与我们在日常生活中所得到的观察基本一致。女性在日常生活中用于美的消费在收入的比重中也远远高于男性（见图 11-8）。

4. 两性相异的审美取向。如果将美或审美放到现实世界之中，我们发现新时代青年对于美的评价会根据自己的实际情况和偏好产生更多的维度，因此，在问及你觉得哪类人最美的时候，男性与女性都会认为"有思想、有内涵"的人最美。值得注意的是，在对不同的选项进行比较时，相较于男

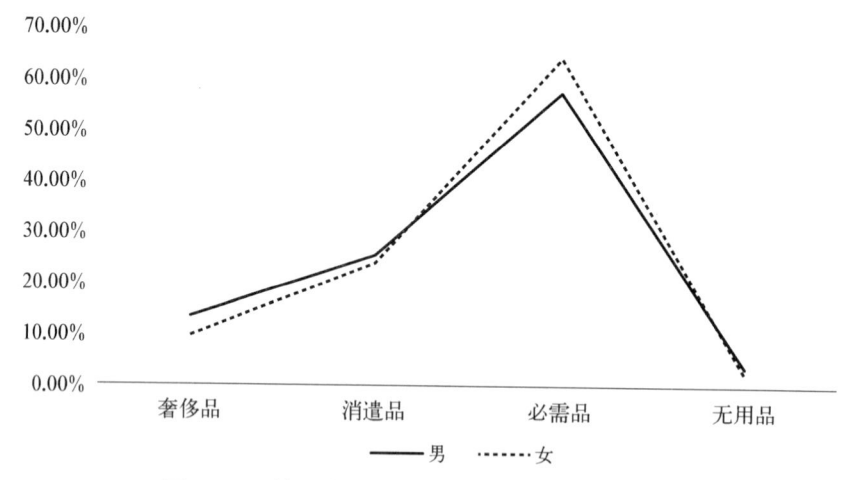

图 11-8　性别维度下美在新时代青年生活中的地位

性,女性更为看重人们内在所拥有的能力、修养等素养,因此女性在思想内涵、性格修养和气质品味等有关美的选项上明显高于男性;而男性对于美的判断和关注则在颜值身材、道德品质等方面明显高于女性。从某种程度上来说,男性更加倾向于使用传统的"外表+美德"标准来判断他人,赞赏人美心善等(见图 11-9)。

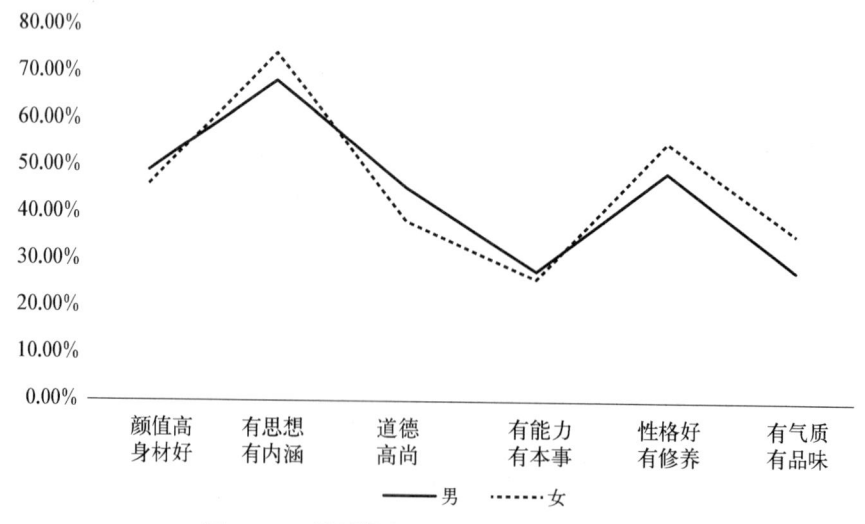

图 11-9　性别维度下对于美的内涵选项统计

5. 影响两性审美的主要因素分析。男女两性都认为个人审美受"自己的喜好"影响最为主要,但是在不同的选项上存在着某些差别。女性较为强调个人喜好,而男性在社会主流和朋友审美这两项上略高于女性。产生这种现象,可以说相较于男性,女性更加倾向于个人对于美的内在独立判断,而男性则可能更多受到周围环境的影响(见图11-10)。

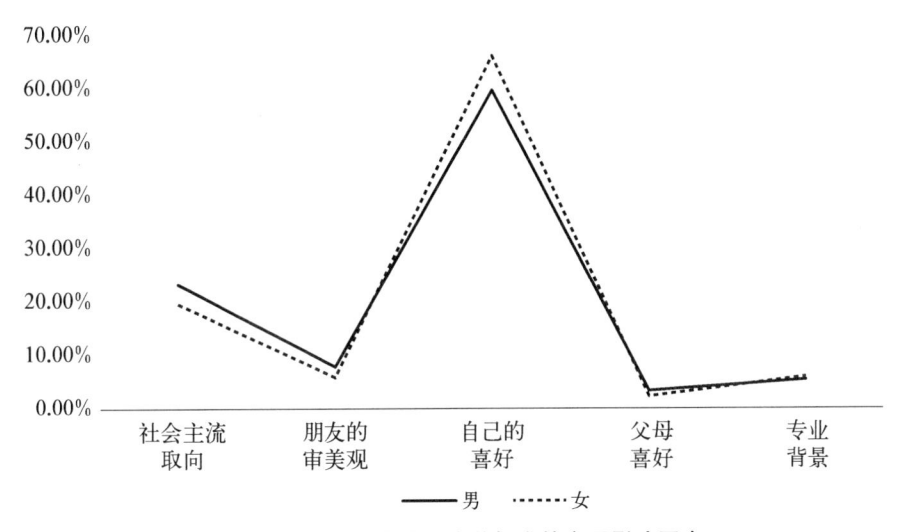

图 11-10 性别维度下审美标准的主要影响因素

(二) 婚育维度下青年审美素养分析

在婚育维度下,不同的人群对于"美"是否有统一的标准,有不同的态度和看法,表现出不同的取向。由于婚育状态会发生变化,本次研究将受访青年群体以离异为划分标准,分为婚姻未受损人群和婚姻受损人群。未婚、已婚未育和已婚已育者为婚姻未受损人群,离异单身和离异有子(女)者则为婚姻受损人群。

1. 不同婚育状态群体的审美标准。在美是有统一标准的选项上,婚姻受损人群的赞同度明显高于婚姻未受损人群,而在美是没有统一标准的选项上,处于婚姻未受损状态的人群则远高于婚姻受损人群。但这是否能在一定程度上证明婚姻受损人群认为世人拥有美的相对统一标准,并且这种标准对于维持婚姻的稳定具有十分重要的意义,根据现有资料尚未能证实此结论,还需进一步研究与讨论(见图11-11)。

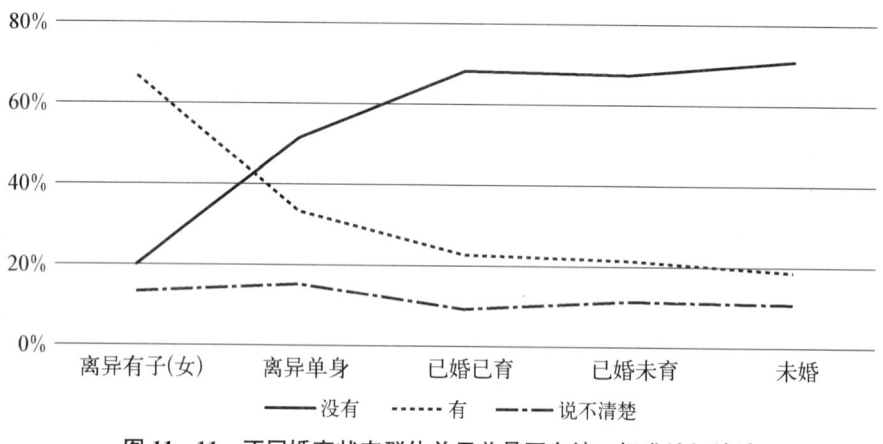

图 11-11 不同婚育状态群体关于美是否有统一标准认知统计

2. 不同婚育状态群体的审美特征。根据数据显示,处于不同婚育状态的青年受访者对于美的特征认定上略有差别。虽然所有婚育群体在"美"是"内在的"特征上占有很高的认同程度。但是不同婚育状态的受访青年对于"美"是一种"主观感受"和"客观存在的"两个选项的认同度会因为婚姻状态是否解体和解体后是否育有子女而发生改变,"离异有子(女)"的受访者在"主观感受"一项上认同度陡然降低到20%;"客观存在的"选项在婚姻解体之后,也迅速降至13%及以下(见图11-12)。

3. 美在不同婚育状态群体中的地位差异。对调查问卷"您觉得'美'是您生活中的什么"的问题,统计数据同样因为不同的群体而略有不同。在美是"必需品"的选项上,其数值为所有选项中认可度最高。但是,选择这一选项最多的为已婚已育和离异单身两类人群,而非我们最初设想的未婚和已婚未育者。不过需要指出的是,虽然离异有子(女)的群体认为美是生活中的必需品的占比是整个群体最高的,但是与其他选项的数据差距并不太大,甚至有大量的离异有子(女)者认为美是生活中的奢侈品。这从另一个角度

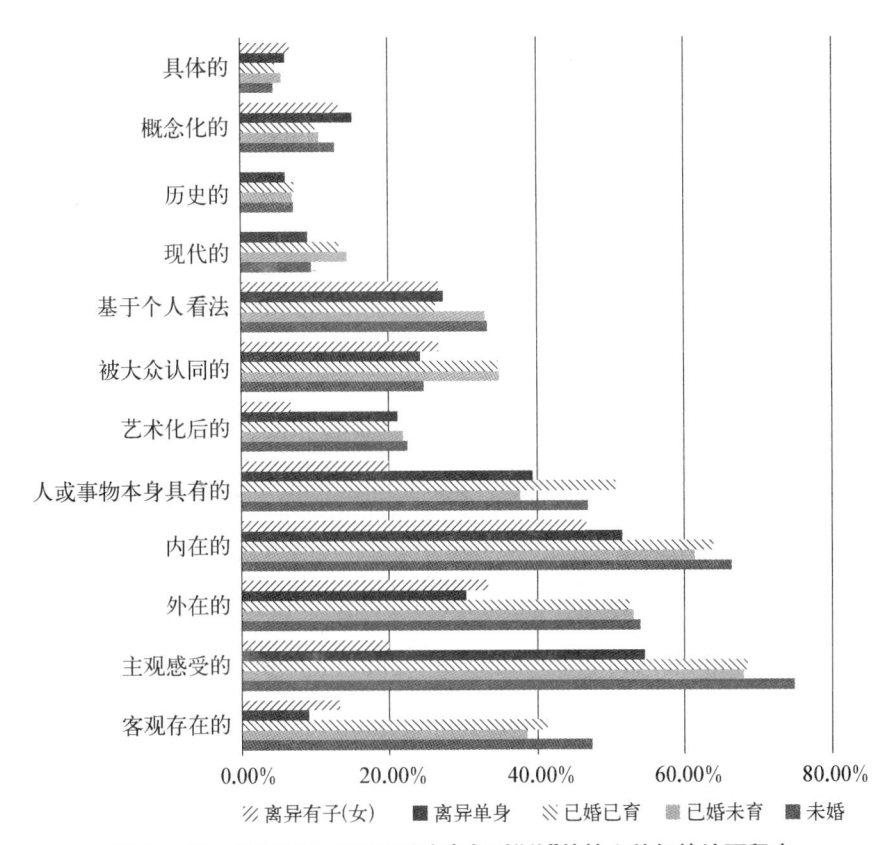

图 11-12 婚育维度下不同受访青年对"美"的核心特征的认可程度

可以看出,随着婚姻受损、生活经营成本的增加,一部分人群由于会忙于生活和孩子,无心或者无力经营美(见图 11-13)。

4. 不同婚育状态群体的审美取向。在对于"您觉得具有哪种特征的人为美"的选项中,除离异有子(女)的群体的最高数值出现在"颜值高、身材好"的选项之外,其他群体的最高认同与综合数据都主要集中在"有思想、有内涵"和"性格好、有修养"两项[①]。第三项认同度较高的选项则有一定分歧。已婚已育群体认可的第三项为道德高尚,换句话说在婚姻存续并已孕育后代的群体中,颜值对于他们的影响力相对较低。由于长期共处一室和琐碎

---

① 此两项为"离异有子(女)"群体的并列第二项,同时并列的为"有能力、有本事"。

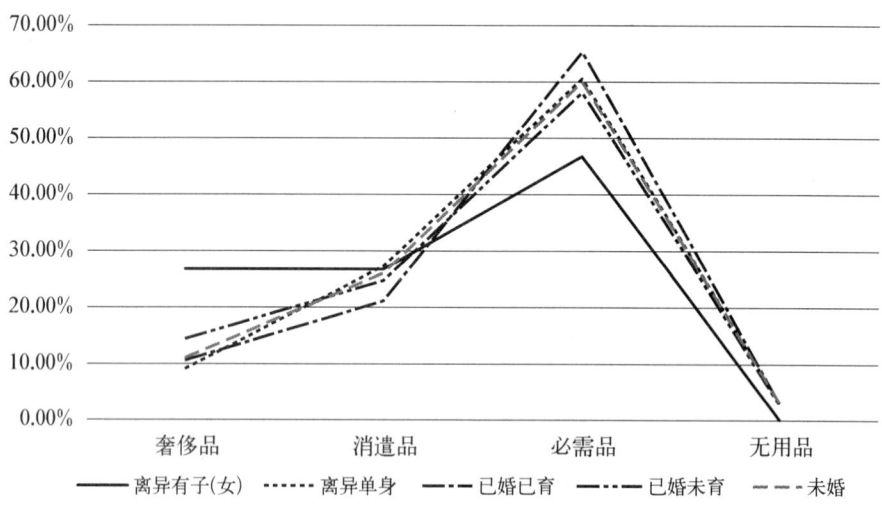

图 11-13 婚育维度下不同群体对"美"在自己生活中地位的看法

的家务、育儿事务等因素，婚姻存续中的受访者似乎会产生审美疲劳，对于颜值的注重程度有所下降，取而代之的是更加注重婚育状态下对于家庭的责任感、使命感等道德层面的人格要素（见图 11-14）。

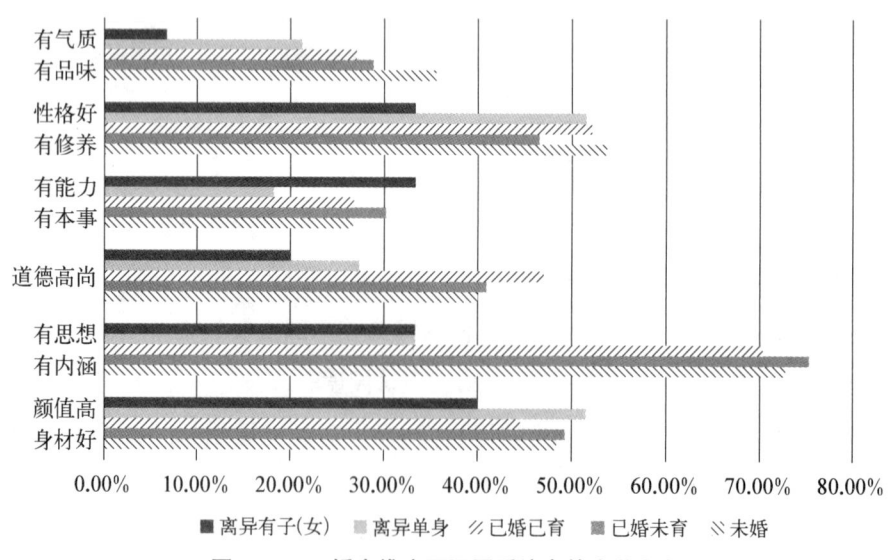

图 11-14 婚育维度下不同受访者的审美取向

5. 影响不同婚育状态群体审美的主要因素。关于影响审美取向的主要因素,本调查中的五类群体几乎都首先集中在自己的喜好选项上,所不同的只是不同群体的统计数据存在一些差距。而在其次的认同度集中的选项上则存在差异:婚姻受损受访青年其次的所受影响因素主要为"父母喜好",而婚姻未受损群体其次的所受影响因素主要集中在"社会主流取向"。这或许从一定程度上反映出,当婚姻受损之后的受访青年大多数情况下自我价值感在一定程度上受到损害,为了保护自己及家庭,在一定程度上封闭自身对于外界信息的接收。除此之外,婚姻的受损增强了其对父母的依恋程度,继而影响其对审美取向的选择。而未进入婚育状态或者进入婚育状态但家庭稳定的受访者,其自我价值感和效能感更高,更愿意放开思想接受社会流行思潮和意识的输入(见图11-15)。

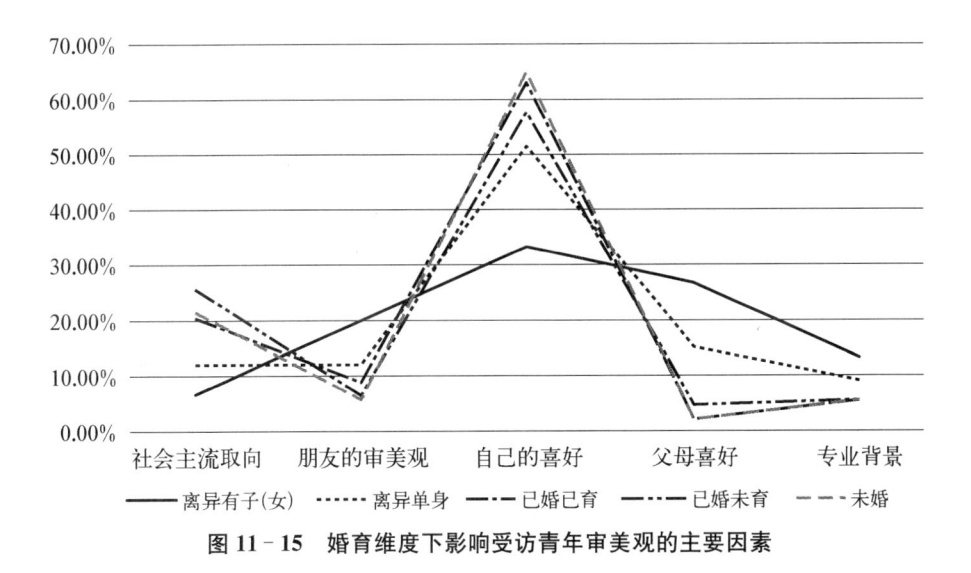

图 11-15 婚育维度下影响受访青年审美观的主要因素

(三)学历维度下青年审美素养分析

有关教育对于人的审美素养的影响,长期以来都受到研究者的高度重视,有关的调查数据分析成为主要考核的纵向维度之一。不同学历的群体在审美方面的喜好及表现的数据统计,不仅能反映受访青年接受教育的程度,同时通过分析能大致判断出他们的年龄。因此,分析学历维度下青年的审美素养不但可以发现教育对于人的审美素养的影响,同时也可以进一步明晰不同年龄层次群体对于美及审美方式等方面的看法与态度。

1. 受教育程度相异群体的审美标准。在对于美是否有统一标准的看法上,学历维度下青年审美素养的统计数据虽然与综合数据近似,但不同年龄段的青年对于审美标准的认识差异较大:认为美是没有统一标准的答案虽然占了大多数,但是其数据似乎呈现出一个颠倒的不标准的 U 形,类似于一个倒扣的盘子。选择美是没有标准选项的人群主要集中在大专至硕士学历阶段。初高中学生和博士生中,虽然有过半人数也选择了该选项,但认为美是有统一标准的人数高出了本科和硕士 7%—10%。其次,选择"说不清楚"的初中学历人数占该类群体近 15%,换句话说,每 100 个初中学历的青年人中便有近 15 人对"何为美"缺乏明确的感知。这说明了我国义务教育阶段内美学教育的不足(见图 11-16)。

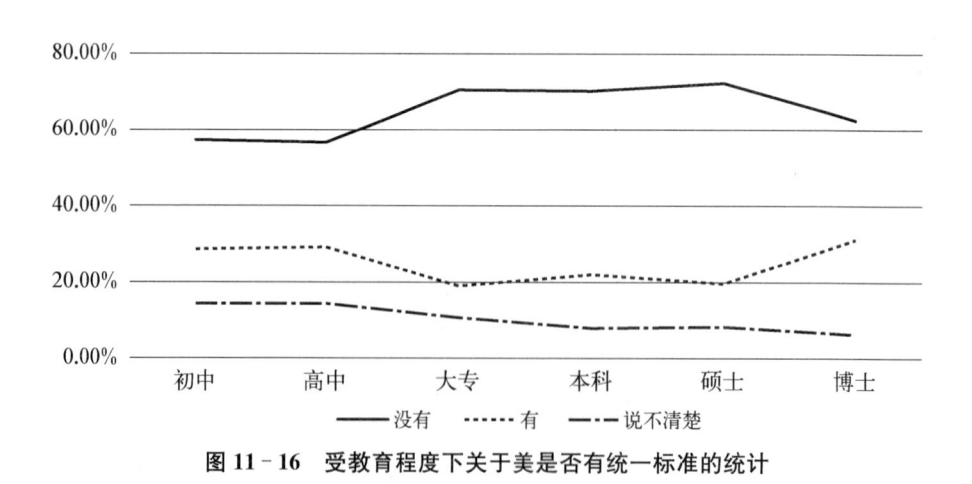

图 11-16 受教育程度下关于美是否有统一标准的统计

2. 受教育程度相异群体的审美特征。在如何看待美的特征选项上,多数群体的统计数据都与综合数据基本一致:几乎所有的受访者都认为美的第一特质为主观感受和内在两项,其次认为美的特质为客观存在的和外在的。虽然以上几个选项在不同群体中得到了大多数人的赞同,但是其中的博士群体呈现出更为高度集中的现象:有68%以上的人选择了美的特征是主观感受的、内在的、客观存在的、人或事物本身具有的等选项。这种状况的出现,反映了大多数博士在观察和评价事物时所具备的二元对立统计的基本逻辑结构和思路(见图11-17)。

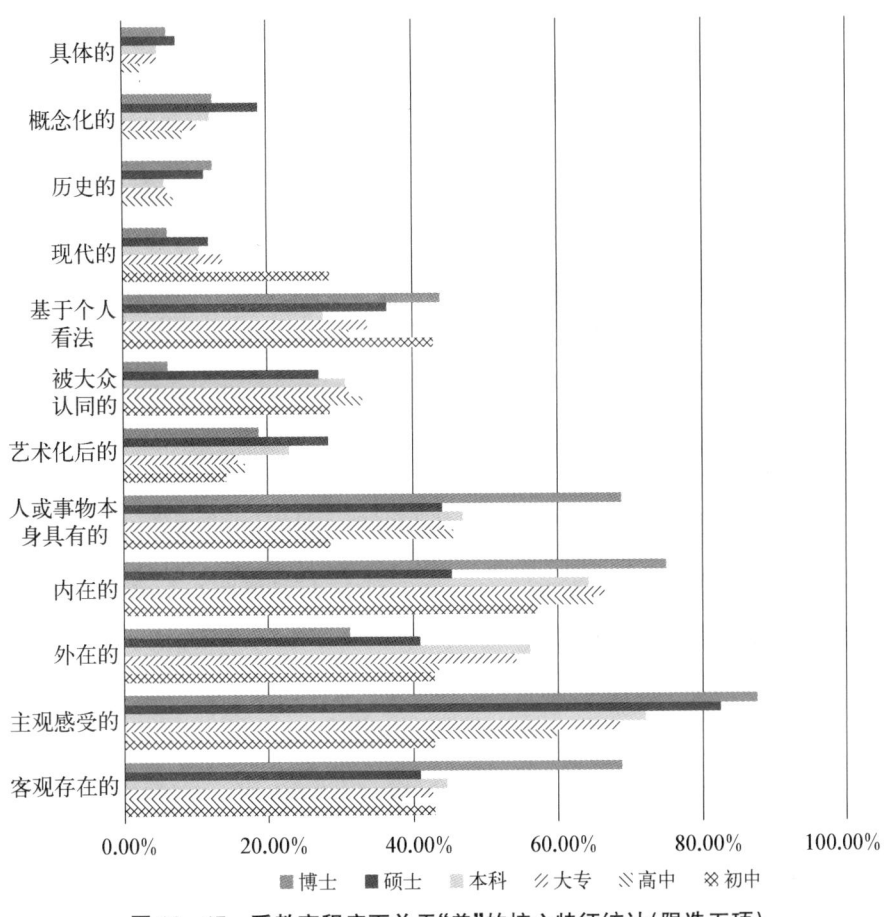

图 11-17 受教育程度下关于"美"的核心特征统计(限选五项)

3. 不同受教育程度群体对于美的需求差异。关于美在生活中的地位,不同文化程度的群体的看法基本一致,每个群体内多数人皆认为美是其生活中的"必需品"。但不同文化程度群体之间存在一定差距。需要注意的是,在统计数据中,初中学历群体和博士学历群体为相对特殊的两个群体,初中学历者对"消遣品"的选项和博士学历者对"无用品"的选项皆为0。除此之外,这两个群体认为"美"在其生活中是"奢侈品"的看法也显著高于其他四个群体(见图11-18)。

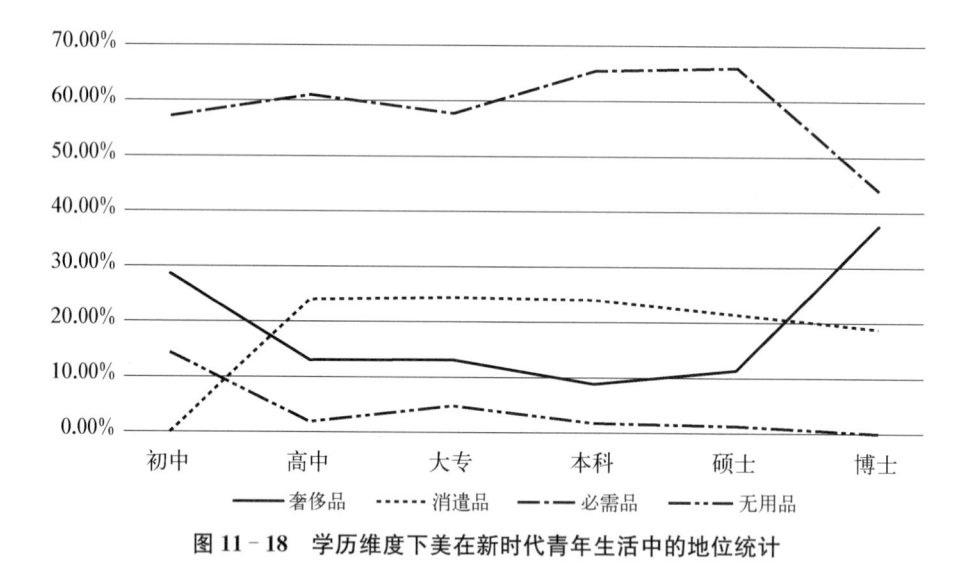

图 11-18 学历维度下美在新时代青年生活中的地位统计

4. 不同受教育程度群体的审美取向。对于"什么样的人才美"的调查选项中,其中"有思想、有内涵""性格好、有修养"两项为所有群体认为属于首要的"美"的范畴[①],但在另外一项的调查选项中,高中与大专学历人群集中于"道德高尚",而其他人群基本集中于"颜值高、身材好"(见图11-19)。

5. 影响不同受教育群体审美的主要因素。分析影响审美的主要因素时,各群体内多数人皆认为自身的审美更多的是受"自己的喜好"影响,其次为受"社会主流取向"影响。而其中初中学历的人群则更为简单和明确,统计数据基本只集中在"社会主流取向"和"自己的喜好"两个选项。值得注意

---

① 初中学历群体将"颜值高、身材好"作为美的第一选项,将"有思想、有内涵"作为美的第三选项。

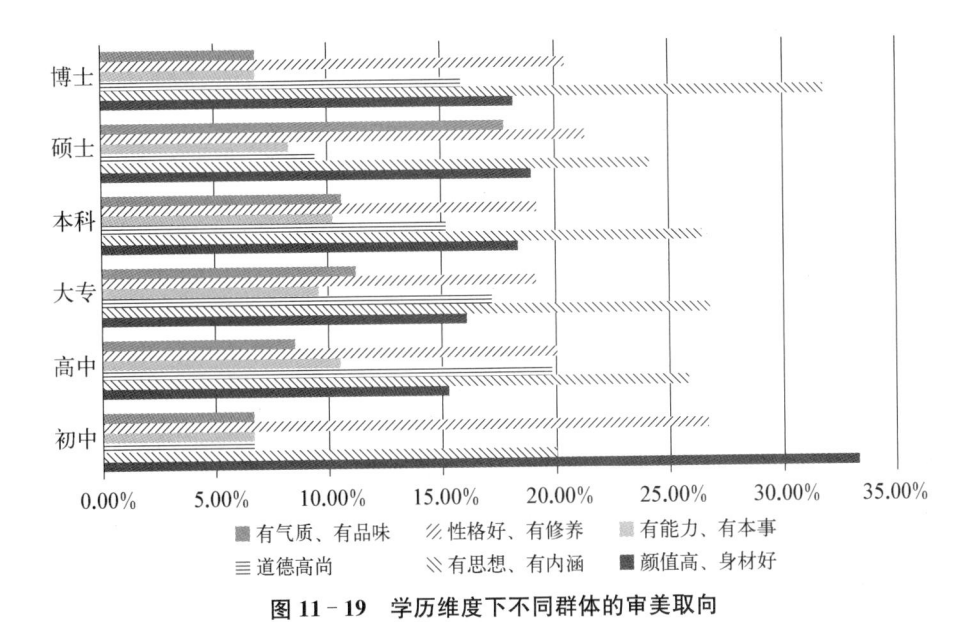

图 11-19 学历维度下不同群体的审美取向

的是，随着学历的升高，人们受到"社会主流取向"的影响逐渐降低。博士审美所受影响因素的统计数据显示：他们的审美观除了受到前述两项因素影响之外，与其他群体相比，还受到"专业背景"的审美偏好的影响（见图 11-20）。

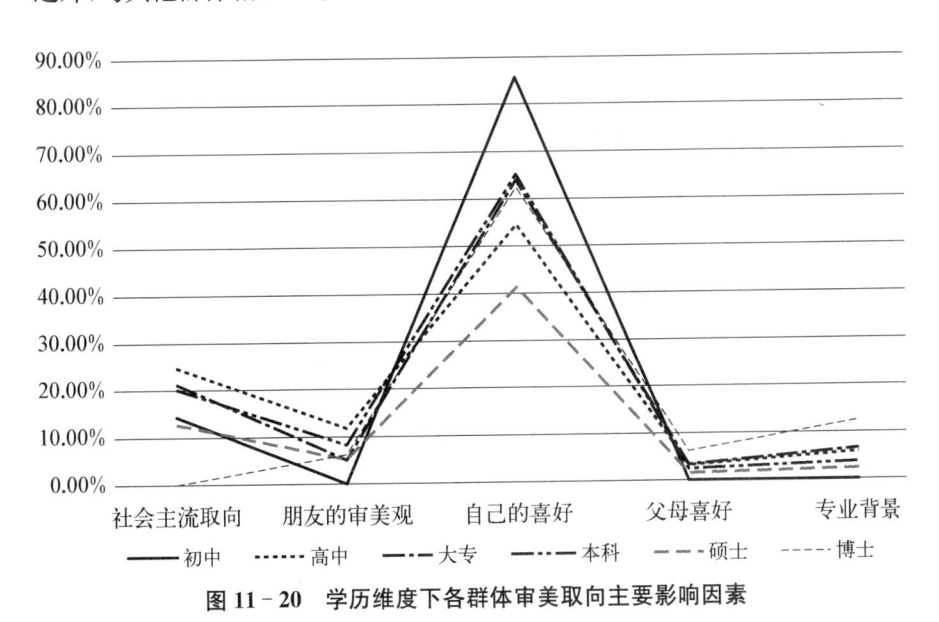

图 11-20 学历维度下各群体审美取向主要影响因素

五、提高新时代青年审美素养的对策及建议

2017 年,网络上发起了"无趣的吴彦祖和有趣的高晓松,你究竟选谁"的互动讨论,答案者使用各类言语赞美"有趣的高晓松",但却多数投票给了"无趣的吴彦祖"。2019 年 6 月"川北在线"网站发表了一篇网帖将"好看的皮囊千篇一律"的网络流行语溯源,并向网友提出"内在美比外在美更为重要,你说对么"①的问题,引发社会大讨论。这令部分学者产生了在虚拟世界中人们似乎更为重视外表而并非内在的错觉,并由此佐证了一些学者提出的审美畸态的论断。

本次线上调查的隐匿性让受访青年在选择时能够更真实地表达出个人的喜好与想法。虽然网络中存在大量的关于"颜值第一"等的论调,但是本次调查的数据显示新时代青年依然将"有思想、有内涵"定义为人之美的第一特征。不仅如此,对于"颜值"等外在美的重视也代表青年一代已经脱离过去传统教育中"重内轻外"的情况,而更加支持"内外兼修,内秀第一"的态度。

即便如此,根据调查数据所反映出的青年一代在审美方面存在的问题以及现有的网络材料,我们对提高新时代青年的审美素养提出如下的对策及建议。

第一,加大对虚拟世界中健康审美取向和审美文化的引导。现阶段网络已成为青年一代生活中不可或缺的一部分,并成为多数青年窥探世界的窗口。但是网络文化良莠不齐,网络的隐匿性令不少网友在肆意发表观点、发泄情绪的同时,会传输给青年一代更多的不良的审美取向及错误的审美态度。"身材焦虑"便是不健康的审美信息导致的青年一代在审美取向上的问题。

---

① 根据作者的考察,后期将文内的"内在美"替换为更为广泛熟知的"心灵美"。

第二,对美需要设定底线性的标准。诚然,对于美的判断因人而异、因文化而异,但是本调查数据显示大多数受访者仍将"有思想、有内涵"定义为美的第一要素。现实世界也罢,虚拟世界也好,毫无底线的尊重个人的"审美取向"会造成对美的损害。这样放纵的结果会导致各种毫无美感、美意的现象不断出现,令青年一代在美之一字上无所适从。

第三,对"他美"的包容与尊重。如同大多数新时代青年所一致认为的那样,美的特征是一种主观判断,除了底线性的标准外,应对存有一定激进主义态度的青年人进行适当引导,以避免产生在爱"我之美"之时,排斥甚至诋毁、攻讦"他之美"的态度。美之一字兼容并蓄、涵盖甚广,不会也不应只有一种标准。只有"各美其美,美人之美,美美与共",最终才能实现审美上的"天下大同"。

第十二章
新时代青年的心理素养：
知识、态度与行为

◎（祖霞　成都信息工程大学）

2019年，由上海社会科学院主持的中国青年素养调查完成了对2 100名中国青年的在线调查，将中国青年的心理素养作为研究的主要内容之一。本章即是对在此次调查中反映出的新时代青年的心理素养状况和结果进行详细分析和总结，以期为中国青年心理素养的涵育等相关实践和研究提供参考和思路。

一、心理素养与心理素质概念之辨析

在国内心理学界，与本章所言的心理素养较为接近的一个概念是心理素质，不少学者及日常的一些新闻报道中经常使用的是心理素质而不是心理素养。两个词虽然只相差一个字，但实际上其内涵并不完全相同。心理素质最早出现于20世纪80年代初期的领导讲话中，那时还不是一个被心理学界认同的正式概念。之后，我国心理学家张大均将其规范为心理学的概念，并对其定义为："以生理条件为基础的，将外在获得的刺激内化成稳定的、基本的、内隐的，具有基础、衍生和发展功能的，并与人的适应行为和创造行为密切联系的心理品质，包括了认知、情绪、态度等影响人的发展的各种心理成分。"[1]也

---

[1] 张大均：《论人的心理素质》，《心理与行为研究》2003年第2期。

就是说,心理素质这一概念将人的先天和后天的一切与心理发展有关的内在品质都包含了在内,但心理素养则不同。从词源学的角度来看,素养在古代汉语中早已构成一个词。《汉语大词典》引用了几则书证。《汉书·李寻传》:"马不伏枥,不可以趋道;士不素养,不可以重国。"宋陆游《上殿札子》:"气不素养,临事惶遽。"元刘祁《归潜志》卷七:"士气不可不素养。如明昌、泰和间,崇文养士,故一时士大夫,争以敢说敢为相尚。"①上述三个书证中的素养释义为"修习涵养"。由于古汉语中单音节词居多,所以我们能将素养一词分开解释。《说文解字》对素的解释是"白致缯也。从糸、𢎨,取其泽也。凡素之属皆从素。"清段玉裁在《说文解字注》中解释为"凡物之质曰素"。《康熙字典》引《博雅》对素的解释为"素,本也",引《玉篇》解释养为"育也,畜也,长也"。《现代汉语词典》对素养一词的解释有两个:一是由训练和实践而获得的技巧或能力,二是平素的修养。《辞海》对素养的释义也有两个:一是修习涵养,二是平素所供养。由上述引文可知,心理素质这一概念所强调的是在人的生理条件基础上培养起来的心理品质,侧重于内因和外因的相互作用;而心理素养主要指后天培养起来的内在心理品质,更侧重于后天的培养和教化。因此,这两个只有一字之差的概念并不完全相同。

与心理素养类似的另一个概念是"mental health literacy"(心理健康素养)。这一概念最早由国外学者提出与使用,后来被中国学者翻译引进。除了心理健康素养外,"mental health literacy"有时也被译为"心理健康素质"或"精神卫生素养/素质"等。目前种种对"mental health literacy"的定义中,最被广泛认同的是美国学者 Anthony F. Jorm 在 1997 年提出的定义,他认为心理健康素养是指帮助人们认识、处理和预防心理疾病的知识和信念,包括有识别一定的心理疾病的能力,知道如何寻求心理健康信息,了解

---

① 罗竹风主编:《汉语大词典》(第九册),汉语大词典出版社 1995 年版,第 742 页。

心理致病的影响因素和原因，有一定的自我治疗的知识，知道可获得的专业帮助，以及促进认知和寻求帮助的正确态度。[1] 后来，Jorm又将心理健康素养的内容具体化为识别心理疾病，对心理疾病发生的原因、自助和专业帮助的知识和信念，对促进心理疾病识别和寻求帮助的态度，以及如何寻求心理健康信息的知识六个方面。[2] Jorm认为心理健康素养与健康素养（health literacy）一样，其内涵是对疾病的公众认知[3]。

根据以上引用诸多定义，本研究将心理素养界定为对心理健康的认知、态度与行为，具体包括以下四个方面内容：1. 对心理健康重要性的认识和态度，2. 对心理健康知识的了解和态度，3. 知道如何获取心理健康知识，4. 知道如何获取心理健康方面的专业帮助。此定义与Jorm的定义不同之处在于，我们将心理健康而非心理疾病作为公众认知和态度指向的对象。这是因为，自积极心理学开始扩展其影响以来，心理健康领域的工作焦点就不再是防止疾病，而是获得健康。很显然，这样的转变意味着我们对公众在心理健康问题上的教育焦点也需要转变[4]。

考虑到问卷的篇幅和网络调查方式的特殊性，我们设计了六个问题，希望通过这些问题来了解受访青年的心理素养状况。这六个问题涉及对心理健康重要性的认识、了解基本的心理健康知识的情况、获取心理健康知识的渠道及面对心理问题会采取的应对方式等四个方面，能将上述心理素养定义的四个方面内容包含在内。

---

[1] Jorm A F, Korten A E, Jacomb P A, et al. "Mental health literacy: A survey of the public's ability to recognise mental disorders and their beliefs about the effectiveness of treatment", *Medical Journal of Australia*, 1997, 166(4): 182–186.

[2] Jorm A F. "Mental health literacy: Public knowledge and beliefs about mental disorders", *The British Journal of Psychiatry*, 2000, 177(5): 396–401.

[3] Jorm A F, Korten A E, Jacomb P A, et al. "Mental health literacy: A survey of the public's ability to recognise mental disorders and their beliefs about the effectiveness of treatment", *Medical Journal of Australia*, 1997, 166(4): 182–186.

[4] Seligman M E P, Csikszentmihalyi M. *Positive Psychology: An Introduction*, Springer, Dordrecht, 2014: 279–298.

二、抽样调查的基本数据及分析

本次调查的样本情况、使用的抽样方法、调查过程及问卷填写、回收方式等在总报告中均有详细说明，在此不再赘述。以下就围绕心理素养进行的四个方面的调查结果进行阐述和分析。

（一）对心理健康重要性的认识和态度

1. 大多数青年认可心理健康及相关专业知识的重要性。本次调查从心理健康的重要性和心理学专业知识在现代社会的重要性两个方面了解受访青年对心理健康的重视程度。结果显示，90.34%的受访青年认可心理健康的重要性（合并选择"心理健康更重要"与"两者都很重要"选项的人数），其中有16.48%的受访青年认为心理健康比身体健康更为重要，仅有不足一成（9.66%）的受访青年认为心理健康不重要或心理健康没有身体健康重要。同时，调查还发现，72.43%的受访青年认为心理学专业知识在现代社会具有重要意义，持相反态度的占比不足一成（9.53%）（见图12-1）。这说明从总体来看，大多数青年对心理健康及相关专业知识的重要性持认可态度。

心理健康的重要性
- 两者都不重要 1.90%
- 心理健康与身体健康都很重要 73.86%
- 心理健康更重要 16.48%
- 身体健康更重要 7.76%

心理学专业知识的重要性
- 非常重要 23.62%
- 比较重要 48.81%
- 一般 18.05%
- 不太重要 7.05%
- 完全不重要 2.48%

图12-1 受访青年对心理健康及心理学专业知识重要性的认识

2. 不同群体青年对心理健康及心理学专业知识的重视程度有差异。不同性别、学历和城市的青年对心理健康及心理学专业知识的认识与态度存在显著差异（$p<0.05$），主要原因如下。

第一，女性青年比男性青年更重视心理健康，更认可心理学专业知识的重要性。调查数据显示，92.61%的受访女性青年认可心理健康的重要性，比受访男青年多出近5个百分点（男性为87.66%）。同时，在对心理学专业知识的重要性的认识上也呈现出相同的趋势，78.35%的受访女性青年认为心理学专业知识重要，高出男性青年近13个百分点（见图12-2）。

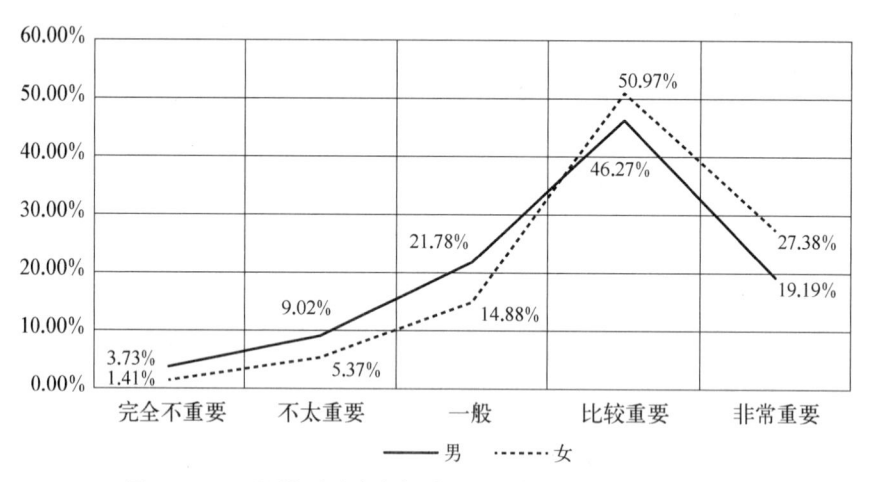

图12-2 不同性别受访青年对心理学专业知识重要性的认识

第二，学历越高的青年对身心关系的认识更理性、全面，更认可心理学专业知识的重要性。调查数据显示，高中及以下学历青年更重视身体健康，大学专科学历青年更重视心理健康，而本科及以上学历青年中有更多人认为身体和心理健康都很重要，两者缺一不可（见图12-3）。这说明学历越高的青年对身心关系的认识更为理性、全面。在对心理学专业知识重要性的认识上，本次调查数据也显示出受教育程度与对专业知识的重视程度之间存在关联。硕士研究生及以上学历青年认为心理学专业知识重要的比例接近八成(76%),比高中及以下学历青年(61.49%)多出近15个百分点。同时,大学专科学历青年中这一比例为69.02%,大学本科青年为72.71%,呈现出明显的随着学历的升高对心理学专业知识认可度越高的趋势。

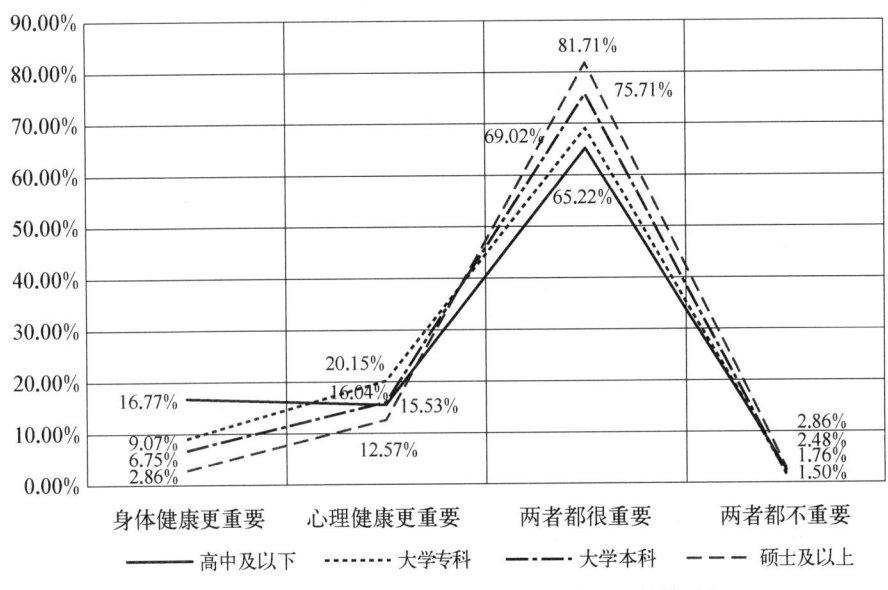

图 12-3 不同学历受访青年对身心健康重要性的认识

第三,北京、上海等更发达地区的青年对身心健康的认识更加全面,认为心理学专业知识重要的比例最高。83.33%的上海受访青年、79%的北京受访青年认为人的身心都很重要,其比例要明显高于其他城市(见图12-4)。在对心理学专业知识的认识上,上海的受访青年中有超八成(82%)认可其重要性,比武汉青年(65%)多出了17个百分点。同时,75.66%的北京受访青年也认为心理学专业知识重要。之所以会出现这样的地区差异,可能与城市的开放程度、媒体宣传有关系。

(二) 对心理健康知识的了解与态度

本次调查通过受访青年对心理健康状态的认知情况来了解他们具备哪

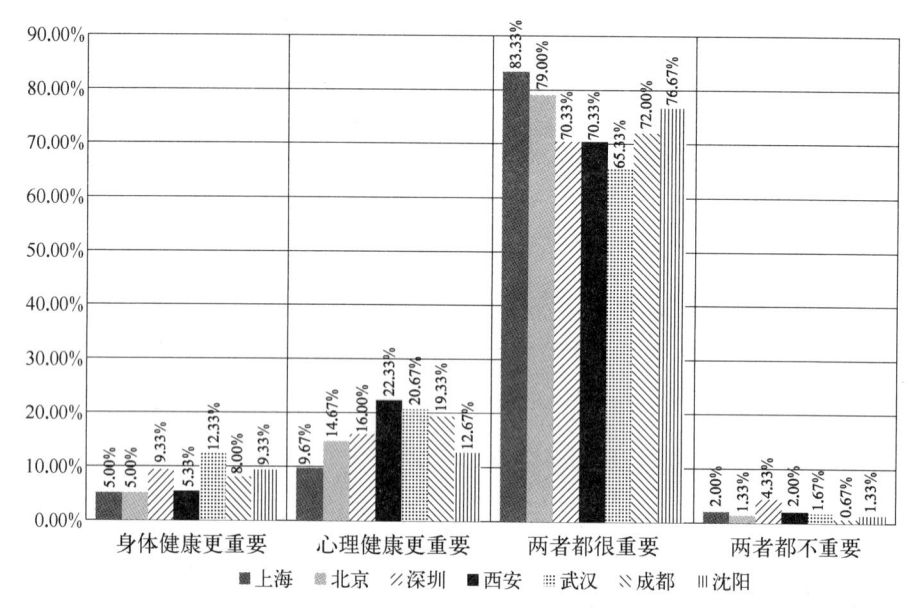

图 12-4　7 个城市受访青年对身心健康重要性的认识

些基本的心理健康知识,通过他们对与心理相关话题的兴趣了解他们对心理健康知识的态度。

1. 多数受访青年具备一定的心理健康知识,但总体感性认识大于理性认识。世界卫生组织(WHO)在 2004 年将心理健康定义为:"一种完好的状态,个体能够认识到他或她的能力,能够应对日常生活中正常的压力,能够卓有成效地工作,能够对他或她的社会有所贡献。"[1] 美国卫生部对心理健康也有类似的定义:"认识到他们完全的潜能,能应对生活的压力,能够有成效地工作,为他们的社区做出有意义的贡献。"[2] 这两个官方定义显然受到积极心理学的影响,并未将心理健康简单地等同于没有精神疾病,我们将它们归纳为认识自己、应对压力、有效工作、有所贡献四个方面。同时,结合我国目前人们对心理健康的认识现状,我们从"错误的心理健康观""简单的心理健

---

[1] 世界卫生组织、维多利亚健康促进基金会及墨尔本大学:《促进精神卫生:概念·新证据·实践报告概要》,世界卫生组织 2004 年。

[2] 见美国卫生部官方网站,网址:https://www.mentalhealth.gov/basics/what-is-mental-health。

康观"和"积极的心理健康观"三个层次设置了八个选项来判断受访青年对心理健康状况的认识处于一个什么样的水平(见表12-1)。

表12-1 问卷设置的选项对应的不同心理健康观

分 类	选 项	内 容
错误的心理健康观	天天乐呵呵,没有不开心的时候	错误认识
简单的心理健康观	没有任何精神疾病	没有疾病
	在别人看来没有不正常表现	无异常
积极的心理健康观	曾经有过精神疾病,但经过治疗康复了	已康复
	遇到挫折能正确应对就是心理健康	应对挫折
	该哭的时候哭,该笑的时候笑,能控制好自己的情绪	控制情绪
	不会因为自己心理上的原因影响他人的生活和工作	社会功能
	大部分时间乐观向上,有时也会消沉低落	表现适宜

总体来看,受访青年对心理健康的内涵有一定的认知,但还不全面,且存在感性认识多于理性认识、缺乏一定的专业知识的情况。受访青年选择"积极的心理健康观"的居多,有三项选择均超过半数,但对"社会功能"的选择不足三成(28.9%),表明受访青年对于社会功能在心理健康中的作用认识程度不高。有近两成(19.4%)的受访青年选择了"没有疾病",表明这部分受访青年对心理健康状态的认识还处于比较简单的阶段。另外,仅有4.5%的受访青年认为"曾经有过精神疾病,现在已经康复了"的情况属于心理健康(见图12-5)。这表明了受访青年对心理健康虽有一定的认知,但以感性层面居多,尚缺乏一定的专业知识指导。

2. 约半数受访青年日常生活中对心理相关话题有兴趣,因学历和所在地区不同有所差异。从对与心理相关话题的兴趣中我们可以看到受访青年对包括心理健康知识在内的心理知识的基本情况。本次调查数据显示,有53.1%的受访青年表示日常生活中会对抑郁症、心灵成长等心理相关话题感兴趣,另有21.34%的受访青年表示对此类话题不感兴趣。

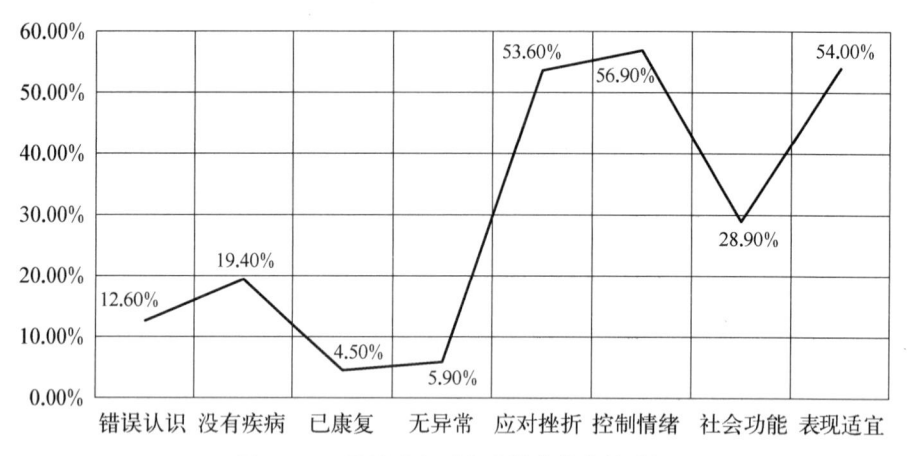

图 12-5 受访青年对心理健康状态的认知

数据：错误认识 12.60%；没有疾病 19.40%；已康复 4.50%；无异常 5.90%；应对挫折 53.60%；控制情绪 56.90%；社会功能 28.90%；表现适宜 54.00%。

我们注意到,学历不同的受访青年群体在这个问题上表现出明显差异。硕士研究生及以上学历受访者对心理相关话题表示感兴趣的人数比例最高,而高中及以下学历受访者对心理相关话题不感兴趣的比例最高(见图 12-6),表明学历越高的青年群体越愿意了解包括心理健康在内的心理

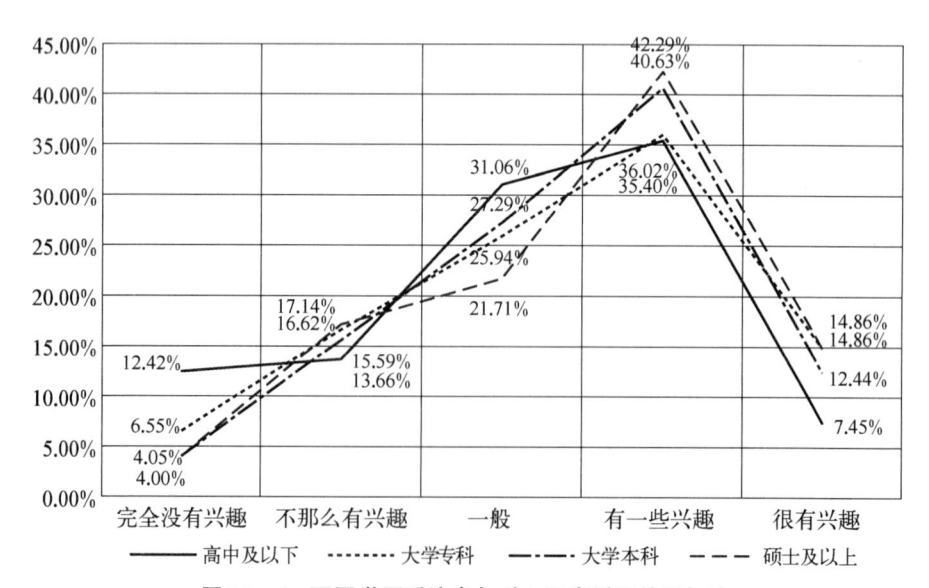

图 12-6 不同学历受访青年对心理类话题的兴趣度

相关知识,也越乐意与人分享、讨论。这或许意味着受教育程度对于青年是否愿意更深入地了解心理相关知识,愿意将心理相关知识视为日常生活的一部分存在一定影响。如果始终将心理相关知识视为与自己没什么关系,甚至因为某些原因在心理上有所忌讳,而不愿意在日常生活中谈及,那是不太可能建立起正确的心理健康观的。

(三) 获取心理健康知识的渠道

1. 受访青年多从非正式渠道获取心理健康知识。从何种渠道获取心理健康知识关系到青年能否建立正确的心理健康观,也关系到在心理健康问题上能否有较为完备、正确的专业知识。同时,他们对于获得心理健康知识渠道的选择也揭示出他们内心是否认同心理健康知识是专业知识、需要用科学的态度来对待的认识程度。在这一问题上,我们设置了十一个选项,并将这十一个选项划分为正式渠道和非正式渠道两类(如表 12-2 所示)。正式渠道的专业性强,能够提供专业、科学的心理健康知识;非正式渠道则存在不确定性,一般没有专业机构背书,其提供的心理健康知识往往良莠不齐,其中某些渠道(如微信公众平台)还可能存在专门推送片面但符合受众口味的心理健康知识的问题。

表 12-2 获取心理健康知识的渠道分类

渠道类型	具体渠道
非正式渠道	电视/广播节目
	阅读相关畅销书
	朋友科普
	微信公众号
	阅读朋友圈推荐
	微博
正式渠道	阅读心理学的专业书籍
	专业人士(心理咨询师、医生等)
	访问心理学专业网站
	专业课堂
	沙龙活动/工作坊

调查数据显示,虽然有43.71%的受访青年会从专业书籍获取心理健康知识,但总体来看,受访青年获取心理健康知识的途径主要是包括微信公众号、微博在内的非正式渠道,如受访青年中有36.95%主要从微信公众号,23.67%从微信朋友圈,23.29%从微博获取心理健康知识。而从专业人士、专业课堂、沙龙/工作坊等处获取心理健康知识的受访青年不多,所占比例仅为18.95%、7.48%和4.10%。究其原因,可能是受访青年生活中不易接触到专业人士,且这三类渠道均要收取一定的费用,不如微信、微博等渠道方便。但由于内容审核机构不具备专业资质,故微信、微博上的心理健康知识可能并不专业,由此可能带来的问题是导致大众对于心理健康、心理疾病相关的专业知识的了解不仅比较片面、肤浅,也极有可能是不正确的。这种结果在本次调查中也有显现:如前文所述,受访青年对"什么是心理健康"这一问题的理解就较为片面,他们对情绪、挫折应对、外在表现等微信公众号文章或微博热衷的话题了解得较多,但在心理健康与社会功能的关系、曾患有心理疾病但已康复等问题的看法上就明显缺乏专业知识。

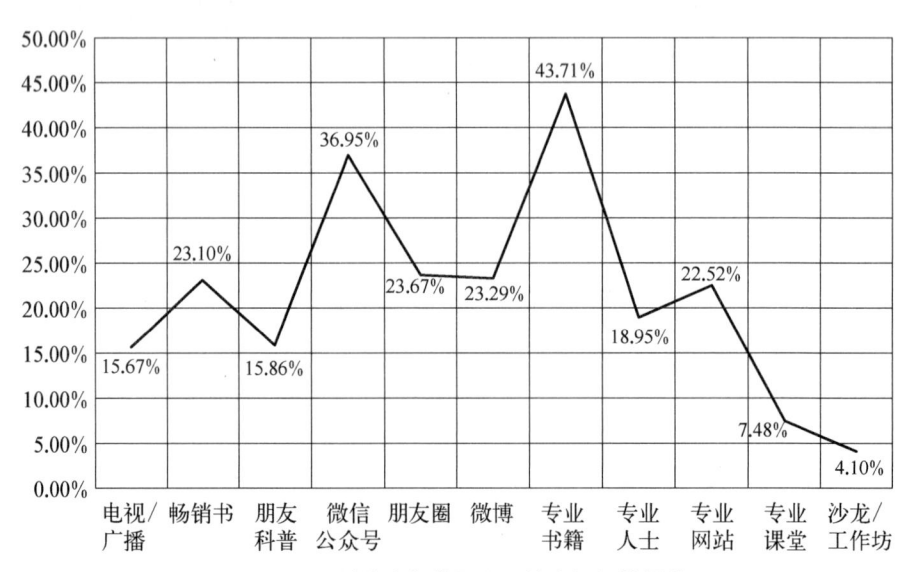

图 12-7 受访青年获取心理健康知识的渠道

2. 不同城市、学历青年获取心理健康知识渠道的差异。本次调查数据显示,不同城市青年获取心理健康知识的渠道存在差异,这与城市中专业机构设置数量、城市文化、青年的阅读习惯等均有一定关系。如上海的受访青年比其他城市的青年更喜欢通过专业书籍(49.33%)、专业课堂(11.33%)等方式获取心理健康知识,而较少通过电视/广播、畅销书和朋友圈等非正式渠道获取心理健康相关知识,这可能与城市自身对专业知识的重视程度和尊重专业的态度有关。再如北京和武汉两地的受访青年相较其他城市而言,通过微信公众号获取心理健康知识的比例多于阅读专业书籍,反映了这两个城市青年的阅读习惯可能更倾向于快捷、碎片化的阅读(见图12-8)。

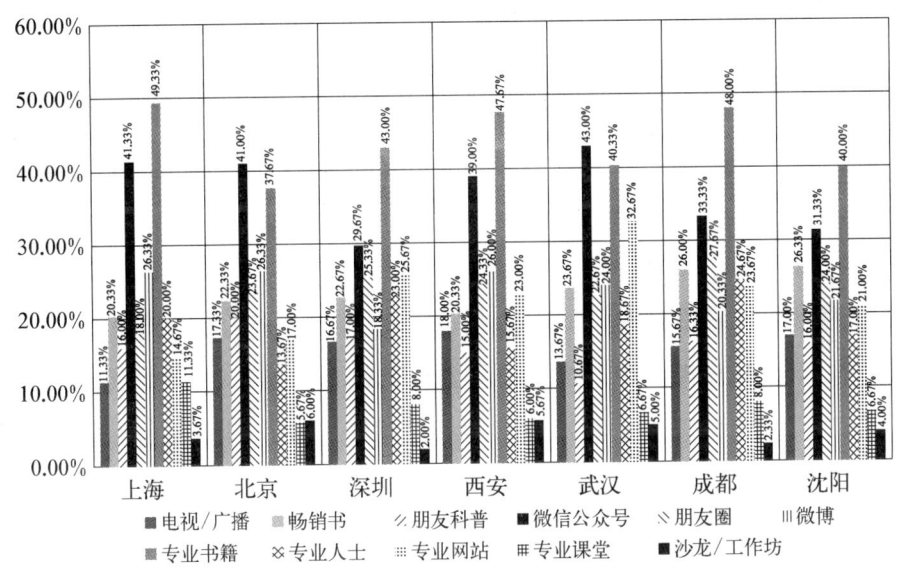

图12-8 七个城市受访青年获取心理健康知识的渠道

不同学历青年在获取心理健康知识的渠道上也存在差异,较为明显的是:硕士及以上学历青年通过专业书籍和专业课堂获取心理健康知识的比例最高,而高中及以下学历青年更愿意通过电视/广播、朋友科普、朋友圈获取心理健康知识(见图12-9)。这说明受教育程度会影响青年对于心理健康知识专业性的看法,以及他们对待这类知识的态度。

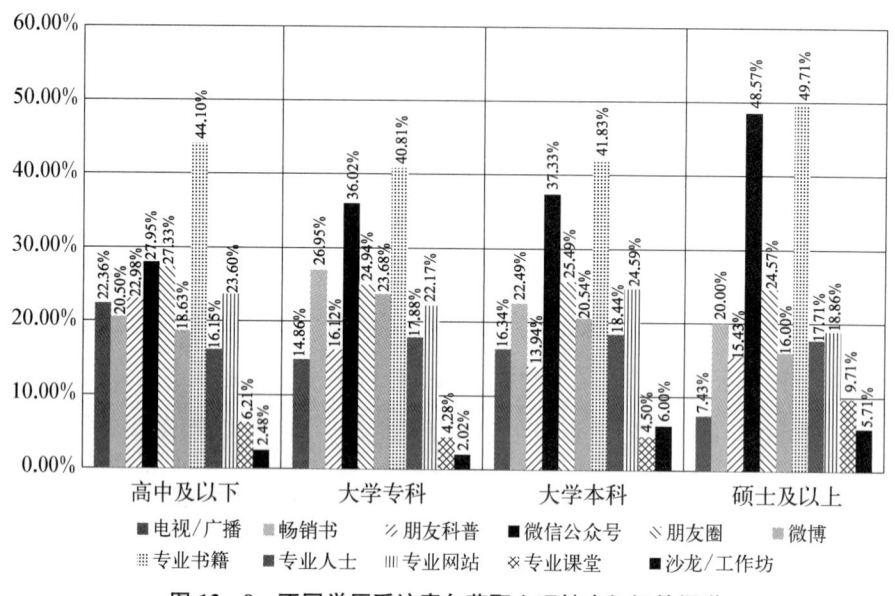

图 12-9 不同学历受访青年获取心理健康知识的渠道

(四) 产生心理问题时采取的应对方式

产生了心理问题采取什么样的方式应对,在前期调查的基础上,我们了解到青年较多采用表 12-3 中的六种方式。我们可将这六种方式按其对解决心理问题可能产生的作用划分为积极和消极两类。"向朋友或长辈倾诉""寻求专业人士的帮助""学习心理学知识自我疏导"及"转移注意力,尽快排解"等按心理健康的实践来看,均可以推动心理问题朝向积极、专业的方向解决,属于积极应对方式;"尽量压抑或控制自己"及"沉溺于负面情绪中,什么都不想做"则相反,只会使当事人产生更多的负面情绪,从而使心理问题更难以得到解决,属于消极应对方式。需要说明的是,"转移注意力,尽快排解"虽然在实践中能起到暂时缓解不良情绪的作用,但要从根本上解决心理问题还需要进一步的行动,因此,它在四种积极应对方式中排序在末尾(问卷邀请受访青年对这六种方式进行多项选择,最多选择三项)。

表 12-3　产生心理问题时采取的应对方式分类

积极应对方式	向朋友或长辈倾诉
	寻求专业人士的帮助
	学习心理学知识自我疏导
	转移注意力,尽快排解
消极应对方式	尽量压抑或控制自己
	沉溺于负面情绪中,什么都不想做

1. 大多数受访青年在产生心理问题时的应对方式虽不消极,但仍需树立专业认识。调查数据显示,在产生心理问题时"转移注意力,尽快排解"是受访青年选择最多的应对方式(见图 12-10),占比为 57.14%;其次是"向朋友或长辈倾诉",占比为 46.62%。可见,大多数受访青年在遇到心理问题时能够选择积极的方式应对,这两种应对方式可以简单概括为"先靠自己排解,再向亲友倾诉"。然而这样的应对方式虽然也是大多数国人所采用的方式,在实际生活中一定程度能起到缓解青年不良情绪的作用,但严格来说,并非是专业的心理问题解决方式。我们注意到,仅有 27.57% 的受访青年选择了美国心理健康专家最为推崇且在美国应用广泛的应对方式——"寻求

应对方式	占比
向朋友或长辈倾诉	46.62%
转移注意力,尽快排解	57.14%
寻求专业人士的帮助	27.57%
学习心理学知识自我疏导	37.10%
尽量压抑或者控制自己	27.62%
沉溺于负面情绪中,什么都不想做	10.33%

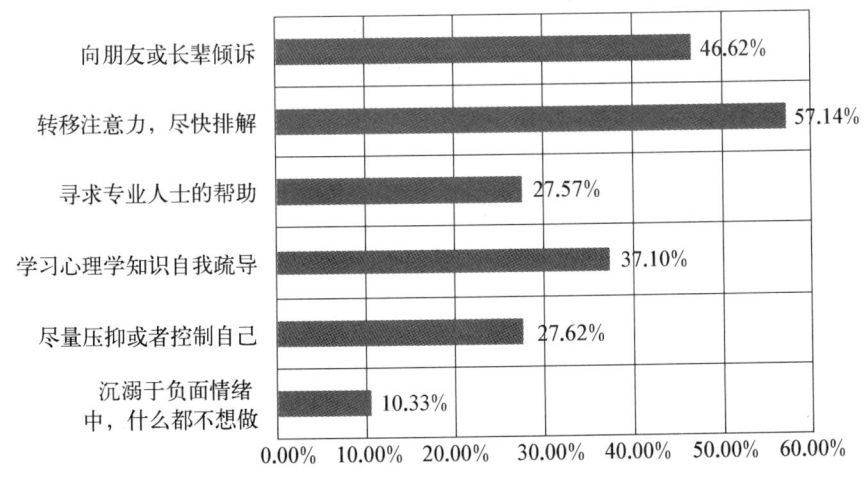

图 12-10　受访青年面对心理问题会采取的应对方式(可多选)

专业人士的帮助",这种现象说明大多数青年并未建立起心理健康问题需要专业人士协助的认识。这与我国目前整个社会亦没有建立起相应的观念,以及国人对待心理健康问题的态度、心理疾病污名[①]有密切关系,有多个研究发现,有心理问题不向专业人士求助的行为会影响当事人的心理康复过程[②],需要在当前青年的心理健康教育工作中引起足够的重视。

2. 受教育程度不同的受访青年应对心理问题方式存在差异。调查数据显示(见图 12-11),高中及以下学历受访青年选择"尽量压抑或者控制自己"这一消极方式以应对心理问题的比例大于选择"学习心理学知识自我疏导"和"寻求专业人士帮助"这两种积极方式,而其他学历的受访青年则不存在这种情况。这表明高中及以下学历青年对于专业的积极应对方式接受度不高,这可能是由于他们在这方面受到的教育较少所致。同时,与其他学历群体相比,高中及以下学历受访青年在遇到心理问题时更愿意"向朋友或长辈倾诉",而不是"转移注意力,尽快排解"。这说明这一群体的青年可能将心理问题与其他生活上的问题一样,视为首先请求亲友帮助解决,而不是需要专业人士协助解决。

此外,本次调查还发现,大学本科学历受访青年遇到心理问题时愿意寻求专业人士帮助的比例最高,表明相较其他群体而言,他们有更高的心理求助意愿;硕士及以上学历受访青年选择"通过学习心理学知识自我疏导"的比例最高,说明硕士及以上学历青年可能将心理相关知识与其他专业知识等同,将其视为只要学习了就能解决问题的一种有效方式,并对自己的自学能力有一定的自信。然而,这也恰恰反映出他们对心理知识的认识尚且肤浅的一种表现。因为心理问题并不是仅靠自己学习一些知识就能解决的,它的专业性与诸如物理、化学等学科的专业性不同,其侧重点在个体通过实

[①] 余晓敏:《大学生心理求助及其影响因素研究》,华中师范大学 2004 年硕士学位论文。
[②] 岳童、王晓刚、黄希庭:《心理疾病自我污名:心理康复的一个高危因子》,《心理科学进展》2012 年第 9 期。

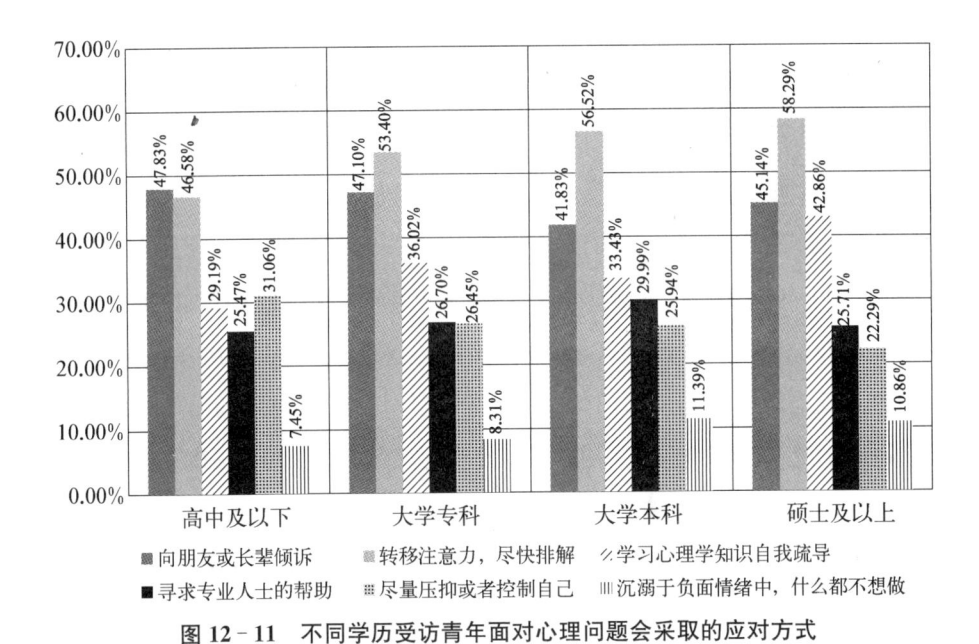

图 12-11　不同学历受访青年面对心理问题会采取的应对方式

践得到认知和人格等方面的成长,了解了某些知识却无法解决自身心理问题的例子比比皆是。这说明即使是高学历的青年,也需要养成正确认知心理专业知识的态度与常识。

三、青年心理素养培养的对策和建议

(一) 要在有关部门的统筹下,吸引更多专业人士和专业机构的介入

如前所述,高学历受访者在心理素养四个方面的表现明显健康而积极,他们更认可心理健康的重要性,对心理知识也更感兴趣,从医疗机构、大学等专业渠道获取了相关心理知识,掌握和知晓了较多的心理健康知识,拥有更积极的心理健康观和态度,同时清楚如何获取心理健康方面的专业帮助。所有这些认识和表现,都证明了良好心理素养的形成与后天的教育密不可分。由于目前在我国的学校教育中,对于青年心理素养的培养尚未形成体系,缺乏专门的课程设置,在中学仅开设了一门心理健康课程,而大学虽然普遍设立了心理健康教育中心,并未能发挥应有的作用,明显的证据就是多数学生遇到心理问题并不会想到去中心求助。因此,绝大多数青年要提高自身的心理素养,现阶段主要还得依靠自学,在自媒体兴盛的今天,微信、微博等就自然而然成为青年自学心理知识的主要渠道。虽然学历高的青年对于各种渠道输出的心理知识有一定鉴别力,在发达的城市也会有更多的正式渠道向青年传播积极而健康的心理学知识,但从我国青年日益增长的心理问题的现实来说,目前正式渠道的教育和宣传还远远不能满足他们的需求,这迫切需要引起相关部门的重视,统一管理和组织,提供和设置更多的专业机构,充分发挥专业人士的作用,传播更多的专业知识,正确引导青年,提高青年的心理素养。实现这一目标,要采用更开放、灵活的组织方式,让更多的专业人士、专业机构主动参与和投入,采用公益的方式传播专业心理知识,尤其是要有计划地多组织以在城市工作的学历不高的青年群体为教育对象的心理健康知识宣传活动。

(二)创造条件以解决青年遇到心理问题时求助难的问题

一个人如果自己产生了心理问题或他/她身边的亲朋好友出现了心理问题,知道如何正确求助对于解决心理问题具有积极作用,这也是青年心理素养培养的重要内容之一。从本次调查反映出的情况来看,多数受访者产生了心理问题之后并没有选择向专业人士求助,这可能与我们的文化传统有关,也可能与专业人士比较少、没有更多地被人们了解或人们以为专业人士收费高有关。据笔者所知,虽然一些高学历的青年在求学过程中通过课堂教育学习到了应该如何求助的知识,但进入社会工作后,他们往往会因为找不到合适的专业人士帮助而只得选择其他的方式。这说明,我们在培养青年心理素养时需要传授一些青年在产生心理问题后易于获得心理专业人士帮助的方式,能够对症下药解决他们的心理问题。所以,就目前的情况而言,进一步发展有专业资质人员参与的心理健康热线电话、心理健康专业网站、心理健康专业自媒体等机构(方式),为解决青年的心理求助问题发挥积极作用,应当得到相关部门的重视和帮助。

(三) 要重视引导全社会正确认识青年的心理问题

本次调查发现我国青年总体上倾向于积极心理健康观,而不是西方社会已经存在多年的以"心理健康就是没有疾病"为主要基调的简单心理健康观。这可能与我国心理健康教育相比西方虽然起步晚,但恰逢积极心理学流行、产生极大社会影响有关。但本次调查也反映出我国青年对心理疾病的认识还存在不少不足之处,还有很大一部分受访青年不认同"曾经有过精神疾病,但经过治疗康复了"的科学常识。大众对精神疾病知识的缺乏了解及由此产生的恐惧是精神疾病被污名化的重要原因,而这种污名化对精神疾病的康复有着不利影响[1]。因此,培养青年心理素养需要以整个社会为对象,教育社会大众正确认识精神疾病,通过学习和理解心理健康知识、精神疾病的相关知识,消除对精神疾病的恐惧及对精神疾病的污名。

英文的"literacy"一词除了后天培养而成这点与汉语的"素养"词义相同外,在教育学和社会学的专业中它亦常被视为一种与社会公平密切相关的资格或权力,因为在主张社会公平的学者看来,一个人没有相应的素养就会失去某些机会(比如识字能力就是一种在某个程度上可以保证社会公平的"literacy"),而那些具有这些素养的人相应地就拥有了更多的权力,比如对文本的占有和解释就是这样的一种权力[2]。在心理健康越来越受到重视、在社会中的作用越发重要的今天,拥有必须和健康的心理素养能够让人们在遇到心理问题时正确求助,同时能拥有正确的心理健康观,对患有或患过心理疾病的人不歧视、不回避,能通过正式渠道的学习获得专业知识,并时时

---

[1] 岳童、王晓刚、黄希庭:《心理疾病自我污名:心理康复的一个高危因子》,《心理科学进展》2012年第9期。
[2] Livingstone S. "Media literacy and the challenge of new information and communication technologies", *The Communication Review*, 2004, 7(1): 3-14.

保持心理健康……凡此种种，无一不是个体在现代社会获得公平发展机会的条件和保证。因此，政府应更重视青年心理素养的培养，更广泛地开展与之相关的教育工作。

第十三章
新时代青年的网络素养与青年现代公共文明意识培育：
基于 2019 年中国七个城市青年素养调查

◎（万虹伶、祖霞　成都信息工程大学）

2019 年 8 月，中国互联网络信息中心（CNNIC）发布了第 44 次《中国互联网络发展状况统计报告》。报告数据显示，截至 2019 年 6 月，我国网民规模达 8.54 亿，其中手机网民 8.47 亿，比例达 99.1%，互联网普及率超六成[①]。如此大规模的网民群体，在世界上是罕见的。在这么大规模的网民中，从学历来看，初中、高中/中专/技校学历的网民群体占比分别为 38.1%、23.8%，受过大学专科和本科及以上教育的网民群体占比分别为 10.5%、9.7%；从身份来看，学生最多，占比为 26%；其次是个体户/自由职业者，占比为 20%；从收入来看，超过七成的网民月收入不足 5 000 元人民币，其中无收入及月收入在 500 元以下的网民群体占比为 19.9%。也就是说，我国网民的主体是没有受过大学教育且收入较低的青年。网民在网络上进行各种联系，组成了网络社会，从某种意义上可以说已经成为与现实社会相对应的"第二社会"。网民的素养影响、决定着网络社会的发展，而网络社会的发展又会影响现实世界。因此，我们需要站在网络社会与个体关系的基础上，着眼于社会发展和个体发展的长远目标，摸清我国青年网络素养的基本状况，

---

① 报告全文请参见中国网信网，网址：http://www.cac.gov.cn/2019zt/44/index.htm。

并在此基础上提出培育青年网络素养的对策和建议。

一、国内外学界对网络素养的理解

最早明确提出"network literacy"这一概念的是 Charles R. McClure。他于 1994 年将网络素养定义为"从网络中识别、访问和使用电子信息的能力"[①]。不过,在 Charles R. McClure 对网络素养定义之前,"information literacy"和"digital literacy"这两个概念已经出现,只是当时的互联网的功能局限于信息的存取、共享,因此 McClure 使用"network literacy"一词的用意在于将这两个概念具体指称人们获取和使用互联网上的信息资源的能力。需要指出的是,在美国学界的语境里,与网络素养有着密切关系的术语除了"network literacy",还有"information literacy""digital literacy""computer literacy""library literacy""media literacy"等词汇。这些术语在美国学界引起了不少争议,混用的情况也并不少见。学者 Bawden 早在 2001 年就详细列举出与网络素养相关的术语有六种十三个之多。这 13 个术语由于提出的时间有早晚、针对的具体对象不同,其释义的侧重点也各不相同,但总的来说是对人们使用包括互联网在内的一切信息技术所需要具备的素养的概括[②]。

笔者认为,要真正理解上述概念应首先理解"literacy"一词。"literacy"出现于扫盲社会运动实践之初,意为阅读和写作的社会实践和观念,强调的是在文明世界中能够理解和表达的能力[③]。这种能力在教育学和社会学的背景中被某些学者视为一种权力,因为对文本的占有和解释在文明社会就

[①] McClure C R. "Network literacy: A role for libraries?", *Information Technology and Libraries*, 1994, 13(2): 115.

[②] Bawden D. "Information and digital literacies: A review of concepts", *Journal of Documentation*, 2001, 57(2): 218-259.

[③] Street B V, Street B B. *Literacy in Theory and Practice*, Cambridge University Press, 1984.

是一种权力①。现代科技的发展改变了文本的形式,当"literacy"与"network""digital""computer"等蕴含新技术意义的词语组成新词,意味着人们意识到这些技术已成为进入文明世界的新入口,若不能掌握它们,就类似于不识字的文盲。因此,"network literacy""digital literacy""computer literacy"等概念出现伊始是对由新技术带来的这些数字资源占有的不平等性发问,它们被认为是在技术发展越来越快的时代保持文化水平必需的能力②。

我国学界对网络素养概念的理解与国外有所区别,如在知网中以"网络素养"为关键词查询到从1990年至2019年近30年间学界共发表的相关文章达769篇之多,其中有179篇文章撰写的是关于大学生的网络素养教育及相关问题。将发表在C刊及核心期刊的文章共64篇下载后转为txt文档,应用词云工具进行分析后得到的词云图(见图13-1)显示:第一,这64

图13-1 64篇网络素养相关文献词云图

---

① Livingstone S. "Media literacy and the challenge of new information and communication technologies", *The Communication Review*, 2004, 7(1): 3-14.
② Cordes S. "Broad horizons: The role of multimodal literacy in 21st century library instruction", *World library and information congress: 75th IFLA general conference and council*, 2009.

篇文献关注的核心概念最多的是网络、信息、教育,表明其研究重点在网络素养的教育问题上;第二,包括大学生在内的青少年是这些文献关注的主要对象;第三,从教育内容上看,重点在于道德、思想、意识等的培养;第四,从方式手段上看,侧重于对教学、平台、技术、环境等的研究。可见,我国学界对网络素养的研究的重点置于教育学和心理学的学科视角,目的在于探索不同的方法、路径,对包括大学生在内的青少年等群体在网络上的行为进行教育和引导,使其符合网络社会治理的要求。

二、本研究的思路及方法

对比中外学界对网络素养概念的释义,不难理解"network literacy"多从个体权利的角度出发,关注个体在数字时代进入文明社会的准入资格;网络素养多从社会治理的角度出发,关注个体是否具备网络社会公民应有的内在本质。两者在实践层面的显著区别是:准入资格强调环境赋予的公平,故致力于寻求制度的完备;内在本质强调个人应具备网络社会规则的内在修为,故致力于个体的教育和达成。本研究综合这两个词的蕴意,以准入资格与内在本质作为评估新时代青年网络素养的两个层次。需要略作解释的是,准入资格指的是理解网络的用途并能利用网络进行搜索信息、在线学习、娱乐、购买或消费等操作的能力,即使用网络的技能;内在本质指的是理解网络社会的规则并能在实践中遵循,有相应的认知、态度和行为。就后者而言,青年对网络社会规则的理解与遵循主要体现在网络公共秩序、网络公共交往与网络公共参与这三个方面[1]。

在上海社会科学院中国马克思主义研究所和上海社会科学院国民精神与素质研究中心于 2019 年开展的"新时代青年素养调查"中,围绕上述思

---

[1] 中国人民大学沙莲香教授将公共文明界定为公共卫生、公共秩序、公共交往、公共观赏与公共参与五个部分[参见沙莲香:《北京市民公共行为文明指数研究的主导观念——兼说民族性建设》,《中国农业大学学报(社会科学版)》2007 年第 1 期],本研究在借鉴这一思路的基础上,根据网络社会的特点,将网络社会公共文明划分为公共秩序、公共交往与公共参与三个部分。

路,我们在问卷中设置了十个问题(见表13-1),希望通过对这些问题的调查能够对新时代青年的网络公共文明素养有一个较为清晰、全面的了解和认识。此次调查详细的抽样、调查实施过程在总报告中已有详述,在此不再赘述。从操作的层面来说,本分报告对问卷调查取得的数据使用 IBM SPSS Statistics 23 进行处理、分析,从而得出结果。

表13-1 问卷问题的设置及对应目标

问 题	目 标
Q1：在线时长	了解青年对于网络的基本认知和态度
Q2：对网络的基本态度	
Q3：使用网络做什么	了解青年的网络操作技能
Q4：是否经常发表看法	了解青年的网络公共参与行为
Q5：是否经常分享	了解青年的网络公共交往行为
Q6：主要分享什么内容	
Q7：对请求转发信息的认识	了解青年对网络公共秩序的认知和态度
Q8：遇到让自己很生气的事情时会做什么	了解青年是否会做出破坏网络公共秩序的行为
Q9：何种情况下会有网络不文明行为	了解青年破坏网络秩序行为产生的条件和频次
Q10：网络不文明行为的频次	

三、新时代青年的网络素养现状

根据上述研究思路,本章首先根据调查取得的结果从对网络的认知及网络操作技能、网络公共秩序、网络公共交往、网络公共参与、网络不文明行为等六个方面对受访青年的网络素养进行总体描述。在此基础上,再根据交叉分析的结果,对性别、受教育程度及所在地区不同造成的显著性差异（$p<0.05$）进行描述分析。需要说明的是,由于本研究的调查对象全部为生活在城市中的青年,故文章的分析和结论无法适用于在农村生活的青年。

(一) 有关新时代青年的网络素养总体情况

1. 九成以上受访青年将网络视为必需品,每日在线时间超过1小时。在对网络的看法上,受访青年中有近91%的人将网络视为必需品、不可或缺,他们在日常生活和学习中已经离不开网络,其中更有16.38%的受访青年赞同"网络等同于空气和水"的说法,将网络视为生命必需品。当然,受访青年中也有人认为网络"可有可无",但比例不足一成(9.67%),其中,认为网络"没有更好"的仅占极小一部分(1.81%),见图13-2。

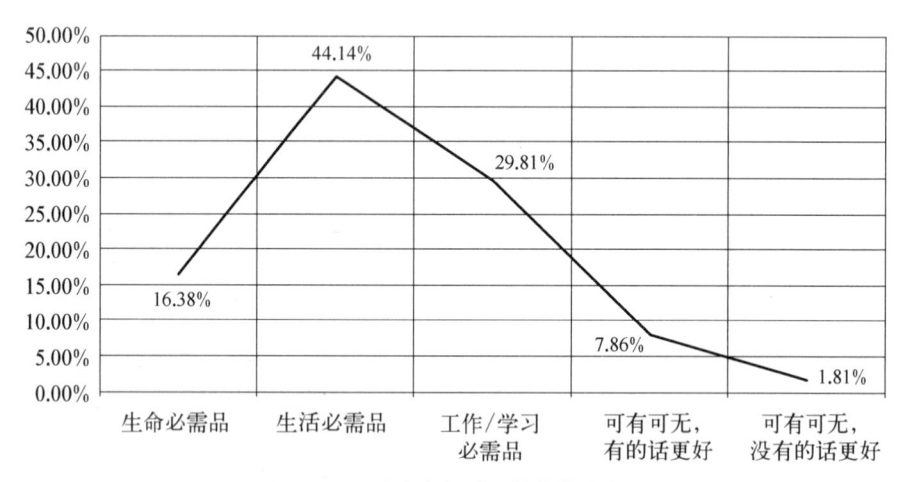

图13-2 受访青年对网络的基本态度

同时,受访青年的在线时长也证明了网络对于他们来说具有不可或缺的重要性。有94.32%的受访青年每天使用网络的时间在1小时以上,其中有41.90%的人每天使用网络的时间超过了4小时,而每天使用网络时间在1小时以内的仅为4.43%(见图13-3)。用青年们自己的话来说,他们是"长在互联网上"了。

2. 受访青年普遍具备熟练的网络操作技能,在网络社会通行无碍。在网络使用目的这一题项上,我们共设计了八个选项,要求受访青年进行多项选择,最多选取三项。这八个选项分别代表网络的三种不同属性:媒体/娱乐属性、商业/工具属性和社会/公共属性(见表13-2)。如果一个人能够顺

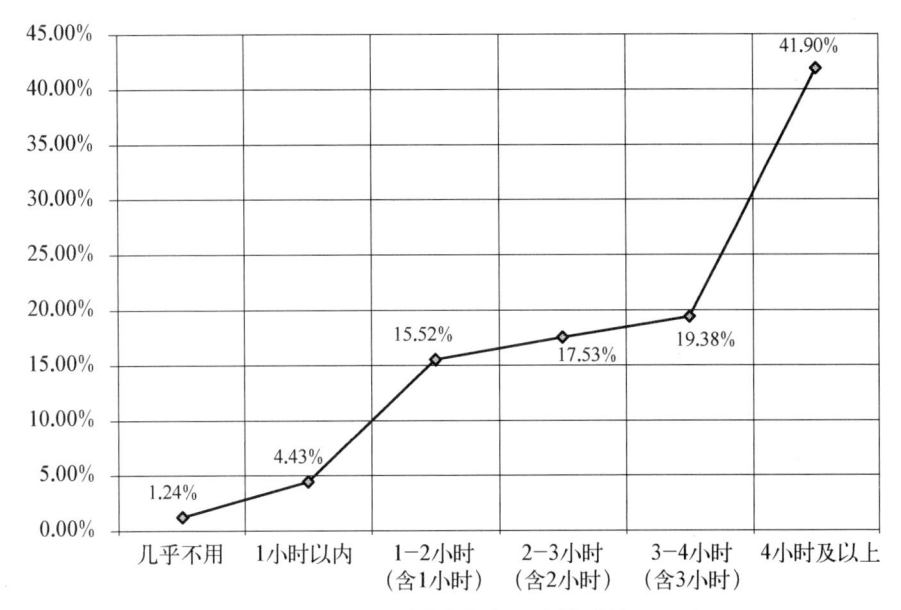

图 13-3 受访青年每日在线时长

利地、毫无障碍地使用网络的这三种属性，就需要具备足够的操作技能，也就是具备了前文所说的网络社会的准入资格，这是网络素养的底层部分。

表 13-2 使用网络的不同目的对应的网络基本属性

媒体/娱乐属性	看时政新闻，了解天下大事
	休闲、娱乐（如玩游戏、看视频、看小说等）
商业/工具属性	工作（包括电子商务、自媒体运营等）
	购物、消费（如买东西、订餐厅、打车等）
	获取知识或学习的资源
社会/公共属性	与朋友联系，关注或分享他们的动态
	分享自己的动态/自拍
	评论他人的观点/发表自己的观点

调查结果显示，受访青年使用网络这三类属性的比例大致相当，没有显著差异，表明他们已具备熟练的网络操作技能：不仅了解网络的各种属性，知道利用网络能做什么，而且还能够毫无障碍地使用这些属性。值得注意

的是,受访青年使用比例最高的四项分别是"休闲、娱乐"(57.57%),"购物、消费"(53.24%),"工作"(47.33%)和"与朋友联系,关注或分享他们的动态"(46.76%),这四项均是与吃穿住行玩等日常生活密切相关的内容,表明受访青年的日常生活已经与网络紧密联系,这是他们离不开网络的主要原因。另一方面,受访青年使用较少的是"分享自己的动态/自拍"和"评论他人的观点/发表自己的观点"(见图13-4),表明受访青年并不热衷于使用网络展现自己、发表自己观点,这与他们在现实社会中的表现较为一致。

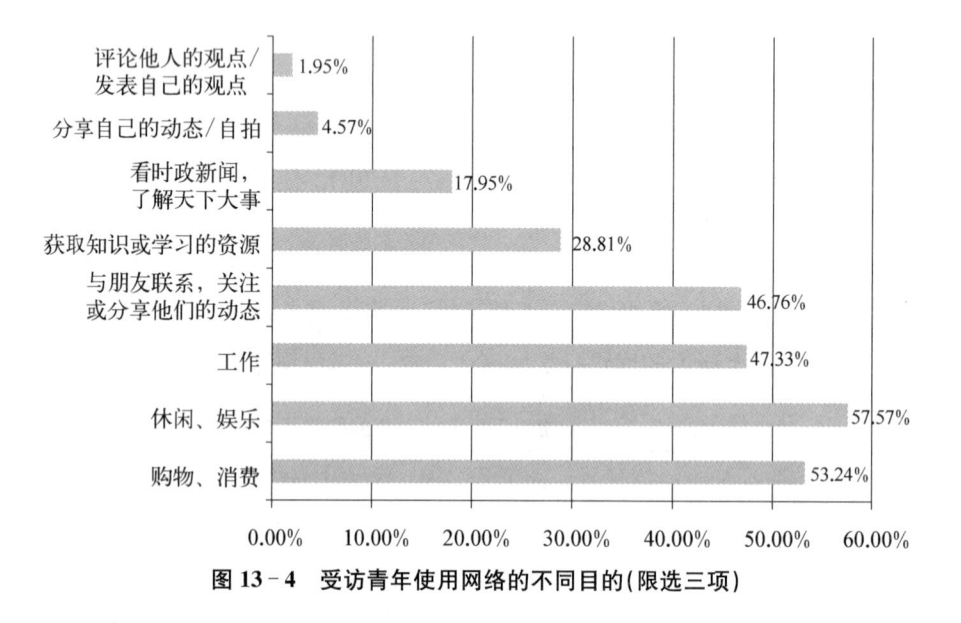

图13-4　受访青年使用网络的不同目的(限选三项)

类别	比例
评论他人的观点/发表自己的观点	1.95%
分享自己的动态/自拍	4.57%
看时政新闻,了解天下大事	17.95%
获取知识或学习的资源	28.81%
与朋友联系,关注或分享他们的动态	46.76%
工作	47.33%
休闲、娱乐	57.57%
购物、消费	53.24%

3. 大多数受访青年对网络公共秩序已具备一定的理性认识。在网络社会中,信息交流是人们参与网络公共生活的主要方式,其前提是真实可信、平等有序。然而,在信息交流过程中,网络本身具有的匿名性不仅可能造成信息失实,也可能使这一过程面临网络暴力等因素的威胁。如何避免这些问题的产生,需要青年对网络公共秩序具备一定的理性认识,能够对自己在网络上的信息交流行为有足够的自察和自律。本次调查结果表明受访青年对网络有较为充分的认识,且具有以下几方面的特点。

首先,大多数受访青年能意识到自身行为对网络公共秩序产生影响。请求转发信息是我们在网络社会这个公共空间中经常遇到的问题。对于网络请求转发信息自己该不该转发、在何种情况下可以转发,取决于我们对于信息是否真实的判断以及对网络公共秩序是否自觉遵守。本次调查中,30.1%的受访青年选择"在自己查证确定后会转发",17.9%的人选择"是很信任的朋友或师长发的,就会马上转发",21.29%的人选择"不论真假,都不会转发"(见图13-5)。由此可见,近七成(69.29%)的受访青年能够意识到转发信息这一行为可能给网络公共秩序带来影响。同时我们也看到,仍有30.71%的受访青年没有能够充分认识到自身行为会对网络公共秩序产生的影响,选择了"不论真假,一律转发"或"与真假无关,喜欢就会转发""只要自己觉得是真的就会转发"的做法。

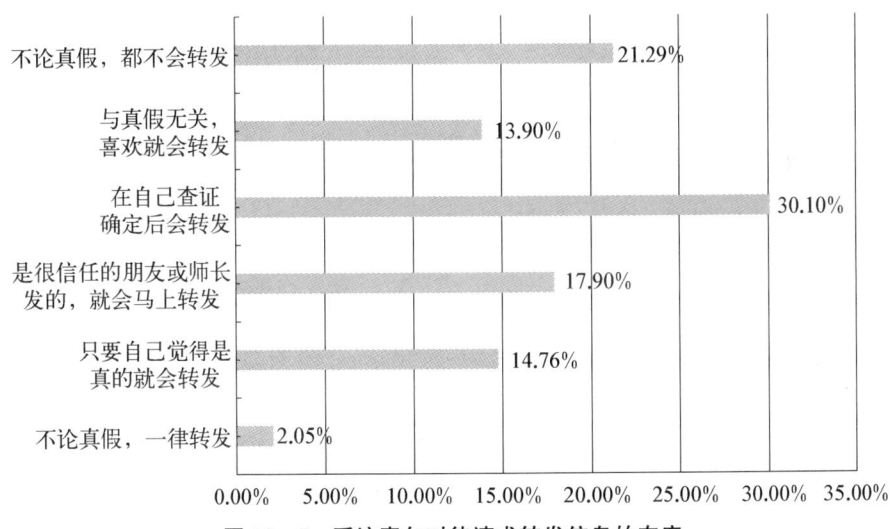

图13-5 受访青年对待请求转发信息的态度

其次,绝大多数受访青年在愤怒时不会做出破坏网络公共秩序的极端行为。在"您在网上看到让自己特别生气的事件时,您会怎么做"这一问题上,我们设置了四个选项供受访青年选择。这四个选项中,"非常愤怒,要求人肉相关信息"属于消极的网络行为,可能带来网络暴力、侵犯隐私权等问题①,要求人肉搜索的网民往往会在网络上对他人进行围攻谩骂,做出破坏网络公共秩序的极端行为。在本次调查中,仅有3.20%的受访者选择了这一选项(见图13-6)。这表明即使在情绪激动的情况下,绝大多数受访青年仍然能保持理智,而不会选择做出破坏网络公共秩序的极端行为。

选项	比例
看过就算了,我只是吃瓜群众	21.90%
不会跟帖评论,但会与朋友讨论	45.90%
根据自己观点,跟帖评论	29.00%
非常愤怒,要求人肉相关信息	3.20%

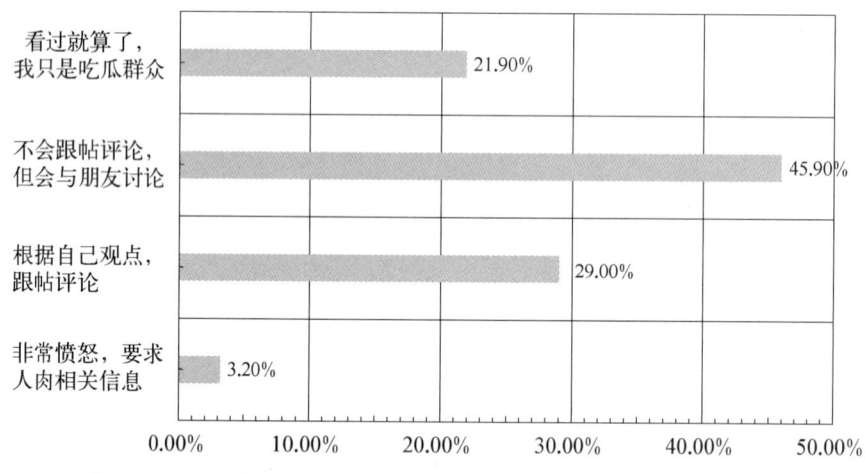

图13-6 受访青年在网上看到让自己特别生气的事件时会采取的行为

4. 九成受访青年有公共参与行为,但公共参与意识尚需加强。在网络高度发达的现代社会,网络公共参与是社会动员的重要组成部分,发挥着表达公共诉求、合理社会控制、帮助公共决策、提升民主意识等方面的作用②。在我国网络公共文明的实践中,网民的公共参与是很重要的部分,可以说若没有公共参与,网络公共文明的目标也就不可能实现。本次调查数据显示,90.67%的受访青年会在网络平台上发表自己的观点与看法,其中21.24%的受访青年还会经常发表观点和看法,仅有不到一成(9.33%)的受访青年表示从来不会在网络上发表观点与看法(见图13-7)。

---

① 戴激涛:《从"人肉搜索"看隐私权和言论自由的平衡保护》,《法学》2008年第11期。
② 祁宝生:《网络公共参与的社会功能分析》,东北师范大学2012年硕士学位论文。

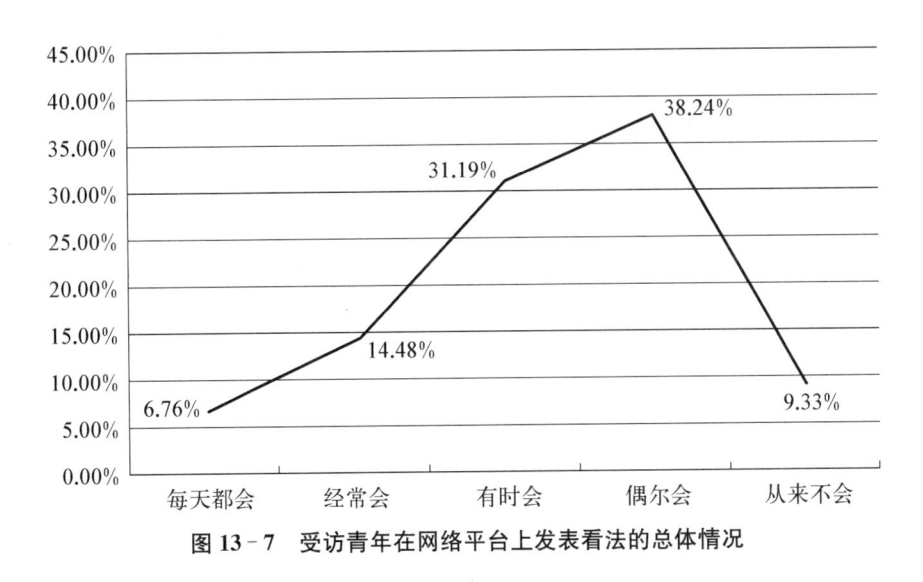

图 13-7 受访青年在网络平台上发表看法的总体情况

调查数据显示,在"在网上看到让自己特别生气的事件时",只有不到三成(29%)的受访青年会进行合理合规的网络公共参与("根据自己观点跟帖评论"),超过六成(67.8%)的青年不会进行网络公共参与(45.90%的受访青年"不会跟帖评论,但会与朋友讨论",21.9%的受访青年"看过就算了,我只是吃瓜群众")(见图13-6)。这也就是说,在面对激起社会公愤的事件时,受访青年多数采取在网络上回避的态度。尤其值得注意的是,持"吃瓜"心态的受访青年占二成有余,表明有部分青年对于公共事件抱有"事不关己,高高挂起"的态度。

5. 近九成受访青年会通过网络公共交往表达他们对现实生活的关注。对信息的分享和转发是我们比较容易了解到的一种网络公共交往行为,在一定程度上可以反映出受访青年参与网络公共交往的意愿。它不同于点对点、利用网络进行的私人交往(如通过QQ等社交软件进行的一对一交往),而是以一点对多点,或者点对面地在网络空间中展开的一种交往行为。本次调查发现,有近九成(88.05%)的受访青年都有转发、分享他人观点看法的网络公共交往行为(见图13-8),他们乐意转发、分享的内容主要是科普知识、生活休闲类信息及社会新闻(见图13-9),这三类信息均有受众面广、适用对象广泛、与社会和现实生活关联度高的特点。这表明受访青年具备一定的参与网络公共交往的意识,愿意在网络公共交往中表达他们对现实生活的关注。

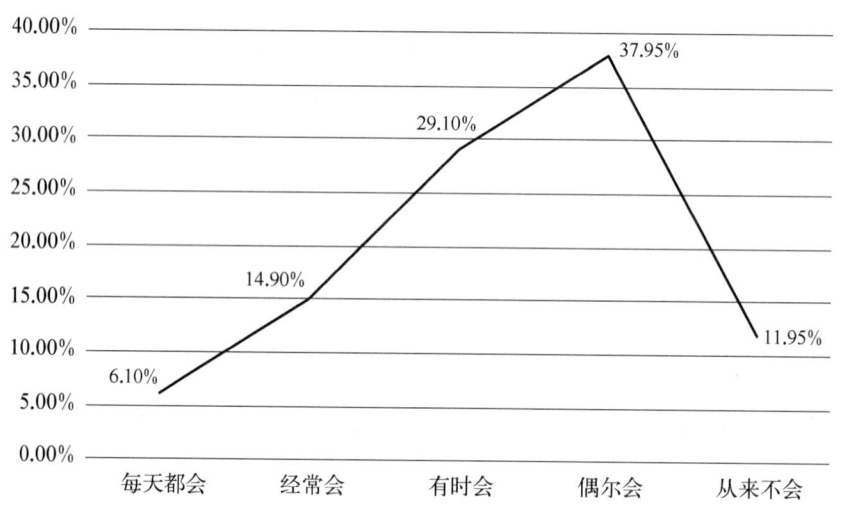

图13-8 受访青年在网络平台分享或转发他人看法/观点的总体情况

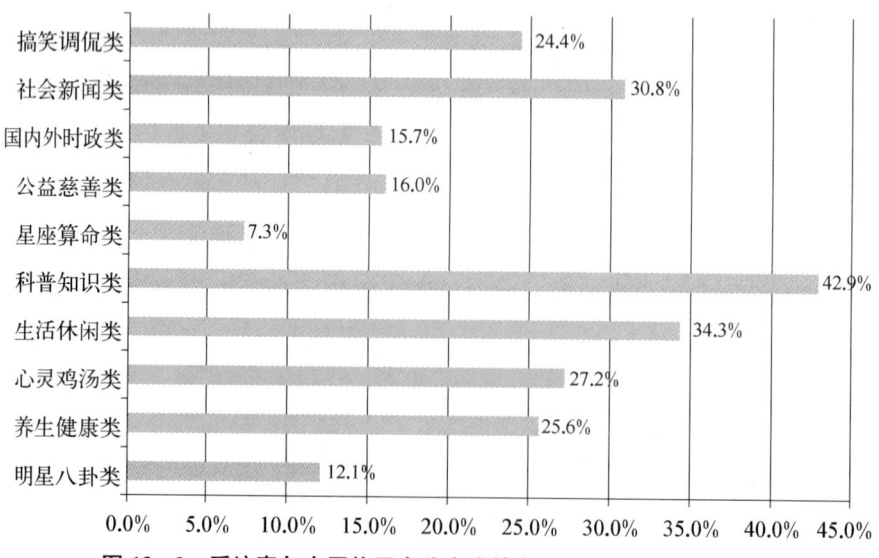

图13-9 受访青年在网络平台分享或转发的内容情况(限选3项)

6. 在网络文明表现上,多数受访青年有自律意识,但仍需规范和引导。网民在网络空间中偶然相聚又快速分离,这样的关系形态使网民们感受到的人与人之间互相依赖的关系极其微弱,而对现实社会中不文明行为产生约束的"人际关系以及人与人互相依赖关系的变化"这一条件在这种情况下难以获得[1],网络社会中会出现更多的不文明行为[2]。可见,网络社会比现实社会对网民的自律要求更高。我们可以从有无网络不文明行为、发生不文明行为的频次、条件等情况对我国青年在网络社会中的自律情况进行了解。调查结果如下。

首先,多数受访青年未有网络不文明行为。调查数据显示,有超过七成(73.67%)的受访青年近半年来从未有过网络不文明行为,而有过三次及以上不文明行为的仅占一成多(10.19%)(见图13-10)。可见,大多数受访青年有足够的自律性,能有意识地控制自己的言行,不在网络上做出不文明行为。

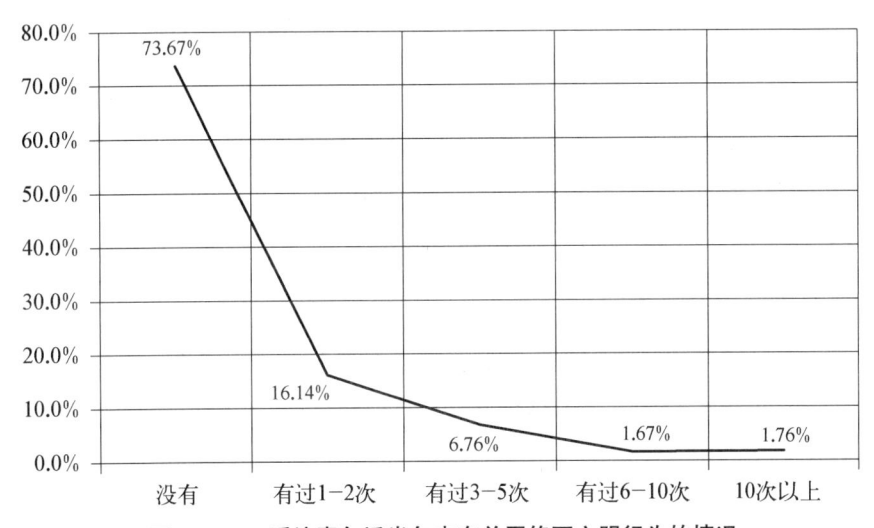

图 13-10 受访青年近半年来有关网络不文明行为的情况

---

[1] [德]诺贝特·埃利亚斯著,王佩莉译:《文明的进程:文明的社会起源和心理起源的研究》,生活·读书·新知三联书店1998年版,第255页。
[2] Coe K, Kenski K, Rains S A. "Online and uncivil? Patterns and determinants of incivility in newspaper website comments", *Journal of Communication*, 2014, 64(4): 658-679.

其次,在文明使用网络方面仍需对青年加强规范和引导。本次调查数据显示,尽管受访青年中有一半(50.24%)表示使用网络时在任何情况下都不会采取不文明行为,但仍有21.52%的人在看到让其愤怒的事情时会采取不文明行为,25.48%的人在自己和朋友遇到不文明行为时会以不文明行为加以还击,2.76%的人会有从众的不文明行为(见图13-11)。

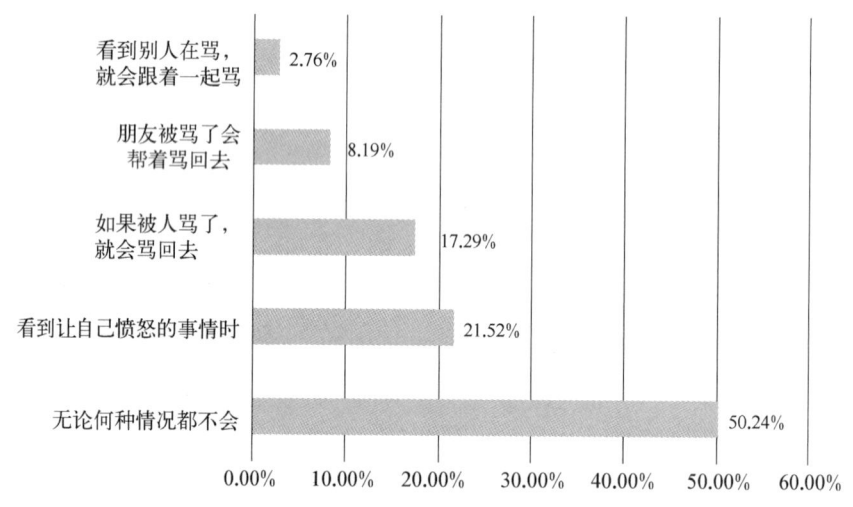

图13-11 受访青年在遇到不文明行为时的态度

- 看到别人在骂,就会跟着一起骂: 2.76%
- 朋友被骂了会帮着骂回去: 8.19%
- 如果被人骂了,就会骂回去: 17.29%
- 看到让自己愤怒的事情时: 21.52%
- 无论何种情况都不会: 50.24%

(二)不同受访青年群体网络素养的差异分析

本研究从性别、受教育程度及所在城市三个因素与受访青年的网络素养进行了交叉分析,虽然这三个因素都与受访青年的网络素养有一定关联,但探究受教育程度的影响相比其他两个因素而言更有现实意义。故本研究以受教育程度为划分依据,将不同学历受访青年群体在网络公共秩序、网络公共参与及网络公共交往等方面存在的差异情况描述如下。

1. 在网络公共秩序方面,学历最低的群体赞同违法行为的比例最高。如前文所述,人肉搜索是在2017年已被我国法律禁止的一种行为[①]。本次

---

① 自2017年6月1日起施行的《最高人民法院、最高人民检察院关于办理侵犯公民个人信息刑事案件适用法律若干问题的解释》中明确规定公民个人信息在未经权利人同意的前提下不得公开,否则可能触犯刑法。参见网址:http://www.xinhuanet.com//politics/2017-05/10/c_129597333.htm。

调查数据显示,高中及以下学历受访青年在网上看到让自己特别生气的事件时,有一成多(10.56％)的人选择了"非常愤怒,要求人肉相关信息",远高于其他受教育程度的受访者。这表明受教育程度一定程度上会对青年在网络公共秩序方面的理性认识造成影响,低学历者更可能做出对网络公共秩序有害的违法行为。

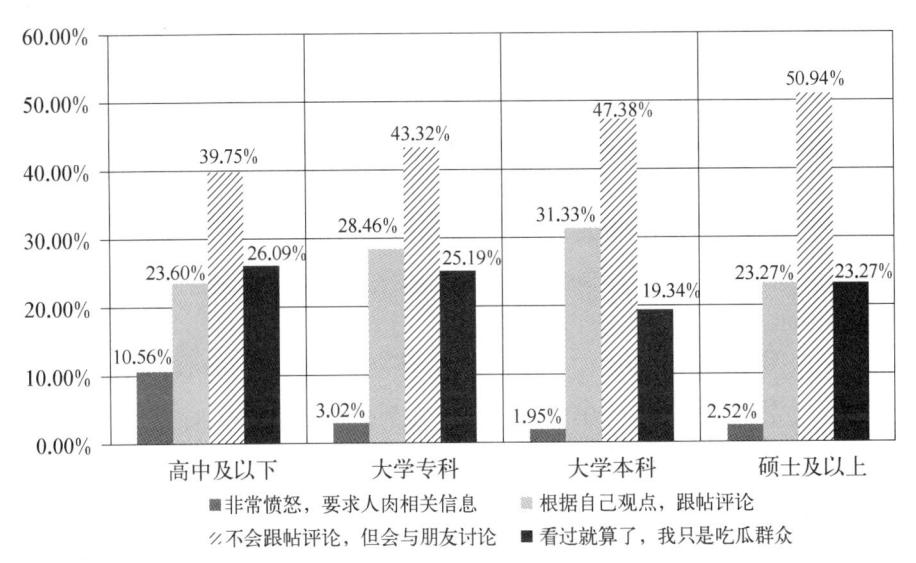

图13-12 不同学历群体在网上看到让自己特别生气的事件时采取的行为

2. 在网络公共参与方面,学历最高的群体参与度最低。如前所述,网络公共参与在现代社会具有表达公共诉求、合理社会控制、帮助公共决策、提升民主意识等重要作用。高学历者若能更多地参与网络公共活动,积极表达自己的意见和观点,能够起到带动网络舆论、提高网络公共参与整体质量的作用。然而,本次调查数据显示,相较于其他学历层次的受访青年而言,硕士及以上学历群体参与网络公共活动的热情较低,有近六成(58.28％)的人偶尔或从来不会在网络平台上发表自己的看法(见图13-13)。与此相反,调查数据显示,高中及以下学历群体热衷于进行网络公共参与,他们中有一成以上(13.04％)的人每天都会在网络平台发表自己的看法(见图13-13)。

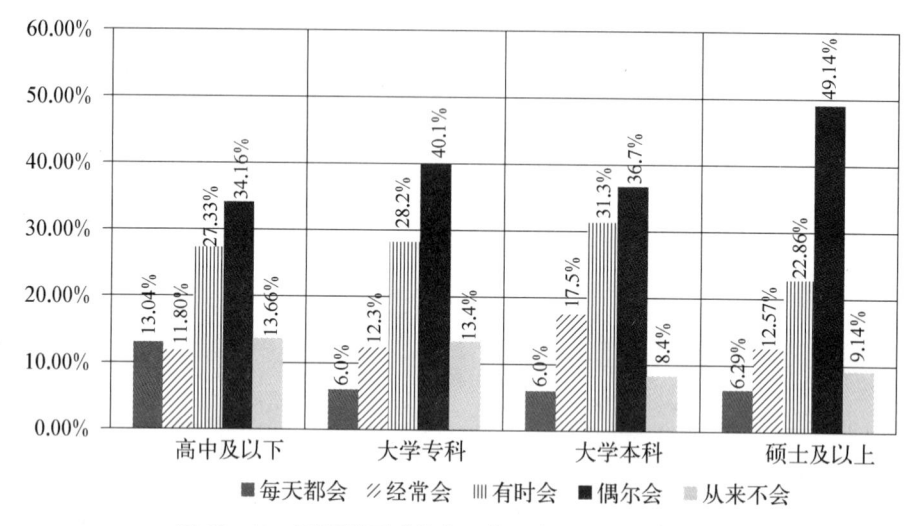

图 13‑13　不同学历群体在网络平台上发表看法的情况

3. 在网络公共交往方面，不同学历群体期望塑造的网络形象有所差异。对信息的分享和转发是青年网络公共交往的重要内容，是他们在网络上进行自我展现的一部分，反映了他们希望在网络上塑造一个什么样的自我形象。本次调查数据显示，不同学历群体分享和转发的信息内容存在明显差异，尤其是高中及以下学历群体与硕士及以上学历群体的差异尤为明显：高中及以下学历群体最喜欢分享和转发心灵鸡汤类信息，最不喜欢分享与转发国内外时政类信息；硕士及以上学历群体最喜欢转发和分享科普知识类信息，对星座算命类信息分享与转发最少；大学专科学历群体对生活休闲类和搞笑调侃类信息分享和转发最多，对国内外时政类信息分享和转发最少；大学本科学历群体对各类信息的分享和转发没有特别明显的偏好（见图 13‑14）。这些差异意味着不同学历青年希望塑造的网络形象并不相同，如硕士及以上学历群体希望塑造出追求科学、相信科学的网络形象，而高中及以下学历群体则希望带给别人积极向上、正面阳光的网络形象。

图 13‑14　不同学历群体在网络平台分享或转发的内容统计

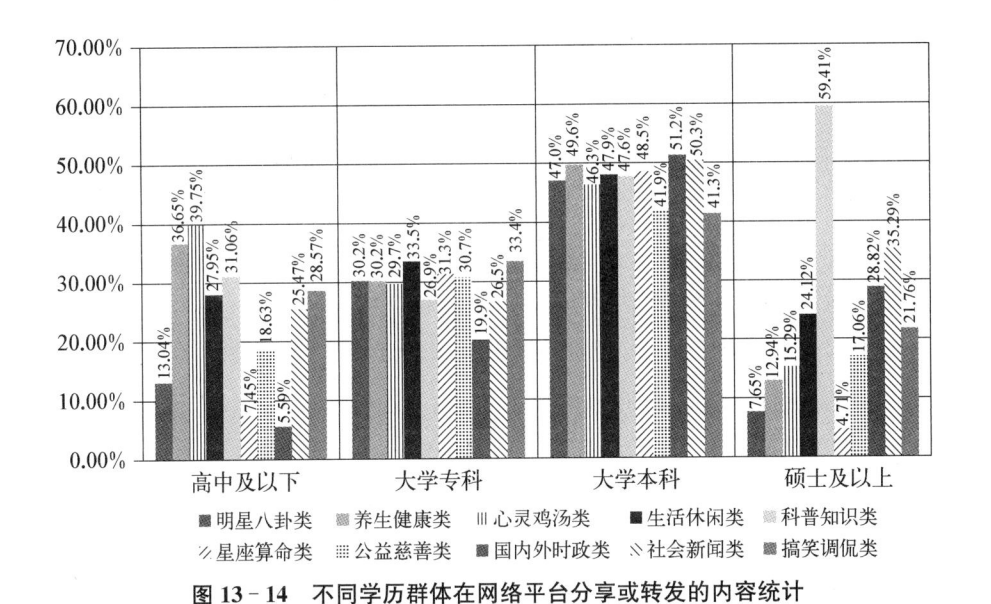

四、提升我国青年网络素养的对策与建议

本次调查的总体情况和统计数据显示,我国城市青年普遍具备熟练的网络操作技能,在网络的准入资格上没有技能方面的阻碍,而在网络公共秩序、网络公共参与和网络公共交往、文明表现上呈现出不同的特点,且因受教育程度不同有显著差异。青年是我国网民的主力,是网络社会的主体,也是实现网络社会的"善治"必须重点依赖的对象。因而,青年网络素养的培养对于我国网络社会治理工作有着极其重要的意义,需要常抓不懈。结合此次调查的结果,我们提出以下几点建议。

（一）随着互联网的发展,进一步抓紧青少年网络文明行为规范

我国首部《青少年网络文明公约》在 2001 年 11 月 22 日发布,内容是"要善于网上学习,不浏览不良信息;要诚实友好交流,不侮辱欺诈他人;要增强自护意识,不随意约会网友;要维护网络安全,不破坏网络秩序;要有益身心健康,不沉溺虚拟时空"。19 年后,随着移动互联网的发展,我国网络

社会增长迅猛,社交网络尤其发达,青年在网络上进行公共交往、公共参与的时间和机会已大大增加。这19年间,在共青团中央的带领和推动下,全国曾进行了多次大规模的网络公共文明宣传、教育主题活动,但作为青少年网络公共文明建设指导意见的《青少年网络文明公约》却一直没有及时更新和修订。

网络技术的发展日新月异带来了网络社会的变化,人们对网络文明规范的理解也有了新的认识,需要主管部门顺应这种形势,在网络社会治理的总体目标指引下,及时更新全国统一的网络文明行为规范,作为网络社会公共文明建设的基本框架。而作为参与网络社会最多的群体,也是受到网络社会影响最大的群体,青年有着与其他群体不同的社会心理特点,他们对于网络社会公共文明的理解、需求与其他群体有显著的不同。因而,对青年群体网络文明行为规范的要求也应与其他群体有所区别,需要建立适用于新时代青年群体的清晰、明确、可操作性强的网络文明行为规范。同时,在网络文明行为规范的表达、传播上要牢牢抓住青年群体的社会心理特点,使用他们能够接受的网络语言、喜闻乐见的弹幕视频和游戏等方式来进行网络文明行为规范的宣传与传播,改变以往那种采用间歇性的主题教育活动来进行网络文明行为规范宣传的方式。若现在仍然采用以往的那种宣传方式,虽然影响范围大、仪式感强,但却可能因为形式呆板、单一而无法达到预想的宣传教育效果。

(二)中小学、大学等相关教育机构需要进一步加强学生网络公共文明意识的培养

本次调查数据显示,受教育程度会对青年网络公共文明素养产生影响,尤其表现在对网络公共秩序的影响上。中小学是人在一生中接受最为系统的正规教育的基础阶段,学校需要重视这一特点,从更长远的教育目标出发,有意识地加强对学生网络公共文明素养的教育,可以采取将网络公共文明素养的培养纳入中小学课堂教学,或在日常教育活动中进行不定期的网

络公共文明主题教育等方式,从课堂内到课外活动全面贯彻网络公共文明教育,针对学生可塑性强这一特点,充分发挥学校教育的影响力,对学生进行网络公共文明教育。

大学生正处于青年前期,相较于中小学生而言,他们与社会的接触更多,面临的人生选择更多,需要思考的问题也更复杂,更具有独立的意识。高校应结合青年的心理特点,将青年网络公共文明素养的培养作为高校德育工作的重要内容来抓,通过在一些专业课程中融入网络公共文明教育的内容、在第二课堂中开展网络公共文明主题的活动等方式来加以引导。此外,高校也需要加强教师的网络公共文明素养培养工作。这是因为高校教师不仅会对学生产生示范作用,同时作为网络社会的参与者,他们也会遇到网络文明方面的问题,需要他们对网络文明规范有明确的意识,有主动维护网络公共文明的行动。

(三)在城市文明建设中需要进一步加强对青年市民网络公共意识的培养

网络社会所具有的虚拟性、匿名性会使青年市民在网络社会中的公共文明表现与现实生活中有极大的不同,其中最为重要的原因是青年市民对于网络社会的公共性认识不足,或者说对于网络社会的公共文明意识不够。培养青年在网络社会中的公共文明意识,就是要通过在现实生活中的宣传教育,使他们认识到网络社会是一个公共空间,我们在这个空间的一举一动,也会对别人、对整个网络社会产生影响,从而让青年充分意识到自己在网络社会中也有道德伦理上必须要承担的责任。

但是,由于网络社会具有跨地域的特征,我国目前的城市文明建设专项工作中并未涉及网络公共文明的内容。同时,网络社会具有虚拟性、隐身性等特点,这使得做好网络社会公共文明建设比现实社会的公共文明建设工作更加困难。但是,青年网民也是现实生活中的市民,我们完全可以通过现实的宣传教育来影响他们,提升他们的网络公共文明意识,因此,在城市文明建设的工作中,应将网络公共文明建设工作单列,作为重点专项工作来抓，通过社区宣传、舆论倡导、主题讲座等方式对广大市民进行网络公共文明意识的培养，进一步提升他们的网络素养。在此过程中，我们可以有意识地将青年作为网络公共文明宣传的志愿者和排头兵，让他们主动担负起责任，宣传网络公共文明，促使他们更好地理解网络社会的公共性、参与网络活动，进一步提升其网络素养。

在网络技术发展的早期，网络素养一般被认为是技能素养，指的是人们如何使用网络的技能、技术（how）。然而，随着网络技术的迅速发展，网络社会的日益扩大，网络技能素养已经得到有效提高，而人们将网络视为什么（what），使用网络做什么，如何在网络上进行公共交往、公共参与等方面日益成为维护网络社会健康发展需要引起充分重视的问题。因此，我们认为，网络公共素养是从现在到将来很长一段时间内我国公共治理工作需要重点关注的问题，因为它关系到中国网络社会的文明有序，关系到我国网络社会治理工作的成败，具有特别重要的意义。青年人是祖国的未来，也是网络社会的未来，他们的网络素养将会决定我国网络社会的样貌究竟如何，对他们进行网络公共文明的教育，进一步提升他们的网络公共素养，是目前青年公共文明教育中不可忽视的重要内容。在这个问题上，迫切需要相关部门结合当代青年的社会心理特点，做好顶层设计和整体规划，站在社会治理的角度，利用好学校、社区、网站、手机应用软件等渠道，深入、细致地开展网络公共文明教育。

第十四章
新时代青年的反思素养：
深思性、批判性和独创性

◎（徐浙宁　上海社会科学院）

什么是"反思素养"？简而言之就是具备反思的倾向、能力或品质。"反思"是哲学、社会学、教育学等领域中的一个重要概念。其内涵至少包含以下四层意思。其一，深思、沉思、后思。反思不是一般的思考，而是对已有理性成果的再思考，是对知识、逻辑、方法、理论等思辨的过程，如"学而不思则罔"中的"思"，如黑格尔所用的 Nachdenken，即"跟随在事实后面的反复思考""以思想的本身为内容并使思想得到意识的反思"，[1]如冯友兰在《中国哲学史新编》中对反思概念所做出的解释："所谓反思就是人类精神反过来以自己为对象而思之，"[2]如杜威所指："能动、持续和细致地思考任何信念或被假定的知识形式，洞悉支持它的理由以及它所进一步指向的结论。"[3]其二，怀疑、批判、否定。反思是基于知性的、超越事实表象甚至超越概念范畴的否定之否定，反思之反思，如笛卡尔"我思故我在"中的"思"，如黑格尔所力求的"彻底的反思"。[4]其三，反射、对话、辩证。反思不是单纯的基于自我意识的理性思考，而是基于客观事实的理性反映，是一种"思辨的反思"，如黑

---

[1] 曾天雄：《试论黑格尔的"反思"》，《广东社会科学》1992年第6期。
[2] 侯才：《论反思思维》，《长白学刊》2002年第1期。
[3] 武宏志：《论批判性思维》，《广州大学学报（社会科学版）》2004年第3期。
[4] 高原、朱长兵：《论黑格尔反思哲学的彻底性及其社会学意义》，《求索》2012年第7期。

格尔所用的 Reflextion，是对客观的反射、对事实的思辨，是对立范畴的互相映现或互相规定，①如马克思唯物辩证法中的"辩证"思维，即把握"事物内部或事物之间的对立统一的辩证关系""在对立面的统一中把握对立面"。② 其四，反省、自反、再生产。反思是一种基于持续内省、自省与自觉的再生产过程，是基于主体的客观性反省，或是对客观性中主观性的监控与反观，如杜威的"反省性思维"(Reflective thinking)，即"对某个问题反复的、严肃的、持续不断的深思""有意识地努力去发现我们所做的事和所造成的结果之间的特定的联结，使两者连接起来"，③如吉登斯所指的"反思性"(Reflexivity)，"持续发生的社会生活流受到监控的特征"，④吉登斯将反思性视为社会实践的前提：就社会实践循环往复的安排过程而言，最深入地卷入其中的因素，就是人类行动者认知能力所特有的反思性特征，⑤如布迪厄的"自反性"(Reflexivity)，他指出要想进行科学的社会学研究，就必须反思性地考察科学的对象以及从事科学的研究者自身，考察在实地调查和理论分析时主体与客体之间的关系。⑥ 这种反思性要求把对象看作是具有确定性和含糊性双重结构的东西，看作是受客观和主观因素相互渗透的复合体，看作是历史运作的结果和现时各种现实力量合成的产物；同时，又要求研究者本身形成高度警惕性——不受自发性知识的幻象干扰，形成一种"认识论的警觉性"。⑦

总之，"反思"是人类行为的根本特征，它既是一种自我意识，也是一种认识论方法，更是一种社会实践。而这种特性在现代社会达到了一个前所

---

① 郑明珍：《黑格尔"反思"范畴及其辩证法的贡献》，《安徽大学学报（哲学社会科学版）》2005年第5期。
② 黄凤琳：《两极世界理论》，中央编译出版社2014年版。
③ 姚林群：《论反思能力及其培养》，《教育研究与实验》2014年第1期。
④ ［英］安东尼·吉登斯著，李康、李猛译：《社会的构成》，生活·读书·新知三联书店1998年版。
⑤ 成伯清：《走出现代性：当代西方社会学理论的重新定向》，社会科学文献出版社2006年版。
⑥ 张广利：《关于布迪厄反思性的几个问题》，《湖南大学学报（社会科学版）》2000年第3期。
⑦ 林聚任：《从话语分析到反思性——科学知识社会学发展的一个新趋向》，《自然辩证法通讯》2007年第2期。

未有的程度。迪尔凯姆曾经说过,"随着环境的日益复杂和变幻,已有的传统和信仰开始动摇,变成一种极其模糊而软弱无力的东西,而反省的能力却发展起来,这种反省能力对于社会和个人使自己适应日益变化和复杂的环境是必不可少的。"① 根据吉登斯的观点,在现代社会,反思"被引入系统的再生产的每一基础之内,致使思想和行动总是处在连续不断地相互反映的过程之中"。② 但值得注意的是,目前在青年研究领域,尚鲜有涉及反思素养的研究,尽管有学者认为反思是青年人在当下社会应对风险的必要而有效的方式,是青年人在社会化过程中不被异化的重要工具。③ 综合和借鉴前述关于反思的论述,我们将青年的反思素养定义为"深刻而自觉的内省能力和倾向",包括对自我、社会、文化、历史、观念、习俗等富有理性的思考与批判,融合了复杂性整合思维、多元性关联思维和系统性创新思维的高级认知活动。

一、青年反思素养的总体状况

通过对受访青年反思素养的深思性、批判性和独创性等三个维度及其当下青年反思素养的主观评价等分析,可以发现:新时代青年的反思素养总体较弱,特别是深思性维度水平尤其偏低。这一方面反映出新时代青年认知和思维能力的深刻性、复杂性和系统性等有待提升,另一方面也可能与其特定的年龄、生活经历和社会阅历等因素相关。

(一)青年的反思素养及其三个维度:深思性、批判性和独创性

基于前文"反思素养"的界定,本研究以深思性、批判性和独创性等三个维度作为青年反思素养的操作化与测量。"深思性"重在考察反思的深度与复杂性,是对问题表象下事实的深刻分析与思考,是对现象背后本质的探究

---

① [法]迪尔凯姆著,狄玉明译:《社会学方法的准则》,商务印书馆1999年版。
② [英]安东尼·吉登斯著,田禾译:《现代性的后果》,译林出版社2000年版。
③ 林丹、洪晓楠:《青年与风险:反思性及其挑战》,《当代青年研究》2008年第11期。

与对事物发生发展的逻辑辨析。"批判性"重在考察反思的广度与多元性,是一种元思维(meta-thinking),或称高阶思维(higher-order thinking),它不是一般的对对象的思维,而是对自己的或他人的思维而进行的思维。① "批判性"体现了思维的发散性与循证性,是追求真理、不畏权威、敢于质疑的思维素养,是创造的前提。② "独创性"重在考察反思的独立性与创新性,是反思后生成性与突破性的反映,是思维整合性、发散性和系统性的结果与超越,是批判之后的"立"与"成"。本研究主要通过六道题项来测量以上三个维度,各题项之间的一致性检验显示:克朗巴赫系数(Cronbach's alpha 或 Cronbach's α)高达 0.816,说明各测题之间具有高度一致性,内部结构设计合理,信度高。另外,本研究基于青年群体内部的异质性,进一步探究了人口学基本变量和社会性因素对青年反思素养的影响,同时,还特别关注了青年眼中的反思素养,即以青年的视角来评价同辈群体的反思素养水平,这本身也是青年自反性的体现与运用。具体结果如下。

其一,青年的反思素养总体较弱,六成左右显低。根据青年反思素养的深思性、批判性和独创性等三个维度的测量,综合评定显示:受访青年的反思素养总均分为 55.59 ± 14.37(最高分为 100 分)。其中,60.1%的青年处于较差水平,即总分低于 60 分;34.5%处于中等水平,即总分介于 60—79 分之间;仅 5.4%的青年可以评定为良好以上,即总分不低于 80 分(其中,2.4%为 90 分以上,可以评定为优秀)。这一分布状况反映出新时代青年的反思素养总体偏弱,亟待加强。

其二,青年反思素养中的深思性显著低于批判性和独创性。受访青年反思素养中的深思性、批判性和独创性等三个维度的均值依次为 54.60 ± 17.23、55.81 ± 16.84 和 56.37 ± 16.18;而且,均值差异性分析显示:青年的深思性均值显著低于批判性均值($t=3.750$,$p<0.001$)和独创性均值($t=$

---

① 蔡曙山、殷岳:《论批判性思维的临界性》,《湖北大学学报(哲学社会科学版)》2016 年第 4 期。
② 何云峰:《论批判性思维》,《社会科学辑刊》2000 年第 6 期。

5.233，$p<0.001$），而批判性均值和独创性均值之间无显著性差异。这一结果可以说明：当下青年的反思素养构成中，深思性相对较弱，即对于问题的思考、对于现象背后本质的探究等缺乏必要的深入思考，呈现出思维水平较浅层次的群体特征。比如，对于"对问题喜欢刨根究底，比如爱问'为什么'"这一题项，有14.1%的受访青年选择了"从不"，37.2%选择"偶尔"，27.2%选择"有时"，而选择"经常"或"总是"的比例仅为21.4%。类似的问题也反映在对于"喜欢看对历史事件有反思性的文章或影视作品"的选项上，选择"经常"或"总是"的青年比例也仅为27.1%。反思素养的深思性维度是批判性和独创性的基础，缺乏反思的深刻性，就可能形成片面或肤浅的"批判"，其独创性则可能流于"自我中心式"思维误区。或者说，从受访青年反思素养的三个维度比较看，呈现出当下青年敢于挑战权威、喜欢推陈出新的思维和行为倾向，但在认知和思维的深刻性和复杂性上有待提升。当然，这一定程度上也与青年的年龄、生活经历和社会阅历等相关：相对而言，他们尚处于社会化的重要时期，还有很大的可塑性和发展性，随着年龄增长、生活经历和社会阅历的丰富与拓展，可能会一定程度上促进其反思素养的提升。这尚需要进一步的纵向研究加以分析和证实。

表14-1 青年反思素养三个维度的具体表现

		均值(%)
深思性	我对问题喜欢刨根究底，比如爱问"为什么"	52.00
	我喜欢看对历史事件有反思性的文章或影视作品	57.00
批判性	即使面对权威，我也会表达自己的想法	55.00
	对于约定俗成的规范，我会思考它在当下是否合理	56.60
独创性	我喜欢用独特的方法去解决问题	55.40
	我不轻易接受别人的观点，除非经过自己的思考或证实	57.20

其三，青年反思素养的各个维度之间具有高度关联性。皮尔逊（Pearson）相关分析显示，青年反思素养的三个维度之间存在非常显著的正相关性，且

与反思素养的综合评定之间亦高度一致(见表 14-2)。这表明,深思性、批判性和独创性之间具有高度关联性,某一维度高,则其他两个也高;某一维度不足,则其他两个也将受到消极影响。因此,正如上文所分析的,如果青年的反思深刻性不足,则必然影响其批判性与独创性发展。同样,如果青年在思维和行动上缺乏批判性和独创性,也必然折射出其认识和行为层面缺乏深度。

表 14-2 青年反思素养及其三个维度之间的相关矩阵(r)

	深思性	批判性	独创性	综合评定
深思性	1			
批判性	0.621***	1		
独创性	0.571***	0.618***	1	
综合评定	0.857***	0.871***	0.845***	1

注: * $p<0.05$, ** $p<0.01$, *** $p<0.001$。

(二) 青年视角中的反思素养

就新时代青年反思素养的整体状况而言,受访青年倾向较差评价,百分位得分约 58.68 ± 23.01(最高分 100),接近前文三个维度反思素养的测评均值。其中,认为达到良好(80—89 分)和优秀(90 分及以上)的分别占 14.3% 和 12.8%,评为中等(60—79 分)的约为 36.8%,另有 36.1% 认为较差。而且,值得注意的是,三个维度反思素养的得分与受访青年对新时代青年群体反思素养的评价之间呈显著负相关($r=-0.095$,$p<0.001$),即三个维度反思素养得分较高的青年,对新时代青年群体反思素养的评价相对更低。相近似地,受访青年对新时代青年群体反思素养的评价与深思性($r=-0.138$,$p<0.001$)、批判性($r=-0.059$,$p<0.01$)和独创性($r=-0.045$,$p<0.05$)之间亦呈显著负相关,特别是与深思性之间的负相关最为显著。这表明,越具深思性的青年,其对新时代青年群体的反思素养评价越低。

表 14-3 清晰呈现了不同等级的三个维度反思素养对应的受访青年对新时代青年群体反思素养的评价分布（$x^2=31.450$，$p<0.001$）。可以看到：随着三个维度反思素养等级的提升，青年群体反思素养被评为较差的比例逐渐升高。比如，三个维度反思素养较差的青年中，31.9%对当下青年群体反思素养评为较差；而三个维度反思素养中等、良好和优秀的青年中，对新时代青年群体反思素养评价为较差的比例依次是 41.9%、45.9% 和 47.8%。这一方面说明，反思素养高的青年，对自身群体的要求更高、评价更为严格；另一方面，也说明随着反思素养的提升，青年群体对反思素养的本质认识可能更为全面，对自身的认识也更具有深刻性和批判性，与反思素养较低的青年相比，他们对新时代青年群体反思素养的评价反而会更低。尽管如此，青年视角中的反思素养自评和三个维度反思素养测评的总均值相当，均不足60分，较为缺乏或薄弱。

表 14-3　青年三个维度反思素养等级与青年视角下反思素养评价等级之间的分布情况（%）

		三个维度反思素养测量等级			
		较差	中等	良好	优秀
反思素养的自评等级	较差	31.9	41.9	45.9	47.8
	中等	40.6	32.0	26.2	21.7
	良好	14.1	14.6	14.8	15.2
	优秀	13.4	11.6	13.1	15.2

二、不同群体青年的反思素养比较分析

以深思性、批判性、独创性和反思素养总评及青年群体自评等反思素养内容为因变量，以社会人口学变量为自变量，通过线性多元回归依次分析与青年反思素养相关的因素。结果显示：年龄、职业身份、收入、学历和生活城市等均对青年的反思素养或反思素养主观评价有显著关

联(见表 14-4)。其中,年龄、职业身份、收入、学历等影响较广泛,具体分析如下。

表 14-4 社会人口学变量对青年反思素养的有序 Logistic 回归分析(估计系数)

变量		反思素养及其三个维度				反思素养主观评价
		深思性	批判性	独创性	综合	
性别	X1=1(男性)	0.071	0.078	0.269**	0.173*	−0.030
	X1=2(女性)	0ª	0ª	0ª	0ª	0ª
年龄	X2=1(18—24 岁)	0.131	0.413**	0.334**	0.357**	0.351**
	X2=2(25—29 岁)	0.073	0.286**	0.122	0.212*	0.320**
	X2=3(30—35 岁)	0ª	0ª	0ª	0ª	0ª
职业身份	X3=1(在职)	−0.549**	−0.676**	−0.389	−0.647**	−0.494*
	X3=2(学生)	−0.434	−0.584*	−0.375	−0.564*	−0.457
	X3=3(自由职业)	−0.492*	−0.692**	−0.256	−0.599**	−0.233
	X3=4(无业)	0ª	0ª	0ª	0ª	0ª
月均收入	X4=1(没有收入)	−0.383	−0.639**	−0.502*	−0.590**	−0.241
	X4=2(3 000 元及以下)	−0.627**	−0.686***	−0.571**	−0.722***	−0.329
	X4=3(3 001—5 000 元)	−0.506**	−0.595**	−0.412*	−0.589**	−0.083
	X4=4(5 001—10 000 元)	−0.456**	−0.466**	−0.277*	−0.459**	0.117
	X4=5(超过 10 000 元)	0ª	0ª	0ª	0ª	0ª
学历①	X5=1(高中或以下)	−0.938***	−0.546**	−0.705**	−0.819***	0.744***
	X5=2(大学专科)	−0.777***	−0.584**	−0.742***	−0.803***	0.368*
	X5=3(大学本科)	−0.481***	−0.325*	−0.260*	−0.410**	0.398**
	X5=4(研究生)	0ª	0ª	0ª	0ª	0ª
政治面貌	X6=1(非党员)	0.020	−0.023	−0.019	−0.005	−0.440***
	X6=2(中共党员)	0ª	0ª	0ª	0ª	0ª

① 本研究中在读学生的学历依据中国的教育体制采用归类处理。诸如:大学一年级至大学四年级统称本科,硕士、博士研究生统称研究生。

续 表

变 量		反思素养及其三个维度				反思素养主观评价
		深思性	批判性	独创性	综合	
户籍	X7=1(当地城镇)	−0.448***	−0.276*	−0.009	−0.263*	0.139
	X7=2(当地农业)	−0.418**	0.059	0.143	−0.021	0.399**
	X7=3(外地城镇)	0.039	0.080	0.191	0.133	0.064
	X7=4(外地农业)	0ª	0ª	0ª	0ª	0ª
城市	X8=1(上海)	0.376*	0.238	0.470**	0.468**	−0.070
	X8=2(北京)	0.106	−0.026	−0.027	0.028	0.017
	X8=3(深圳)	−0.146	−0.003	0.032	−0.049	0.568***
	X8=4(西安)	0.417**	0.145	0.230	0.320*	−0.037
	X8=5(武汉)	−0.277	−0.327*	−0.075	−0.286	0.563***
	X8=6(成都)	−0.078	−0.066	0.036	−0.038	0.109
	X8=7(沈阳)	0ª	0ª	0ª	0ª	0ª

注：a 表示该组为参照组，所以将其置为 0。

(一) 不同年龄青年的反思素养比较

如表 14-4 所示，青年反思素养三个维度综合评定及其深思性、批判性等两个维度，以及受访青年反思素养群体自评等，均有显著的年龄效应：18—24 岁、25—29 岁青年群体在以上诸方面显著高于 30—35 岁青年群体。基本呈现出这一特点：越年轻的群体，其反思素养越好，特别是批判性和独创性相对更高。控制学历、收入、职业身份等相关变量后（为了行文简洁，文中多变量方差分析均为控制变量后的结果，以下不再赘述），不同年龄青年群体的三个维度反思素养、批判性和独创性等两个维度以及反思素养青年自评结果等之间的均值差异性显著（见表 14-5）。具体而言：批判性方面，18—24 岁、25—29 岁和 30—35 岁均值依次是 57.42、56.67 和 52.86，30—35 岁青年组显著低于其他两组（$p<0.01$），18—24 岁和 25—29 岁之间无显著性差异；独创性方面，18—24 岁组显著高于 25—29 岁组（$p<0.05$）和 30—

35岁组($p<0.001$),均值依次是57.79、56.62和54.25;三个维度综合反思素养和青年自评反思素养方面,30—35岁组显著低于18—24岁组($p<0.001$)和25—29岁组($p<0.05$)。

表14-5 不同年龄段青年的反思素养比较(均值±标准差)

	三个维度反思素养				青年自评反思素养
	深思性	批判性	独创性	综　合	
18—24岁	55.67±17.45	57.42±17.45	57.79±16.76	56.96±14.98	58.65±23.09
25—29岁	54.96±17.59	56.67±17.00	56.62±16.11	56.08±14.39	60.54±24.11
30—35岁	52.83±16.09	52.86±15.17	54.25±14.90	53.32±12.82	56.88±21.62
F值	1.778	12.762***	8.212***	9.011***	8.066***

(二) 不同职业身份青年的反思素养比较

如表14-4所示,青年反思素养三个维度综合评定及其批判性、独创性等两个维度,以及受访青年反思素养群体自评等,均受到职业身份的显著影响:无业青年的深思性、批判性及三个维度综合评定等均相对在职青年、学生、自由职业等群体更高。控制相关变量后,不同职业身份青年群体的三个维度反思素养($F=2.920$, $p<0.05$)、批判性($F=3.564$, $p<0.05$)和反思素养青年自评结果($F=2.998$, $p<0.05$)等之间的均值显著性差异(见表14-6)。具体而言:无业青年的三个维度反思素养均值显著高于在职青年($p<0.01$)、青年学生($p<0.05$)和自由职业青年($p<0.05$)等三组,主要表现在批判性这一维度上。相类似地,无业青年对当下青年群体反思素养的自评显著高于在职青年($p<0.05$)和青年学生($p<0.05$)。

这一结果值得讨论,为什么无业青年的反思素养相对在职青年或学生更高呢,而且集中反映在批判性上? 这一方面反映出无业青年对权威、对规则或约定俗成的规范等更具批判性;另一方面,也可能折射出无业青年的社会适应不良,正是因为对社会规则过于批判而难以融入的现实处境;或者也

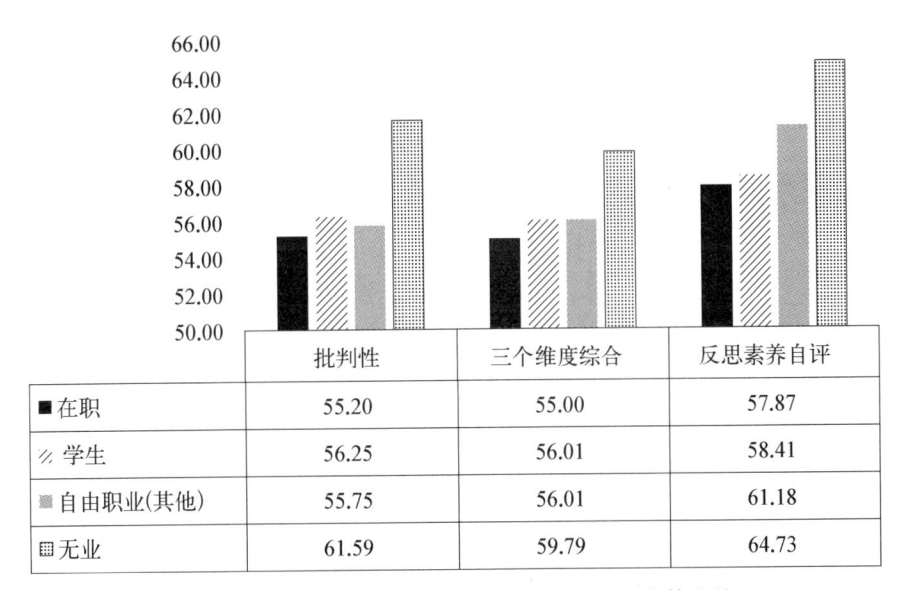

第十四章 新时代青年的反思素养：深思性、批判性和独创性 | 253

	批判性	三个维度综合	反思素养自评
■ 在职	55.20	55.00	57.87
◪ 学生	56.25	56.01	58.41
▨ 自由职业(其他)	55.75	56.01	61.18
▦ 无业	61.59	59.79	64.73

图 14-1　不同职业身份青年的反思素养比较（估算均值）

可以这样理解：青年本是就业中的生力军，但部分青年因为主客观原因而无法就业，成为社会生活中的"无业者"，这显然影响到他们对于社会的评价，呈现出更高的批判性。比如，本调查显示：在职青年、青年学生、自由职业者和无业青年等四组青年群体的学历之间存在显著性差异（$F=191.925$，$p<0.001$），无业青年的学历显著低于在职青年和青年学生（$p<0.001$）。同时，在职青年、青年学生、自由职业者和无业青年对当下生活的满意度也存在显著性差异（$F=4.447$，$p<0.01$），均值依次为 73.50、77.61、76.33 和 72.69，无业青年的生活满意度相对较低且显著低于青年学生（$p<0.05$）。

（三）不同收入青年的反思素养比较

表 14-4 显示，青年反思素养三个维度及其综合评定，均与收入有显著关联性，月均收入超过 1 万元的青年群体，其深思性、批判性、独创性和三个维度反思素养综合评定等均显著高于月均收入 1 万元以下的群体；而且，从估计系数及其显著性看，基本呈现出收入越高则反思素养越好的这一态势。控制相关变量后，不同收入青年群体反思素养的三个维度及其综合评定之

间均存在显著性差异,进一步证实了月均收入1万元以上青年群体的反思素养相对更高,即这一群体更喜欢探究问题背后的原因,更能保持相对独立的看法与做法,也更可能推陈出新、挑战既定的规则和框架,继而做出突破与创新(见表14-6)。

表14-6 不同收入青年的反思素养比较(均值±标准差)

	三个维度反思素养				青年自评反思素养
	深思性	批判性	独创性	综合	
没有收入	57.79±17.33	57.69±16.58	57.83±15.77	57.78±14.24	56.12±21.39
3 000元及以下	54.24±18.32	55.48±18.33	55.85±17.90	55.19±16.15	56.00±21.91
3 001—5 000元	52.27±16.77	53.72±16.21	53.99±15.26	53.33±13.45	58.58±22.03
5 001—10 000元	53.39±15.97	55.08±15.81	56.27±15.46	54.91±13.20	61.06±23.87
10 000元以上	59.56±18.22	60.62±1799	60.27±16.69	60.15±15.19	58.04±24.71
F值	5.354***	6.596***	4.738**	7.021***	8.269***

(四)不同学历青年的反思素养比较

表14-4显示,青年反思素养三个维度及其综合评定,以及受访青年对当下青年群体的反思素养主观评价等均与学历有显著关联性,研究生学历的青年群体,其深思性、批判性、独创性和三个维度反思素养综合评定均显著更高;但值得注意的是,研究生学历青年对新时代青年反思素养的主观评价显著低于非研究生学历的其他三个群组。控制相关变量后,不同学历青年群体反思素养的深思性($F=17.262$,$p<0.001$)、批判性($F=9.248$,$p<0.01$)、独创性($F=12.284$,$p<0.001$)和三个维度综合评价($F=16.972$,$p<0.001$)以及青年主观自评($F=5.647$,$p<0.01$)等之间均存在显著性差异,且三个维度评价中研究生学历青年显著高于其他学历群体,而青年主观自评得分则是研究生学历者显低。青年反思素养的主客观评价比较呈现出这样一种态势:客观评价上,随学历升高则青年的反思素养增高;而主观评价上,学历高者的反思素养反而逐渐下降。这一方面说明,学历对于反思素

养的正向影响,研究生学历的青年更善于对问题深思、批判和独创性解决;另一方面,也说明研究生学历青年,对自我和同龄群体的要求更高,更具批判意识,以至于对新时代青年反思素养的评价相对更低(见图14-2)。

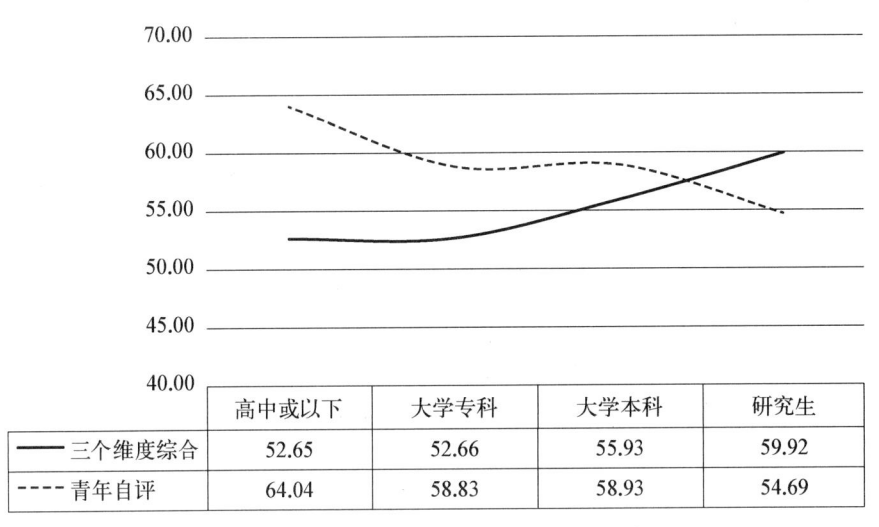

	高中或以下	大学专科	大学本科	研究生
——三个维度综合	52.65	52.66	55.93	59.92
----青年自评	64.04	58.83	58.93	54.69

图14-2　不同学历青年的反思素养状况(估算均值)

此外,表14-4数据显示,政治面貌、户籍和居住地等也与青年的反思素养有一定关联。比如,相较于青年党员,非党员对当下青年反思素养的评价更低;相较于外地农业户籍青年,当地城镇户籍青年的深思性、批判性和三个维度综合评定更弱;相较于沈阳青年,上海青年的深思性、独创性和三个维度综合评价更高,深圳和武汉青年对新时代青年反思素养的评价也显著高于沈阳青年等。以上这些都说明,青年的反思素养与具体生活环境密切相关,青年的社会人口学变量、所处的城市环境等都对其反思素养的形成与发展起到重要的影响作用。

三、进一步提升青年反思素养的对策与建议

本次调查显示,受访青年反思素养的整体水平较弱,特别是深思性维度尤显低。值得注意的是,就本次调查的青年自评的人文素养、伦理素养、审

美素养、心理素养、网络素养和反思素养等六大素养而言,反思素养是青年自评较低的一项(见图 14 - 3 或总报告)。这充分表明,青年一代的反思素养亟待提升。这不仅关乎青年在当下社会中的发展性和适应性,也是提升国民理性思维的关键之一,是坚持中国特色社会主义道路、实现理论提炼的思想基础,是建设和提升国家文化软实力的素质保障。反思虽然是人类行为的根本特征,但其发生和发展至少需要以下几个条件:强烈的自我意识、理性的批判精神、主动的探究能力和有效的行动力等。因此,对于青年一代,有关部门及机构应更注重对主体意识的培育、加强方法论的学习与训练、鼓励独创与突破的实践,使其成为生活中的反思者、思想的思考者。

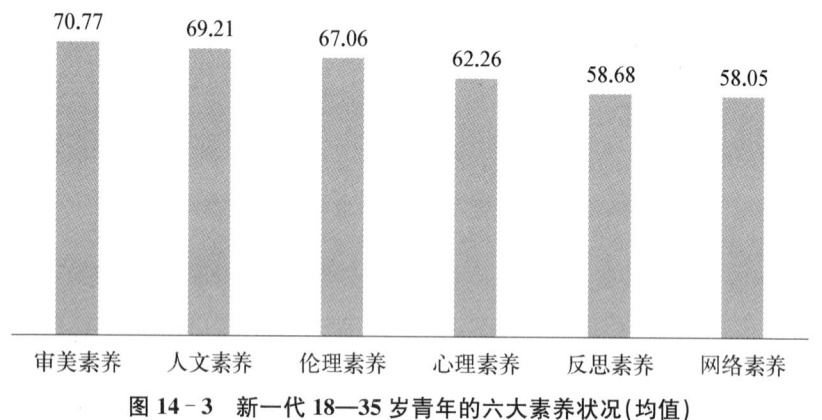

图 14 - 3 新一代 18—35 岁青年的六大素养状况(均值)

审美素养 70.77；人文素养 69.21；伦理素养 67.06；心理素养 62.26；反思素养 58.68；网络素养 58.05

第一,重视青年"主体性"的教育与培育。何谓"主体",即对客体有认识和实践能力的人,是人作为活动主体的质的规定性,是在与客体相互作用中得到发展的人的自觉、自主、能动和创造的特性。[①] 主体性是现代性的基本价值原则,正是主体性原则,奠定了现代社会文化形态与运行根基,支撑起现代社会的文明大厦。[②] 但在社会发展进程中,人的主体性常常被异化,或作为工具,或作为受众,或作为权力的附属。随着智能时代的到来,人又可

---
① 郭湛:《主体性哲学:人的存在及其意义(修订版)》,中国人民大学出版社 2011 年版。
② 付长珍:《主体性觉醒与价值观导向的内在向度》,《探索与争鸣》2016 年第 9 期。

能被技术异化,原本为人服务的高科技,却可能因为人的过度依赖而成为控制人的"智能",人的主体性面临新的挑战与威胁。[①]而反思的基础是主体自觉地对思想进行思考,是人作为主体的高级认知活动。因此,提升青年反思素养的首要任务就是重视和发展青年的主体性,让青年在现代化发展中保持自觉性、自主性、自反性,预防被智能技术、社会竞争、物质主义等异化。社会各方及职能部门应加强学校教育、职业场景、社会环境中的主体性培育,充分尊重青少年、青年学生的主体意识和实践活动,将"以人为本"的发展思想贯彻在青年主体性教育的各个方面。

第二,加强青年反思能力的方法训练。如前文所述,"反思"是"思想的思想",是人类高级认知活动,是一种元认知,是包含批判、否定与思辨的理性自觉性。但是要想掌握好它,并发展和提高它,则是需要有意识地学习、培养和训练的。黑格尔曾以制造皮鞋来说明这一点。他说,尽管每个人都有眼睛、手指和脚,但是当他获得皮革和工具以后并非人人能制造出皮鞋来。对于黑格尔的这一看法,恩格斯也非常认同,他认为哲学思维特别是辩证思维要通过学习既有的哲学来进行有意识地培养和训练。也正如杜威所言,思维未必是反思性的,但是基于反思的思维必定是好的思维。而这一"好的思维"具有两个重要特征:一是"引起思维的怀疑、踌躇、困惑和心智上的困难等状态";二是"寻找、搜索和探究的活动,求得解决疑难、处理困惑的实际办法"。就具体的训练和培育方法而言,对于"深思性"最好的莫过于理论思维的训练,在恩格斯看来"理论思维无非是才能方面的一种生来就有的素质。这种才能需要发展和培养,而为了进行这种培养,除了学习以往的哲学,直到现在还没有别的办法"。因此,应加强青年人的哲学学习,根据不同青年的文化接受度,提供适宜的哲学教育,整体上提升青年思维的理论深度。对于"批判性"思维培育而言,有两种取向:其一,开设专门的批判性思

---

① 宫承波、王玉风:《主体性异化与反异化视角的智能传播伦理困境及突围》,《当代传播》2020年第6期。

维课程,诸如逻辑、推理、辩证法等;其二,融合性教育,即将批判性思维训练融合在众多学科中。① 另外,也有很多研究发现,大学生中选修课程的跨学科性或以综合性培养计划培养的学生,其批判性思维提升更大。② 这表明,通识教育或综合性教育同样有利于提升学生的批判性思维。对于独创性思维训练而言,首先是激发头脑风暴的情境和氛围,是鼓励独特性和创造性的良好文化环境,其次是发散性思维的训练和培养。

第三,关注青年群体内部的分化和差异性,探索青年反思素养提升的包容性发展策略。与前面关于人文素养等研究相似,不同年龄、不同学历、不同收入、不同职业身份(学生或在职青年等)乃至不同户籍、不同城市等青年群组之间,在反思素养状况上均存在显著性差异。这就提示我们,在培育和提升青年反思素养的过程中,同样要注重普遍性与差异性的结合,注重整体与个别的结合,就策略而言,同样既要注重外部的资源供给,也要发挥青年内部的彼此互助,探索可以让所有青年都有机会提升的包容性发展策略。比如,对于在校学生,应加强哲学教育,提供综合性、跨学科的教育资源;对于学历较高的在职青年,应多鼓励其阅读思想性、理论性更高的书籍,组织一定的读书会、交流会、辩论会等;对于学历较低的青年群体,重在提升其主体性意识,结合社会生活案例和实际问题激发反思与讨论,引导对权威、习俗、固有偏见的觉察与批判等。更为重要的是,做好大众传播媒介的监管与引导,提升传播内容的思想性与深刻性,推进文化反思的自觉性与影响力。

---

① 李剑锋、刘桂珍:《论批判性思维训练的途径及其问题》,《西北师大学报(社会科学版)》2006年第3期。
② 姚利民:《国外对教学促进大学生批判性思维发展的研究及启示》,《高等理科教育》2001年第5期。

结束语
新时代国民素质发展之重的理论与实践思考

——社会分工、合作的时代特征与公民职业精神、公共理性的培育生成

◎（孙抱弘　上海社会科学院，瞿钧　上海外国语大学）

改革开放以来，国民素质的发展何以在理论与实践的结合中确定重心与重点，2019年10月31日中共中央发布的《新时代公民道德建设纲要》（以下简称《纲要》）让我们从理想与现实的均衡中明确了基本方向。我们认为所谓"重心"就是公民道德建设，就是以职业精神为灵魂的职业道德与以公告理性为内核的公共道德的建设；所谓"重点"就是如《纲要》所指出的以青少年、干部、社会公众人物为重点或重要群体，而青少年则是这三大群体中数量最多的群体，其任务之重则不言而喻。由于文化传承的差异与社会发展阶段的不同，不同民族、不同族群的公民道德建设的起点与过程会有所不同，我们试图以马克思关于人的发展理论为基本立场，引入社会分工与社会发展及人的发展系统性关联互动的理论，对新时代以青少年为重要群体的现代公民道德建设工作的实践起点略陈管见。

一、从马克思全面发展的"自由人"到涂尔干、马尔库塞等的"现实的人"

马克思在《共产党宣言》中指出：人类的理想社会应该是"自由人的联

合体",并在相关论著中指出了人的发展的三阶段,即从"对人的依附"的人到"对物的依附"的人,最终成为摆脱了对人与物的依附的全面发展的自由人。①

通常,研究者认为这是马克思对人的发展提出的理想愿景,或可以称之为"理想的人"。由于社会运动的发展和马克思研究方向的转移,尽管马克思已经注意到人的"异化"问题,但是并没有来得及对"现实的人"展开更深入的研究。不过,马克思关于生产关系、社会关系(含社会分工)对人之存在的决定性影响,则对"现实的人"的生存环境、日常生活的研究具有根本性的理论指导意义。

马克思之后的诸多学者,如涂尔干、马尔库塞、萨特、弗罗姆、哈贝马斯等(他们中的大多数人被称为"新马克思主义者")以多学科、跨学科的学术视野对"现实的人"进行了深入的解读与阐释。他们从上述的马克思立场出发,进行了人本主义的、存在主义的、心理学的但又有一定"深刻而片面"的发挥。②

我们仅是从"人是社会关系的总和"这一立场出发,探寻"社会分工"对于人的"职业精神"与"公共理性"的影响,并试图论证现代社会活动中人的"职业精神"与"公共理性"在中国转型社会良性运行的基石作用,或许也可能以此作为一代代新公民——青少年道德建设的理论内蕴。

二、社会发展与社会分工的关联互动

由于学者、研究者学科视野与研究旨趣的差异,在同一个方向的研究中,往往取得不同的成果,而这种不同往往互为补充、相辅相成地更全面、更深刻地阐释和分析了研究对象,在社会分工与社会发展的关系上,马克思与

---

① 孙抱弘、瞿钧:《人类命运共同体构建与21世纪新人培育》,《求索》2018年第5期。
② 参阅奚广庆:《关于社会主义的出发点是"现实的人"的几点讨论》,《世界社会主义研究动态》2019年第12期;衣俊卿:《西方马克思主义概论》导论、第六章、第七章、第八章,北京大学出版社2008年版。

涂尔干正是在差不多的但又相隔了几十年的社会背景中,相辅相成地推进了社会发展与社会分工互动关系的研究。

首先,涂尔干突破以往对社会分工的研究只限于经济学的视角,而将社会分工置于社会学为主兼及伦理学的视野中加以分析解读。

这里,笔者基于涂尔干对社会分工与社会发展互动关系的主要观点[①]提出如下见解。

一方面,人类社会从农业、手工业时代向工业——主要是机械与电子工业时代推进之际,原来基本不分工的个体或小群体的劳作,已经完全不相适应,人们必须组成较大的群体并进行分工,以保证社会的各部门、各个行业更专业、更有效率地运转。这样,社会分工、行业分工就发生了,而且随着社会、行业的日趋复杂化,社会管理、行业管理、行业生产的分工则日益细化。这种日益细化的分工,无疑使社会的运转更具活力、效率,使工业的各个行业的生产更加专业化、专门化,其产品质量更有保证。人类的现代社会正是在这样的社会分工中构建并发展起来的。与此同时,社会的物质财富也随之显著增加,而社会文明的程度也随着社会新规范的逐步健全相应提升。对这一问题,我们以下将进一步讨论。

另一方面,在社会分工与社会发展的互动中,原先维系社会成员伦理关系的社会准则已经无法有效规范人们的行为,为了保证社会的安全有效运转亦即为了保证社会各个部门、各个行业间的互惠合作和社会成员的和谐相处,真正实现"我为人人,人人为我",这样,建立在工具理性之上的职业伦理规范的制订、尊奉、维护就成为与社会分工相伴相生、相辅相成的社会工程,舍此社会分工就会走向反面,社会也会陷入混乱无序之状态,个体与个体、群体与群体的合作互惠也会无所依附。由此,我们可以说职业伦理绝对不是一般的职业守则,也非仅仅是只用来约束员工的劳动纪律——这恰恰

---

① [法]埃米尔·涂尔干著,渠敬东译:《社会分工论》,生活·读书·新知三联书店2013年版,第354—368页。

是我们长期以来在日常生活中对职业伦理规范之重大社会意义认识不足并未予深刻认识的重要原因。

从社会学与伦理学的视角来看,职业伦理规范的认知、尊奉与维护是分层次的,大致可分为职业意识、职业行为与职业精神。在社会这个运转大链接中,每一个行业——对职业群体而言,或每一门职业——对行业中的个体而言,都是一个社会分工的专业责任环节,所谓职业伦理规范就是要求这一行业或职业对社会(含所有"他者")所应承担的责任、义务的规则。所以,职业意识就是从这一角度去把握个体与群体对该职业、行业的相应的工作性质、内容以及应遵守的规则的。

如果职业意识还只是处在低层次的认知层面上,那么,职业行为就是要达到"知行合一"的层面,因为"知而不行"或"知多而行少"都不是一个合格的专业者、从业者。这里,职业精神就是最高层次的职业伦理或职业道德,是职业伦理之内核,是职业道德之魂。学界一般认为,人的理性可分为工具、技术理性与人文、价值理性。职业意识与职业行为基本属于工具技术理性,而职业精神则属于人文价值理性,具备了职业精神的专业者、从业者才有可能将职业谋生上升为事业发展,将个体、群体与国家命运乃至人类命运联系在一起。笔者认为:正是在这个层面上,职业精神超越了人对物的依附,而成为自由人必备的自由精神!

从这个意义上说,一个发展中社会的良性运转,不仅要求社会的绝大多数成员应确立清晰的职业意识,也应是知行合一的职业伦理规范的尊奉者、维护者;而作为社会的精英群体更应是职业精神的崇尚者、追求者和践行者。反之,社会的运转将是低效的,更可能处于"空转"状态,而社会的持续发展则必定举步维艰。

这里,还要顺便说明:本章中的职业精神同广义的"工匠精神"基本重合,泛指所有从业人员;由于在相当程度上,人们对"工匠"的理解是狭义的、特指的,而非广义的、泛指的,这就影响了现在对工匠精神的普遍意义的认识,这在我们今天重新探讨、宣传工匠精神时应有所反省。

其次,马克思从政治经济学、社会学、历史学等跨学界的视角来看"社会发展与社会分工"所带来的社会问题,更关注"劳动分工"中的强制性分工所带来的人身损害与人的异化特别是无产阶级的贫困化问题。在当时的历史背景中,这种分工在短时期内是不合理的,或许是一种退步。不过,有趣的是在笔者检索相关资料、著述时,发现在马克思批判强调分工的不合理之后,通过工人阶级的斗争,几十年后,这种状况出现了变化,涂尔干在其著述①中指出,由于大工业生产一环紧扣一环的分工,资本经营者害怕工人阶级的斗争,因为斗争往往"牵一发而动全身",资本与工人的利益形成了"一荣俱荣,一损俱损"的局面,因而对工人阶级的经济、政治诉求作出了让步,随着因社会分工而提高的产品利润,工人阶级的贫困状态得到改善。分工推动了生产,劳动者的生活也有了变化,矛盾的缓和应属于社会的进步,从一个较长的时段来看,无疑也有利于社会的发展。这可否也算是社会分工间接推动了社会发展?

三、社会分工与人的发展的关联互动

如前所述,马克思与涂尔干出于不同的学科视角与问题意识,对社会分工与人的发展的互动关系作出了堪称互补的阐释:马克思对社会分工与人的发展的关联提供了基础性的理论观点,在揭示了人的异化问题的同时也提出这种互动关系的理想性的发展愿景;涂尔干则从人类社会的变迁展开论述。笔者则尝试整合两者的观点,并引进其他学者的成果(如闲暇社会学理论、马尔库塞的"单面人"理念等),对社会分工的发展与人的发展的关联互动,作出了解读与假设(见附表)。

---

① [法]埃米尔·涂尔干著,渠敬东译:《社会分工论》,生活·读书·新知三联书店 2013 年版,第354—368 页。

附表　社会分工的发展与人的自身发展以及
社会伦理规范建构的系统性关联互动

社会发展阶段	前工业时代 （农业、手工业）	工业时代 （机械、电子）	后工业时代 （高科技、大数据）
分工发展	简单分工	渐趋复杂分工	精细分工/复杂整合
劳作状态	日出而作、日落而息	闲暇渐增	充分闲暇
个性成长	集体性、模仿性	个性初长	个性大长
潜力开发	循旧为主	技术革新	科学与思维创新
人的发展	谋生—工具人→职业—事业人→劳动为第一需要—自由人野蛮·自在文明·单面自觉·全面发展		
公共空间	有缘无间	缘小间大	缘少间无限大
社会伦理规范建构（或曰：道德建设）	家庭—家族·同窗—同业→行业—社区·民族—国家→区块链—网络·全球村—人类共同体（熟人伦理）→（有限陌生人伦理）→（无限陌生人伦理）		

说明：
1. 本表属于假设性、预测性的推演，所引用的概念、定义，只是词典中的最基本的意义；
2. 本表对于各个时代以及各个时段的特征状况的界定、概括以及分类肯定有不妥之处，只能留待以后逐步与时俱进地加以修正、完善。

（一）农业、手工业时代

在前工业亦即农业、手工业时代，分工只是最简单的，以生产日常生活品运作的手工业作坊，在其内部几乎没有什么分工。为了生存人们几乎整天劳作：绝大部分农耕与手工业者几乎没有闲暇，日常的农产品、手工业品以传承性模仿为主，鲜有科技意义上的创新发明，人们以有限的集体为归依，依附威权，个性得不到保护、培育，潜力也难以得到开发调动，绝大多数人为了生存而劳作，在所依附的族群（血缘、亲缘、业缘）之外，就是无序的丛林，在相当程度上，人只是作为自然界的"自在"之物而活着。

（二）机械、电子工业时代

随着社会财富的增加和社会文明的发展，社会管理、社会服务部门的分工乃至人文社会科学、文化艺术等相应部门的分工都日趋复杂化。人们的工作时间也日渐固定、稳定并递减,闲暇时间增多,享受闲暇的人群日益扩大。人们的工作旨趣更趋于个性化,闲暇的时间安排则更有助于个性的发展。潜力进一步得到开发,技术、学术、艺术的创新活动得以逐步展开。当然,正如马克思及新马克思主义者指出的,对个体而言,由于分工带有一定强制性,个人的全面发展受到限制亦即人被"异化""物化",以至出现了素质片面发展的"单面人"。一些不讲职业伦理、更无人文意识、一味赚钱唯利是图的"经济人",破坏了市场规则、冲击着市场经济的底线;一些失去了伦理情怀与人文理性的"技术人"给社会带来了危害,一些失去了理性与人类共同体意识的"政治人"沦落为政客,绑架民族利益、威胁人类安全,一些无理智的"消费人"陷入"享乐至死"的泥潭而无法自拔,更有一些陷于极端思维的"单面人"沉溺于原教旨主义、种族主义与极端民族主义的情绪与心态之中,毫无底线地冲击着、动摇着人类命运共同体的基石。尽管这些极端的"单面人"为数不多,但能量极大,已经或正在给人类社会带来灾难——由于人类趋利避害的本性,在世俗社会中的异化、物化现象如果失去法治与德治的管控,就会在这些极端单面人的诱惑下,形成泛滥之势。对此,我们应有清楚的认识和科学的应对以保卫社会、保护人类,也保卫我们自己。由此可说,抵制"单面"倾向,防止"单面人"的滋生,应是今天道德建设、素质提升的起点。警惕"人的异化",马克思当年的箴言至今仍是那样掷地有声。

(三)高科技、大数据工业时代

这个时代的特征是更精细化的系统分工与更复杂的合作整合。随着科技和管理的高度专业化、专门化,生产系统、管理系统的功效与绩能只有在更复杂的分工与更紧密的合作中才得以整合而发挥出来。这样精细的分工与复杂的整合,将使分工更加程序化与条理化,这样的"劳作"或许将有助于智能的开发与良好心理的培育。思维发展与健康的心理,应有助于个体的独立个性的成长,有助于个体的全面发展,有助于个体科技与思维创新潜能的开发。当然,这只是一种"应然"的推断,"实然"的情况要复杂得多:由于各个民族国家的文化传承的差异,面对着几乎相同的后工业时代的到来,国民素质与理性的发展前景是趋同还是差异更大,就有待于进一步观察。特别是对只有几十年后发型现代化历史的当代中国而言,后工业时代的分工发展、社会发展与人的发展的关联互动,才刚刚起步,更有待于深入调查、总结,并在掌握大量信息的基础上加以分析研究。历史的经验告诉我们:这样的研究应尽早展开。

(四)两个需要说明并关注的问题

第一,正确认识野蛮与文明、规范与自由、自在与自觉的关系。如附表所示:人的发展大致经历了首先,为了生存而劳作的野蛮人;其次,为了争取好生活而担当一定社会责任的文明人;最后,为了追求存在价值而自觉维护人类共同体利益的自由人。在相当程度上,人类的发展是与科学技术复杂化、社会分工的精细化以及行业与行业、族群与族群的高度合作化相伴相生、相辅相成的。人类是一个需要合作才能生存的群体,但在不同的时代,其合作的范围与水平相差极大。这也就决定了人自身的发展水平,从前工业时代的小范围低水平合作的野蛮状态,到工业时代大范围高水平合作的文明状态,再到更高水平、更大范围的自由合作状态,人类的合作与文明就是如此一步步发展起来的。

人类为了合作就需要相应的规范的约束,随着分工的发展,相应的规范也随之发展变化:由家规族规到行业规范,再到民规国法、世界协定和国际法。精细的分工、复杂的合作因相应的规范而得以作用于经济的发展与财富的创造及人的发展。

这里的关键在于人类应在总结历史经验教训的基础上,将此作为一种自觉追求,至少应有以下的共识:规范往往意味着约束或不自由,但是为了创造更多的人类财富和美好生活、为了更多的自由,在一定的社会历史阶段中,暂时接受一定的约束还是必要的。所以,放弃文明、重返野蛮的放任,自由则将离我们越来越远。这个共识是人的理性之一,我们今天称之为"公共理性",以下略作展开。

第二,提升与现代文明相契合的公共理性。工业革命的来临、发展是与人类的活动空间紧密相连的,随着人类活动空间的扩大,相应的合作意识、交往规范、交往理性也应与时俱进,否则人类社会将陷入无序的混乱,乃至招来灭顶之灾。

在前工业时代,人类的活动空间极其狭小,交往以"三缘"为主,满眼皆熟人,几无陌生人。这样,家族、宗族的伦理规范就是个人的全部交往准则。血缘亲情与生俱来,感情至上,遵守规范的动力来自亲情,是感性的。

进入工业社会,人类的交往超越了"三缘",随着社会分工的日渐扩大,熟人越来越少,陌生人越来越多,这意味着人的活动空间,由熟人为主的"非公共空间"或曰"私人空间"进入了以陌生人为主的真正的"公共空间"。为了保证陌生人之间有序的交往和公平的合作,相应的公共伦理规范应运而生。公共伦理规范的认同、尊奉与维护是一个系统,人是公共伦理规范得以执行的关键要素——也就是说作为执行公共伦理规范的主体,必须具备公共意识与公共理性才有可能较自觉地执行公共伦理规范。由于公共意识只是认知,而公共理性才能指导个人自觉地遵守公共伦理规范的行为,所以,公共理性的培育确立是重中之重。

公共理性的发育、生成有两个方向:一方面是公共理性的层次性发展。公共理性具有工具性与人文性两个层次,工具性的公共理性,就是常说的,"我为人人,人人为我"的互利双赢;人文性的公共理性,则是高层次的公共理性,是以人文关怀为主的、奉献式的公共理性。就当下而言,前者是现实的、必行的,后者是理想的、方向性的。

另一方面,公共理性还有一种逆向的发展状况,这就是有些人逆社会的发展趋势而行,总想把公共空间打造成私人空间,将陌生人变成熟人,把公共的交往关系转变成熟人交往关系,以感性打压理性。由此,化公为私之类的腐败就出现了,致使社会的发展、人的发展也停滞乃至倒退。由于中国前工业社会的漫长,造成了私人空间的极度发达,而公共空间发育的明显不足,所以以私代公、以感性压理性的状况还将长期存在,因此在新时代的公民道德建设中,进行以公共理性培育为核心的公共道德教育就显得极为关键。缺失了这一内涵的公民道德建设,一切的公共空间、公共事业的建设——包括公共文明建设都会"基础不牢",一旦遇上突发的公共事件,就有"地动山摇"的可能。

以上所述,笔者对马克思以来诸多学科成果加以尝试性整合,或许可以作为新时代青少年——新公民道德建设工作的理论内蕴。

四、职业精神培育、公共理性提升的历史与现实资源

正如《纲要》所指出的:公民道德建设工作的展开,榜样是十分重要的,亦即所谓"榜样的力量是无穷的"。

中华民族的历史或者说"正史"就是一部英雄史,正是由于这样一批民族脊梁式的英雄的存在与作为,我们中华文明才能绵延数千年,也是世界四大文明中唯一绵延至今的文明。

不过,在现代世俗社会中,我们不仅需要卓尔不群的英雄做榜样,也需要普普通通的平民"英雄"做榜样,因为他们所表现的精神与理性才是普通民众只要驱前一两步就能看得到、感觉到的。那么,在现实中,这样的平民"英雄"在何处呢?笔者认为这样的榜样在历史与现实中还不少,特别是在百年未遇的大疫情中大量涌现。

首先,在近代史中就不少,由于我们习惯于英雄的轰轰烈烈,而很少从默默无闻者中发现——除了雷锋——局限于英雄宣传的传统惯性我们也一度又把他弄成了一个轰轰烈烈者。

这里仅举一例——在中国近代医学史上有一位妇产科医师林巧稚,她一生没干过轰轰烈烈、惊天动地的大事,平平凡凡地把自己的一生全部贡献给了自己所热爱的事业。但她却是中国近代史上最富职业精神的代表人

物,而且是最富人文情怀的职业医师。在她年轻时这种人文情怀就显露了出来——当她为了深造而参加某著名医学院的考试时,考场上有一名考生突然发病昏倒,林巧稚毫不犹豫地放下考试去抢救这位发病者,等她抢救了发病者的生命后,考试已经结束,许多人为她遗憾,她只是淡淡一笑说,我还有明年。也正是院方看到了她具有对医师来讲最为重要的人文禀赋,破格录取了她。人文的情怀再加上高超的医术,几万名妇婴在她全心全意的护理下安全出院。如此医德高尚的平凡医师,应该成为公民道德建设的极好榜样。但是,对她的事迹的传播却与她的精神榜样价值很不匹配,现今的中青年群体很可能已经忘却了她。

这里,还要着重提及的是:改革开放 40 余年以来,高歌猛进的市场经济和技术革命,一方面大大推进了中国经济的发展;另一方面,由于相应的规范未能及时跟进,因而各行各业的职业伦理、职业精神倍受冲击乃至背弃。对与人的生命安全直接关联的医院机构、医药系统也常因医患冲突、红包丑闻和高价药品等问题饱受着职业道德的质疑与职业精神的拷问。不过,这些质疑和拷问,在 2020 年年初向中国人民袭来的新冠肺炎疫情的考验中得到了解答。无论是与疫情迎头相撞的以疫情"传哨""吹哨"者为代表的广大武汉及湖北医学工作者,还是迎着疫情,与疫情以命相搏的全国全军的医护工作者;无论是早先的各类防疫医院的工程建设者,还是后来的为抗疫一线医院、医生、护士提供后勤保障的各行各业的工作者……他们大多数都默默无闻地在各自的岗位上埋头工作,但又都充分展现了不同专业的业务水平与相同的职业精神,以及充满人文情怀的、投身公共卫生事业的公共理性。无论是个体还是群体,他们的职业精神与公共理性在人文价值的层面上实现了融合,在中华文明的发展史上都留下了可歌可泣的一页,他们的事迹,他们的榜样意义,也应成为公民——以青少年、干部等重要群体道德建设工作的丰富的学习资源。当然,作为整体的武汉市民在这场公共卫生的重大事件中所展现的公共理性也应在中华民族的文明史上留下浓重的一笔,他们的表现也应垂范当代、泽被后人。

综上所述,笔者认为根据中国历史与传统的特质,当下以青少年、干部、社会公众人物为重要群体的道德建设工作,应有更强的针对性与可操作性。而以职业精神为魂的职业道德建设和以公共理性为内核的公共道德建设是极为重要的切入口、出发点。笔者愿以自己的粗浅研究为之提供力所能及的理论参考与实践自信。

图书在版编目(CIP)数据

当代国民素质现状与发展报告.2020：系统观视野中个案研究与定量分析的多维度探讨 / 黄凯锋主编.—上海：上海社会科学院出版社，2021
 ISBN 978-7-5520-3559-9

Ⅰ.①当… Ⅱ.①黄… Ⅲ.①民族心理素质—研究报告—中国—2020 Ⅳ.①C955.2

中国版本图书馆 CIP 数据核字(2021)第 154602 号

当代国民素质现状与发展报告(2020)
——系统观视野中个案研究与定量分析的多维度探讨

主　　编：	黄凯锋
责任编辑：	张钦瑜
封面设计：	周清华
出版发行：	上海社会科学院出版社
	上海顺昌路 622 号　邮编 200025
	电话总机 021-63315947　销售热线 021-53063735
	http://www.sassp.cn　E-mail:sassp@sassp.cn
排　　版：	南京展望文化发展有限公司
印　　刷：	上海信老印刷厂
开　　本：	710 毫米×1010 毫米　1/16
印　　张：	17.75
字　　数：	238 千
版　　次：	2021 年 9 月第 1 版　2021 年 9 月第 1 次印刷

ISBN 978-7-5520-3559-9/C·209　　　　　　　　　定价：88.00 元

版权所有　翻印必究